"十二五"职业教育国家规划教材（修订版）

经全国职业教育教材审定委员会审定

武汉文化概论（第二版）

马蜂
邓红梅 **主编**

徐革文
涂明星
邹莉 **副主编**

国家开放大学出版社 · 北京

图书在版编目（CIP）数据

武汉文化概论／马蜂，邓红梅主编．—2版．—北京：国家开放大学出版社，2022.5（2024.9重印）

ISBN 978-7-304-11138-0

Ⅰ．①武… Ⅱ．①马… ②邓… Ⅲ．①地方文化—概况—武汉 Ⅳ．①G127.631

中国版本图书馆CIP数据核字（2022）第056806号

版权所有，翻印必究。

武汉文化概论（第二版）
WUHAN WENHUA GAILUN（DI-ER BAN）
马　蜂　邓红梅　主　编
徐革文　涂明星　邹　莉　副主编

出版·发行：国家开放大学出版社
电话：营销中心 010-68180820　　　　总编室 010-68182524
网址：http://www.crtvup.com.cn
地址：北京市海淀区西四环中路45号　　邮编：100039
经销：新华书店北京发行所

策划编辑：戈　博　　　　　　　版式设计：何智杰
责任编辑：程业刚　　　　　　　责任校对：张　娜
责任印制：武　鹏　马　严

印刷：中煤（北京）印务有限公司
版本：2022年5月第2版　　　　2024年9月第3次印刷
开本：787mm×1092mm　1/16　　印张：15.5　　字数：353千字

书号：ISBN 978-7-304-11138-0
定价：36.00元

（如有缺页或倒装，本社负责退换）
意见及建议：OUCP_ZYJY@ouchn.edu.cn

序

　　一方水土养一方人，一方水土孕育一方文化，一方文化影响一方经济、造就一方社会。文化是一个民族的根、一个城市的魂。今天的城市发展，更加注重以文化作为核心动力，以文化的理念定位规划城市、经营城市，凝聚人心，进而打造城市的内在精神和外在气质。

　　武汉文化深接地气，兼收并蓄。武汉位于我国的中部，长江、汉水在此交汇。它承东启西，连南接北，四通八达，自古以来就被称为"九省通衢"之地。这种得天独厚的地理位置必然影响武汉文化的形成和发展。历史上，武汉属于楚国范畴，位于荆楚文化圈的东部，更多地受到楚文化的浸染；三国时东吴对武昌的经营，为武汉文化注入了吴越文化的成分，故此地在古代就有楚尾吴头之称；东晋南北朝以后，随着我国经济重心的不断南移，以中原文化为代表的北方文化也加速传播到武汉地区；唐宋以后，尤其是明清时期，武汉独特的码头位置更是吸纳四方，成为中原文化、巴蜀文化、吴越文化、齐鲁文化、秦晋文化等的交融地；近代武汉开埠后又有西方文化的渗透融合。武汉文化百川归流，从而形成集聚百家之长的独特地域文化。

　　武汉文化灿烂卓越，百花荟萃。从历史来看，武汉不仅是政治军事之都、工业之都、商业之都、科教之都，而且是保存文物特别丰富，具有重大历史文化价值和革命纪念意义的历史文化名城。在这里，既有开启江城文明之光的殷商盘龙文化，又有伯牙鼓琴、高山流水觅知音的知音文化；既有承载历代文人墨客传世诗篇的黄鹤文化，又有替父从军、忠孝节义、巾帼不让须眉的木兰文化；既有近代兴学重教的科教文化，又有办实业、练新军的近代工业文化和近代军事文化；既有集散中心和转运枢纽造就的码头文化，又有"天下第一街"汉正街引领的商贸文化；既有辛亥首义"敢为人先"的辛亥革命文化，又有北伐战争、"二七罢工""八七会议"、浴血抗日的红色革命文化，以及源远流长、博大精深的荆楚文化，金戈铁马较智斗勇的三国文化，长春观道教文化和归元寺佛教文化；等等。武汉文化灿烂辉煌，在不同时期和不同层面总是彰显着独特魅力。

　　武汉文化开放包容，崇实尚新。武汉的居民大多来自四面八方，主要是江西、河南、湖南、安徽等外省市和周边黄陂、孝感等农村地区。《汉口竹枝词》："此地从来无土著，九分商贾一分民。"[①] 这种居民成分和居民结构使得武汉人习惯于接受、消化外来文化。明清以来，武汉成为商品汇聚、万商云集之地，武汉人接受的是四方文化习俗，因而视野开阔，思想活跃，头脑灵活，不抱残守缺、故步自封，对于新生事物，更是争先恐后，一倡而百和，传统的码头文化不断蕴含求新求变的意识。晚清张之洞治鄂，在湖北实行"新政"，练新军、兴实业、办文教，开风气之先，所培育的创新意识使武汉人更易于接受新生事物，使武汉文化兼具多元复合的特性。

　　武汉文化智慧浪漫，敢为人先。武汉人不仅继承了楚人的韧性精神，还浸染了楚文

---

　　① 叶调元. 汉口竹枝词 [M]. 徐明庭，马昌松，校注. 武汉：湖北人民出版社，1985：4.

化的浪漫情怀。武汉民间视凤之化身的九头鸟为至尊之神鸟，智慧与力量之化身。九头鸟百折不挠、永不服输的品格，激起了武汉人对它的敬仰之情，并日渐养成具有九头鸟性格特征的秉性。武汉人的性格兼具南北特色——豪爽、聪慧、倔犟。纵观武汉历史，无论是辛亥首义、北伐战争、收回英租界、"二七罢工""八七会议"、浴血抗日的史诗；还是近代汉口开埠后，张之洞在武汉开风气之先，办实业，兴文教，使武汉后来居上；还是1954年、1998年两度长江大抗洪，武汉人的所作所为无不显现出百折不挠、敢为人先、永不服输、聪明睿智的性格。

武汉文化历史悠久，积淀深厚。武汉三镇虽至今仍保留着各自的文化特色，但几千年厚重的历史文化积淀也赋予武汉人一种共性，赋予武汉文化鲜明的特色，"武汉三镇本是由三个文化空间构成，不同特色的文化能够共存，并已形成传统"①，这本身也正是武汉文化独特的魅力。早在1986年12月，武汉就被国务院命名为国家历史文化名城。根据《中华人民共和国文物保护法》，历史文化名城是指"保存文物特别丰富并且具有重大历史价值或者革命纪念意义的城市"。正如著名文化历史学家冯天瑜先生所言，武汉是"一个有很深厚的政治文化、学术文化底蕴的城市"②。

城市是文化的容器，每座城市都有不同的地理、气候、自然环境以及人文历史、社会环境，也必然会有不同的景观、形象、空间以及氛围、气质，从而使城市文化呈现出不同的个性特征。城市文化是城市人群在城市发展过程中所创造的物质财富和精神财富的总汇，是反映特定城市人群生存状况、行为方式、精神特征及城市风貌的总体形态。城市文化是具有鲜明地域特征的文化，是一个城市源远流长、传承至今、不可复制的独特传统。武汉文化就是武汉地区的人们在武汉城市发展过程中创造出来的所有物质财富和精神财富的总汇，就是武汉城市的总体形态，就是武汉城市的独特传统。

美国著名政治学家塞缪尔·亨廷顿指出："一个不属于任何文明的、缺少一个文化核心的国家"，"不可能作为一个具有内聚力的社会而长期存在"。③一个城市的繁荣与发展同样也离不开文化的支撑，一个城市同样需要有自己的独特精神。

"城市精神是一种植根于城市的历史、体现于城市的现实、引领着城市的未来的，通过其城市风貌、社会制度理念、市民行为方式等表现出来，区别于其他城市的核心价值和灵魂。外在地看，城市精神表现为一种风貌、气氛、印象；内在地看，城市精神则更多地表现为一种市民精神，是这个城市民众集体拥有的气质和禀赋的体现。"④

城市精神是城市文化的精髓，是一种城市文化特色的精确提炼，是城市市民认同的积极的精神价值取向与共同追求。城市精神是一座城市的灵魂，也是一座城市的追求，体现出一个城市独特的精神气质，"是凝聚人心、展示城市形象、推动城市发展的不竭源泉和内在动力，是城市现代化的重要内涵"⑤。城市精神是彰显城市特色风貌，展示城市形象，引领城市发展的一面旗帜。知音文化，铸就武汉人重情、践诺、守信的品质；木

---

① 王玉德. 试论如何认识武汉文化的个性：生态学的视野 [J]. 学习与实践，2003 (5)：12 - 14.

② 乐思. 著名文化史专家冯天瑜谈武汉文化个性研究 [J]. 学习与实践，2003 (5)：5 - 7.

③ 亨廷顿，哈里斯. 文化的重要作用：价值观如何影响人类进步 [M]. 程克雄，译. 北京：新华出版社，2010：43.

④ 张葆珺，朱玲琳. 辛亥首义与武汉城市精神 [J]. 学习月刊，2011 (10)：26 - 29.

⑤ 王立洲. 论城市文化形象与文化精神的内在统一 [J]. 西安文理学院学报，2011 (2)：60 - 64.

兰文化，传承着中华民族的爱国传统和忠孝美德；首义精神，呈现出武汉人敢为人先的勇气，其爱国、民主、拼搏和创新精神永远激励后人；抗洪精神，锻造了武汉人众志成城、顽强拼搏、坚韧不拔的意志和品格。

2011 年，武汉市将"敢为人先，追求卓越"确定为武汉城市精神表述语。武汉城市一路走来，"敢为人先，追求卓越"成为这座城市奋力前行最重要的精神资源。无论是从城市的历史积淀还是市民性格来看，"敢为人先，追求卓越"已经成为武汉城市的历史文化基因。

庚子春，中华大疫，新型冠状病毒肺炎致数万人感染，武汉首当其冲，成为疫情防控斗争的重中之重和决胜之地。武汉封城，道无车舟，万巷空寂。武汉人民舍小家顾国家，自觉服从疫情防控大局需要，主动投身疫情防控斗争，无数最美逆行者、无数挺身而出者，与全国援汉力量一道构筑起抗击疫情的钢铁长城，为疫情防控作出了重大贡献。

"武汉不愧为英雄的城市，武汉人民不愧为英雄的人民"，这是习近平总书记对武汉人民在疫情防控中作出的巨大贡献和牺牲给予的高度评价，也传递出了 14 亿中国人民的共同心声。

武汉抗疫中所展现出的识大体、顾大局，敢于牺牲、勇于担当，不畏艰险、顽强不屈的抗疫精神，也让全国、全世界看到了武汉坚韧不拔、高风亮节的城市性格，为武汉城市精神增添了载入史册的浓墨重彩的一笔。

是为序。

编者

2021 年 9 月

目　录

第一章

武汉寻根

　　水有源，树有根。城市的崛起，或缘于政治，或缘于经济，或缘于军事，或缘于自然地理。

　　武汉，缘于水，缘于两江。远古的汉阳人，古老的盘龙城。先民们曾在此生息繁衍、筑城而居。这是不是城市的根？

　　宁静的江水不舍昼夜，一叶孤舟，篾翁垂钓，渔女濯足……

　　几点星火，夜半钟声，客舟傍岸……

　　当年的原生态、原始的船码头，这或许才是武汉这座城市的根！

第一节　城市由来

　　武汉是湖北省省会和政治、经济及文化中心，也是华中地区特大的中心城市，素有"江城""白云黄鹤之乡""百湖之市""九省通衢"的美誉。长江、汉水在此交汇，市区被一分为三，隔江鼎立的武昌、汉口、汉阳三镇，构成了武汉城市的轮廓。武汉的"三镇"格局独步世界城市之林，这座城市的无限魅力吸引着我们去追寻她的发展足迹。

　　从盘龙古城，到武昌、汉阳双城，到武昌、汉阳、汉口三镇，再到历经分分合合后三镇的合体"武汉"，3 500 年的风风雨雨成就了武汉这座美丽的城市。

一、远古武汉

　　武汉区域历史源远流长，这一地区，万年前就有了古人类在此生活繁衍。1997 年 1 月，汉南区环保局干部毛凑元在汉南区的长江边拾到一些怪石，后经专家鉴定，其中有一件为古人类头盖骨化石。与现代人头骨形态特征相比较，其颅顶较低矮，额骨鳞颌明显向后倾斜，颅骨最大宽位于颅侧壁中部，明显比顶结骨位置靠下，额骨弦与顶弦长度相等（现代人顶骨弦较长），颅中壁较厚。中国科学院院士、古代脊椎动物与古人类研究员贾兰坡教授等专家对头骨化石做了进一步鉴定，认为其为晚期智人类型，距今 5 万~1 万年，其所处时代与北京山顶洞人和四川资阳人相当，被命名为"汉阳人"。

　　此外，新石器时代早、中期的人类遗迹也遍布两江四岸，先民们在这片水网之域用石制器具创榛辟莽，创造着这一地区的远古文明。在长江中游地区的考古发掘中，发现了分布于武汉和周边江汉平原的新石器时代的大溪文化、屈家岭文化和稍晚的龙山文化等大量遗存。在武汉的外围区（武汉三镇古城墙内的区域为中心区），中华人民共和国成立后还相继发现了放鹰台、老人桥、马投潭、许家墩、棋子墩等 100 多个新石器时代遗址。大量的陶罐、纺轮、石斧、锛、铲等生产及生活器物的发现，表明此地的先民们已经迈入文明时代的门槛。

二、盘龙古城

　　武汉的城市文明源自盘龙古城（又称盘龙城）。盘龙城位于现在的武汉市盘龙城经济开发区（黄陂区滠口）叶店杨家湾盘龙湖畔。盘龙城遗址于 1954 年被发现，1988 年被国务院公布为全国重点文物保护单位，还被列入中国 20 世纪 100 大考古发现。迄今所知，盘龙城遗址是长江流域的第一座商代古城，尽管城址规模不大，但"五脏俱全"，在城市文明发展史的研究中具有极高的学术价值。

（一）盘龙城遗址

盘龙城是公元前 15 世纪前后商代前期的古城遗址，因被盘龙湖环抱而得名①。盘龙城遗址群东西长约 1 100 米，南北宽约 1 000 米，距今 3 500 多年。遗址坐落在一座小山丘上，三面环水，西面与陆地相连。盘龙城城址坐落在整个遗址群东南部的府河北岸高地，其形近似方形，东西宽约 260 米，南北长约 290 米，面积约 0.075 平方千米。

清同治九年（1870 年）的黄陂《张氏宗谱》记载："吾族自宋元间，德一、国四两祖，由江西饶州余干迁楚黄陂。德一祖落住陂南盘龙城。"② 可见盘龙城的地名早在宋、元时就有。在张氏家谱上，还附有一张清朝张氏家族住盘龙城的地形图，盘龙城的城垣、四个城门、名称及海拔高度，城东的盘龙湖，西北面的护城山在上面均有明确标识。这是现今发现的最早的盘龙城古地图，由此可知，清朝时的盘龙城城垣是十分完整的。

光绪二十五年（1899 年），湖北省第一镇工兵营制作的地图中也标注有盘龙城。民国二十一年（1932 年）在由湖北省陆地测量局实测的五万分之一军用地图上也标有"盘土城"和城墙的标识符号。

及至中华人民共和国成立初期，盘龙城城址尚完好，四面中部都有一可能是城门的缺口，但一直未引起关注。1954 年武汉遭遇特大洪水袭击，为加固堤防，盘龙城被定为采土点，被挖掉了东、西、北三面城墙，只剩下了高出地面的土墙脚。正是因防汛起土，已在地下沉睡千年的盘龙城，才被揭开神秘的面纱。1954 年冬，武汉市博物馆原研究员、市文史馆馆员蓝蔚根据上述军用地图上的标识，实地踏访发现了盘龙城，他成为"发现盘龙城第一人"。

经过 20 世纪 60 年代、70 年代、90 年代后期及 2001 年的多次勘探、发掘，这里确定为盘龙城遗址（图 1-1），盘龙古城现残存有土夯城垣，城外壕沟、外城垣，城内的大型宫殿（共 3 座），以及柱穴、大型柱基、陶制水管道等遗址、遗迹。

图 1-1 武汉盘龙城遗址

---

① 盘龙城，一说原名"盘土城"。因城以土筑，形如方盘得名。
② 杨凤霞. 地图上的盘龙城 [J]. 武汉文史资料，2004（8）：62-63.

盘龙城高垒深壕，宏阔彰显，城内东北部分布着成片宫殿。东北部高地上有三座坐北朝南、前后平行排列的大型宫殿基址。现已发掘1号、2号两座宫殿基址，保存有较完整的墙基、柱础、柱穴和阶前的散水。北面的1号基址长39.8米、宽12.3米，存有的夯土台基高出地面20厘米以上，台基上部已遭破坏，但建筑物的柱穴与墙基仍基本保存，由此推测1号宫殿可能是四坡顶重檐的，四周有回廊，中间分为四室的木构寝殿。南面的2号基址距1号基址13米，建筑技法与1号基址相同，2号宫殿可能是不分室的通体大厅堂，在这个基址的西侧还发现陶管相接的排水设施。此两座宫殿的布局与文献记载的"前朝后寝"制度相符（图1-2）。

图1-2 盘龙城遗址宫殿复原模型

城外，民居、手工作坊和小型墓地分布四周。南面是居民点和手工作坊，民居为单体地面建筑和半地穴式简易窝棚。手工作坊有多处，一般为酿酒、制陶、冶炼遗址。东、西、北三面均有商代中期的墓葬。平民墓在城北的杨家湾一带，有棺无椁，随葬品很少，鲜有青铜礼器；普通贵族墓在城西的楼子湾一带，有棺、椁和腰坑，腰坑内殉狗，随葬品为青铜的鼎、爵、鬲等，但数量不多；城东的李家嘴分布着大贵族墓，有精致的雕花木椁，椁内有棺，有殉人或殉狗，

图1-3 青铜夔龙纹钺

已出土鼎、盂、鬲和钺、镞、戈等一批精美的商代青铜器、玉器、陶器，其中，高85厘米的大铜圆鼎、长41厘米的青铜夔龙纹钺（图1-3）、长94厘米而厚只有0.5厘米的大玉戈（图1-4）、金片绿松石镶嵌龙形器（图1-5）等，都是中国文物中极为罕见的珍品。

图1-4 大玉戈

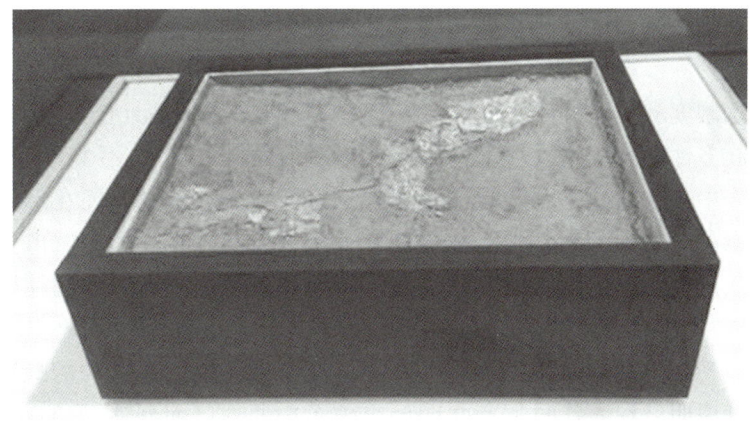

图1-5 金片绿松石镶嵌龙形器

(2014年，在盘龙城遗址出土，是目前国内发现的唯一一件商代早期最完整成型金器，含金量达到89%。盘龙城遗址博物院藏)

盘龙城墙基宽21米，现今南垣、西垣及北垣西端尚存有高出地面1~3米的夯土残垣。据推测，原城垣中间高耸而内侧有斜坡以便登临，外侧较陡以利御敌。城垣外有宽约14米、深约4米的城壕，壕内侧往往高出外侧1米以上。在城南壕沟底部曾发现桥桩的柱穴，可知当时是利用架桥通过城壕的。在城址的东北、北、西面外围还有宽25米左右的夯土带，是为外城垣遗迹，它们与东面、南面的湖水和河道共同构成盘龙城的外层屏障。

（二）盘龙城的性质

1. 盘龙城是长江流域孕育的一座商代古城

《诗经·商颂·殷武》篇有记载："维女（汝）荆楚，居国南乡。昔有成汤，自彼氐羌，莫敢不来享，莫敢不来王。"《竹书纪年》也有记载："（帝癸）二十一年，商师征有洛，克之。遂征荆，荆降。"[①] 说明当时商朝势力已抵达长江流域。

北京大学和湖北省博物馆考古队对盘龙古城的大规模科学发掘，业已证明长江流域和黄河流域从商代早期起就共享着同样的文明。盘龙城遗址在夯筑技术、青铜工艺、埋葬习俗等方面的许多发现都与黄河中游的商代早中期二里冈文化期上层的商朝王都郑州商城遗址具有明显的一致性。

两城存在的时间大体一致。最迟在商代早期二里冈文化期下层时，盘龙城已有居民，

---

① 刘玉堂，尹弘兵. 楚蛮与早期楚文化 [J]. 湖北大学学报（哲学社会科学版），2010（1）：1-7.

到二里冈文化期上层时发展迅速，开始修筑宫殿、城墙，而郑州商城城墙则始筑于商代二里冈文化期下层，使用到二里冈文化期上层。

两城的城市建筑布局相似。著名商史专家、北京大学教授邹衡认为，盘龙城城址基本布局与商朝王都郑州商城相仿，却保存了比郑州商城更原始的城市历史形态。盘龙城和郑州商城城址的平面都为长方形，都在城内的东北部修筑宫殿建筑，而民居和手工作坊都分布在城外，都用夯土筑成城墙和宫殿的基址，采用的修筑技术也是相同的。

两城的墓葬也相似。盘龙城遗址的中小型墓和贵族墓均为长方形竖穴土坑墓，有棺和椁，并在墓底挖坑殉葬人或狗，郑州商城和盘龙城的墓葬极为相似，这些都是典型的商人的埋葬习俗。

两城的礼乐制度和文化特性一致。半个世纪以来，盘龙城遗址已出土商代文物3 000余件、石器100多件、陶片数以万计，尤其是400余件青铜器中，不少为商代青铜器中的上品，堪称当今中华古文物之最，在数量上也远远超过郑州商城。而在形制、纹饰及制造技术方面，盘龙城发现的青铜器、玉器和部分陶器，都与在郑州商城出土的器物完全一样，由此反映出它与郑州二里冈发掘的商王朝统治者遗址具有一致的礼乐制度和文化特性。

盘龙城的发现，推翻了以往公认的"商文化只存在于中原地区"的理论，盘龙城记录的信息清楚地说明，在商代早期商文明已突破了中原地区而到达了长江流域。正如夏商周断代工程首席科学家李伯谦教授所言：盘龙城是长江流域文明和黄河流域文明融合到一起的突破口，是中华文明形成的重要起点。

2. 盘龙城是商朝在南方的一座重镇

对于盘龙城的性质，有人认为它是商朝在南方的一个方国，有人认为它是商朝建立的大型军事城堡，有人认为它不过是商朝在南方的一个军事据点。

城市由水而始，因水而兴。蓝蔚先生认为，古时的盘龙城与今日的汉口极为相似。秦代以前，汉水的入江口在黄陂府河一带，盘龙城所处的位置正在汉水之北，通过盘龙湖可以沟通江河，盘龙城成为连通南北、纵横东西之地。商王朝为了治理南土，选取了这样一个物产丰富、交通便利的地方筑城。

盘龙城的特殊地理位置决定了它绝非一般的方国。从对盘龙城设置的战略位置、宫殿遗址的规格以及考古发掘的各类文物的考察中，我们可以看到，盘龙城最大可能是一个方国都邑，同时是一座军事城堡，也是一座早期城市，而且都受商王朝直接统辖[①]。

盘龙城并不是一座孤城，在盘龙城周邻地区已发现几百处商代遗址，众星捧月般拱卫着盘龙城。武汉文史专家皮明庥指出：盘龙城是应武运而生的，这是武汉最早城邑文明的最初特点。盘龙城城墙外陡内缓，易守难攻，军事目的较为明显，在其墓葬中，象征军事首领权力的大型铜钺以及中国古代"玉戈之王"的大玉戈，均显示出当时该地区的军事实力。后来，盘龙城逐渐成为商王朝在南方的军事、经济、政治中心，是商朝统治者经略南方的一座重镇。

3 500多年前的盘龙城是武汉城市的源头，是武汉城市之"根"，以盘龙城为起点，

---

① 皮明庥，陈钧，李怀军，等. 简明武汉史［M］. 武汉：武汉出版社，2005：15.

武汉的建城年代比西安早 400 年，比北京早 450 年。据勘测，盘龙城遗址总面积为 110 万平方米，而目前发掘的面积还不到 1 万平方米，是否还有更惊人的发现，确是个值得期待的事情。

3. 盘龙城的地位引起世界的关注

近年来，随着长江文明研究的深入，专家学者们更惊奇地发现，盘龙城位于世界古代文明带中轴线——北纬 30°线上，与同一文明带上的古埃及金字塔、犹太教的圣城耶路撒冷、巴比伦都城"神之门"交相辉映，它的地位也越来越引起海内外专家学者的关注。①

历史地理学家、武汉大学教授石泉认为：虽然这座目前已知的武汉地区最早的古城在存续近 300 年后被废弃，但其影响和意义不会消失，还会以另外的形式在附近表现出来。

三、三镇由来

江汉交汇的三镇是武汉的中心区，汉阳、武昌、汉口三城郊野为外围区。武汉的形成及发展有着向心集中、向外发散的特点，开始是"先外后内的向心运动，形成核心区，之后再由核心区向外扩展，激活外缘区"②。

武汉地区在夏、商属荆州，秦代属南郡。武汉正式有县的建制是从西汉开始的。汉高祖六年（前 201 年）从南郡中分出江夏郡。江夏郡因江、夏（汉水）两水在郡境内汇合而得名。汉代的江夏郡下辖 14 县，涉及今武汉地区的有江夏郡所属的安陆、沙羡、西陵、邾县、鄂县 5 县。沙羡县辖区包括今武汉市江南区县，以及今咸宁、蒲圻、嘉鱼部分地区。武汉地区首次设置的独立的行政建制即为江夏郡沙羡县，其县治在金口（今武汉市江夏区金口镇）。武汉地方行政建制自此开始。

（一）三镇的分野

从商、周到汉代，诸多方国、城邑、市镇在现在武汉中心区的外围形成。现在的黄陂、新洲、江夏、蔡甸地区当时都筑有城、堡，而现在的市中心则没有。东汉末年至三国时期，武汉地区成为兵家必争之地，在现主城区内开始构筑城堡，逐步成为地区政治中心。

1. 汉阳

现武汉中心城区内最早的城堡当推却月城（卻月城）。据（北魏）郦道元《水经注·江水》载："山左即沔水口矣。沔左有卻月城，亦曰偃月垒，戴监军筑，故曲陵县也，后乃沙羡县治也。昔魏将黄祖所守，吴遣董袭、凌统攻而擒之。祢衡亦遇害于此。"却月城因形似却月而得名，方位大致在龟山北麓今江汉一桥附近，东汉末年修筑，周回 180 步，高 6 尺（1 尺≈0.33 米），是武汉中心城区历史上第一座具有军事城堡功能的城池（图 1-6）。东汉末年，为遏制孙策势力的发展，荆州刺史刘表于建安初年（196 年）命黄祖为江夏太守，黄祖将却月城作为郡治之地。后却月城被孙权击破，城废，刘表之

① 裴高才，甘红枝. 长江文明的摇篮：中华根祖文化之旅（12）［N］. 人民日报海外版，2010-10-13（6）.
② 皮明庥，陈钧，李怀军，等. 简明武汉史［M］. 武汉：武汉出版社，2005：2.

子刘琦又于龟山南麓建鲁山城。

图 1-6 古汉阳

从三国到南北朝，汉阳地名多有变迁，这里曾"有安陆、沙羡、石阳、曲陵、滠阳、沌阳、汝南、汉津、鲁山、沔州等名称的变化"①。开皇十七年（597 年）隋文帝设置汉津县，隋大业二年（606 年）改汉津县为汉阳县，遂有"汉阳"之名。

唐武德四年（621 年）以汉阳、汉川置沔州，汉阳县为州治，并开始修筑汉阳城，城周长 7.15 里（1 里 = 500 米），建有 8 座城门，东为迎春门，南为沙洲门，西为孝感门，北为汉广门，东南为朝天门，西南为汉南门，西北为下汉门，东北为庆贺门。建中二年（781 年）改沔州为汉阳府，后复为沔州。五代到元，汉阳曾置汉阳军、汉阳县、汉阳府。1912 年废汉阳府留汉阳县。

汉阳，东濒长江，北依汉水。按中国传统，山之南水之北谓之"阳"，汉阳理应是在汉水之北的地区。原来，古时汉阳是与汉口连成一片的，的确在汉水之北。据《明史》记载，汉水一直是从龟山之南流入长江的，河口大致就在今天的鹦鹉洲头汉阳汽车渡口。明成化年间（1465—1487 年），汉水改道，在郭师口（今郭茨口）裁弯取直向东流经龟山之北入长江，形成了今天的模样。虽然汉阳已被汉水隔到水南，但汉阳之名并没有因此而改变，仍然沿用下来。

2. 武昌

武昌最早的行政区划是从西汉时期开始的。西汉开始设立沙羡县，今武昌、江夏地区属于沙羡县。三国时，魏黄初二年（221 年），东吴政治中心从公安（今湖北省公安县县城北郊）迁至鄂县（今鄂州市），孙权将鄂县改名为武昌，寓意"以武而昌"，用武力来争雄天下。

与汉阳的却月城相比，现武汉城区内的武昌城兴起稍晚。为遏制魏、蜀两国的发展，拱卫武昌（今鄂州市）的安全，东吴黄武二年（223 年），孙权在武昌江夏山（又名黄鹄

---

① 皮明庥. 近代武汉城市史 [M]. 北京：中国社会科学出版社，1993：7.

山，今蛇山），"依山负险"筑土石城，周长二三里，因与夏水（汉水）入江口隔江面对而取名夏口城。夏口城是江夏郡治的所在地，也是东吴都城武昌（今鄂州市）上游的军事重镇，城中建有军事瞭望台，即黄鹤楼。夏口城设有夏口都督，隶属江夏郡沙羡县，武昌自此有夏口和江夏之称。距今1790多年前的夏口城是现在武昌城区的源头。

武昌在历史上拥有多种不同的称呼，既有夏口、郢城、鄂州、江夏之名，又有鄂汉、鄂渚、驿渚、汝南、沙羡之称。唐代中期，鄂州（今武昌）成为贡赋转运中心，设有武昌军节度使。宰相牛僧孺为鄂州刺史，兼武昌军节度使，区境从此兼有武昌之称。"明代时长江两岸有武昌、汉阳两府城，人们习称武昌府城为武昌城，或者叫上武昌，而不叫江夏城。今武昌城区地名由此正式形成。"[1]

南朝刘宋时，武昌城垣曾在东吴夏口城（当时又称"郢城"）的基础上进行了修葺和扩建。唐朝时，城垣再次扩建，以砖结构替代了江夏土城。武昌城基本定型是在明洪武四年（1371年），江夏侯周德兴增拓武昌府城，城周约20里。

自三国至清朝，武昌城垣不断扩大，区境地域亦相应扩大（图1-7），且武昌城一直以来都是地区政治中心，先后为晋沙羡县、江夏郡等的治所，南朝郢州、隋唐鄂州、宋鄂州路、元湖广行中书省及武昌路的治所，明湖广承宣布政司、清湖广总督及湖北藩臬各司署的治所，明清武昌府及各朝江夏县的治所，以及明楚王府所在地。尤其是元朝时设湖广行省，此地不仅是湖广行省、武昌路和江夏县的治所，更成为行省级大区域行政中心，各级衙门荟萃之地。

图1-7　1881年《江夏县志》上的武昌城

3. 汉口

汉口位于汉水下游入长江处，由于古时将汉水自沔阳以下称夏水，故汉口古称夏

① 皮明庥，陈钧，李怀军，等. 简明武汉史［M］. 武汉：武汉出版社，2005：104.

口。[1]"夏口为东南一大都会，泊春秋至季汉，地本在江北岸，为今汉口地。东吴置夏口督屯江南，地名遂移南岸，为今武昌省会地。"[2]

"汉口"一词，历史文献中出现较早，自南北朝以后多有提及，意指汉江入长江之口。作为商业市镇，汉口较武昌、汉阳形成晚得多。今天的汉口，原与汉阳相连，是汉阳县属地。直至明初，汉口一带还是无人居住的芦苇荒滩。明朝中期成化年间，汉水改道，将此地一分为二，汉水南岸一侧仍称汉阳，北岸一侧则称为"汉口"。嘉靖年间，随着人口增多以及城镇居民区"坊"的出现，汉口正式设镇，由汉口巡检司对市镇进行管理，这标志着汉口镇的形成和初具规模，但汉口一直属汉阳管辖（图1-8）。

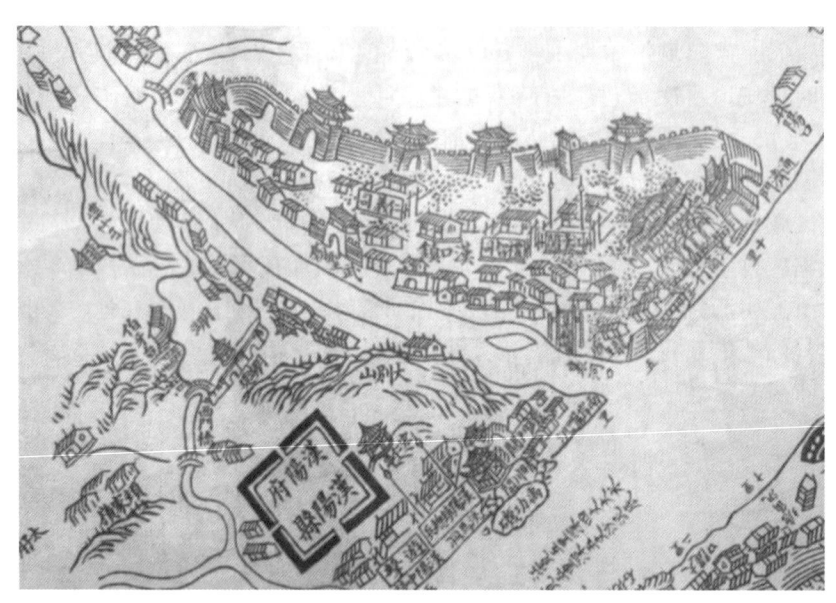

图1-8 汉阳府

清光绪二十五年（1899年）张之洞奏请清政府将汉阳、夏口分离，专设夏口厅。至此，汉口始与汉阳分治，正式成为一个与武昌、汉阳并立的独立行政区。正因如此，汉口一直没有如汉阳、武昌那样环绕四周的古城垣。

在汉口的发展过程中，有过三次堤防大修建，汉口城区的扩展与之密切相关。明崇祯八年（1635年），修筑袁公堤（遗址今长堤街），街市向北扩展至今满春、民族、民权、花楼街等地域；清同治三年（1864年），修筑汉口城堡，闹市中心北移至今六渡桥一带；光绪三十一年（1905年），张公堤的修筑，使区境再次向北扩展32平方千米，范围包括今民意、前进、水塔、新华、万松、北湖、唐家墩、常青、汉兴9个街道所辖地域。

明中叶以后，汉口迅速发展为长江沿线商业贩运的中转站，"汉口不特为楚省咽喉，而云、贵、四川、湖南、广西、河南、江西之货，皆于此焉转输，虽欲不雄天下，不可得也"[3]。清末日本驻汉总领事水野幸吉对汉口倍加赞誉："与武昌、汉阳鼎立之汉口者，

---

① 汉口在历史上还有汉镇、汉皋、沔口的名称。
② 王燮清. 汉口小志［M］. 徐焕斗，修. ［出版地不详］：［出版者不详］，1915（民国四年）：王葆心. 序.
③ 刘献廷. 广阳杂记：卷4［M］. 北京：中华书局，1957：193.

贸易年额一亿三千万两，夙超天津，近凌广东，今也位于清国要港之二，将近而摩上海之垒，使观察者艳称为东方之芝加哥（美国第二大之都会）。"① 1918 年，美国《竖琴》杂志刊载了魏尔·瓦尔特的文章——《中国的芝加哥》，该文赞道"汉口在全国商品市场上所处的地位，可与芝加哥在美国的地位媲美"。②"东方芝加哥"成为人们对汉口的流行印象。

明清之际汉口迅速成长壮大，对外开埠后更是一跃而起让其他城市难以望其项背。张之洞督鄂期间，汉口早期现代化进程明显加快，国际性城市的轮廓已显现出来。一如孙中山所说："武汉者……中国本部铁路系统之中心，而中国最重要之商业中心也……汉口更为中国中部、西部之贸易中心，又为中国茶之大市场。湖北、湖南、四川、贵州四省，及河南、陕西、甘肃三省之各一部，均恃汉口以为与世界交通唯一之港。"③

（二）从双城到三镇鼎立

1. 双城时代

东汉末年和三国时期，却月城、夏口城的相继建立，标志着双城在今武汉市中心奠基。武汉城市发展史开始由外围区向中心区推进，进入双城并立的时代。

刘宋王朝武帝孝建元年（454 年），设置郢州，治所设在夏口（今武昌），因此，夏口城又有"郢城"之称，夏口的行政地位得到提高，一改先前单一军事城堡的性质。隋文帝开皇九年（589 年），改郢州为鄂州，改汝南县为江夏县，州、县的治所均设在城内，因此它兼有鄂州、江夏的称谓。大江以北汉阳，隋朝大业二年（606 年）改汉津县为汉阳县。隋朝时期，武昌、汉阳双城建制初步定型。

唐武德四年（621 年）设置沔州，以汉阳县（今汉阳区）为州治，原设在蔡甸临嶂山的县及州的治所迁到了龟山南麓。从此，大江两岸的两座作为区域性政治中心的城市呈现出共同发展、互为犄角之势，进入双城并立的时代。

东晋、南朝是我国经济重心南移的重要时期，南方社会经济得到迅速发展。尤其是唐朝初年以后，双城的经济得到了迅速发展，双城也成为区域性经济中心。

当时名为鄂州的武昌，"自唐以降，号称官商行旅辐辏之区"④。盛唐诗人李白在流放夜郎途中被赦免后滞留江夏时曾创作一首自传体长诗《经乱离后天恩流夜郎忆旧游书怀赠江夏韦太守良宰》，诗中就有"万舸此中来，连帆过扬州"⑤ 的描述。当时鄂州已成为长江航道上一个重要的商业市镇，号称"东南巨镇"。及至两宋时期，在全国经济重心南移的推动下，武昌城外沿江一带成为商港一体、商贾云集的南市。南宋时武昌城发展成为"数路客旅商贩，无不辐辏鄂渚"的商业都市。南宋陆游在《入蜀记》中也有"市邑雄富，列肆繁错，城外南市亦数里，虽钱塘、建康不能过，隐然一大都会"的描写。宋朝著名文学家范成大在《吴船录》中对南市的盛况有过详尽描述："午至鄂渚，泊鹦鹉洲前南市堤下。南市在城外，沿江数万家，廛阓甚盛，列市如栉，酒垆楼栏尤壮丽，外郡未见其比。盖川、广、荆、襄、淮、浙贸迁之会，货物之至者无不售；且不问多少，一

① 皮明庥. 近代武汉城市史［M］. 北京：中国社会科学出版社，1993：120.
② 杨磊，望隽."东方芝加哥"跨越追赶芝加哥［N］. 楚天都市报，2012 – 02 – 22（2）.
③ 孙中山. 建国方略［M］. 郑州：中州古籍出版社，1998：207.
④ 王鼒清. 汉口小志［M］. 徐焕斗，修.［出版地不详］：［出版者不详］，1915（民国四年）：王葆心. 序.
⑤ 陈铁民，彭庆生. 增订注释全唐诗：第 1 册［M］. 北京：文化艺术出版社，2001：1356.

日可尽。”① 武昌古南市原在蛇山之南平湖门沿江至解放桥一带，后因金沙洲水口淤塞，商船不便，逐步向北移泊至今前进路临江一带，成为繁荣一时的新南市。清道光二十八年（1848 年）冬日，江上盐船失火，延烧船只八百余艘，殃及汉阳门一带。从此商市一蹶不振，船只移泊汉口。

从唐初到宋末，汉阳城的商贸经济有了较大的发展。唐代诗人罗隐在《忆夏口》中写道：“汉阳渡口兰为舟，汉阳城下多酒楼。当年不得尽一醉，别梦有时还重游。”② 从诗中可以看出当年汉阳城的繁华。在乾隆年间兴起的鹦鹉洲③，由于具有良好的地理条件，成为远近闻名的竹木集散地。

元朝时候，武昌、汉阳均属湖广行省，并称鄂（武昌）汉（汉阳），元朝诗人余阙将武昌、汉阳称为“双城”，显示了武昌、汉阳由单称到合称的趋势。

2. 三镇鼎立

最早记载“武汉”之名的是明万历元年（1573 年）姚宏谟的《重修晴川阁记》。“武汉之胜迹，莫得而观其游焉”，这是文献上第一次出现“武汉”一词。崇祯时文人阮汉闻著有《武汉纪游》一书，可见“武汉”作为地名已见诸书名。不过这时的“武汉”仅包括武昌、汉阳两地，仍是武昌、汉阳双城的合称。清道光二年（1822 年），范锴在其所著的《汉口丛谈》中写有“遂陷武汉等郡”一句，即指武昌、汉阳等郡（府），汉口是称不上郡（府）的。咸丰年间，湖北巡抚胡林翼的奏章、函牍中常用“武汉”两字，如“武汉为荆襄咽喉”“若使武汉克复”“武汉两城对峙”等，显然也是指武昌、汉阳（当然也包括了汉口）两地，“武汉”实际上应读作“武、汉”。

明成化初，由于连年大水，汉水河床发生剧变，汉水改道，从龟山北入江。这次改道将汉口划出，奠定了武汉三镇的地理基础。武汉地区从双城演化成武、阳、夏三镇。1912 年，湖北军政府废武昌府，改江夏县为武昌县，废汉阳府保留汉阳县，三镇始以同级建制鼎立，但未形成统一的行政建制。

1926 年 10 月，国民革命军北伐占领汉口后又攻克武昌。1927 年元旦，国民政府“以汉口为华洋互市之区，实全国商务中心”，由广州迁到武汉，定为国都。此前的 1926 年年底，湖北省政务委员会已在夏口县、武昌县范围内划出汉口市和武昌市，直属湖北省政府。武阳夏三镇变成汉口市、武昌市和汉阳县、夏口县、武昌县的两市三县建制。国民政府迁汉后，将汉口、武昌、汉阳三镇合组为“京兆区”，定名武汉。1927 年 4 月 18 日，武汉市政府正式成立，武汉三镇在行政区划上正式统一为一市，最终形成了武昌、汉阳、汉口鼎足而立的武汉三镇格局（图 1－9）。1927 年 7 月 1 日武汉市改为武汉特别市（直辖市）。

图 1－9　三镇合

①② 陈秋芳．大武汉之梦——关于一座城市的历史、现状与远景［M］．北京：武汉出版社，2006：30.

③ 鹦鹉洲：原为古武昌城外长江中的一个小洲。祢衡曾作《鹦鹉赋》并葬于此，故称。现在汉阳拦江堤外的鹦鹉洲，系清乾隆年间新淤的一洲，曾名“补课洲”，后改名鹦鹉洲。

20世纪20年代末30年代初是武汉现代城市体系最终形成时期，不仅在武汉现代城市发展史上的地位至关重要，而且对武汉后来的发展走向产生了深刻影响。武汉三镇终于摆脱了县厅建制，结束了行政分治状况而首次形成了统一体，在中国行政区划版图上第一次出现了"武汉"这个城市的名称。尽管武昌和汉口后来有分有合，但"大武汉"城市格局至此奠定。

1929年武汉分治，武昌成立武昌市政筹备处，辖汉阳城区，汉口仍为特别市。1931年，汉口改为湖北省辖市，1932年汉口特别市恢复，属南京国民政府。1935年武昌市政筹备处改为武昌市政处。1937年武昌市成立。1938年10月至1945年8月，武汉三镇被日军侵占。抗日战争胜利后，汉口于1947年改为院辖市，武昌、汉阳合并设立武昌市筹备处。1947年汉口市直属南京国民政府。

纵观1912—1949年中华民国时期，武昌、汉阳、汉口三镇的行政建制、区划极不稳定。武汉三镇分合无常，除1927年4月至1929年4月三镇的城区曾短暂合并为武汉市、武汉特别市，统一建制以外，其他时间均分治，时而为特别市（直辖市），时而为普通市（省辖市），这在全国城市体系中也是罕见的。

第二节　今日区划

1949年5月16日中国人民解放军攻占武汉，武汉解放。5月24日，武汉市人民政府成立。武汉市人民政府宣布"划前汉口市、武昌市及汉阳城区所辖地区成立武汉市人民政府"，武汉市重以三镇建置，隶属中南军政委员会管理。1953年武汉市划为中央直辖市。1954年6月，改为湖北省辖，成为湖北省省会，辖江岸、江汉、硚口、汉阳、武昌、惠济、东湖、南湖、福城、水上10个市辖区。

武汉城市的发展经历了由外围区向中心区的推进，逐渐形成了以武昌、汉阳、汉口三镇为中心的城市格局，城市功能也由兴起时的军事要塞转变为政治、工商贸大都会。中华人民共和国成立后，随着一些大型企业的建设，武汉城市急剧扩容。20世纪90年代以来，开发区和区级经济的蓬勃发展使得城市规模进一步加速扩大，城市建设开始跨越中心区，向城市外围区域扩张，武汉逐渐成为华中地区最大都市、长江中下游特大城市，辖13个区、3个国家级开发区（图1-10），总面积达8 569.15平方千米。

图1-10　武汉区域

一、武汉三镇中心城区

位于长江和汉水交汇处的武汉以三镇的独特城市格局闻名全国。武汉三镇指隔长江、汉江鼎立的三个城镇，长江以南的中心城区部分为武昌，长江以北、汉江以南中心城区部分为汉阳，长江西北、汉水以北的中心城区部分为汉口。三镇发展的历史、规模、速度各有不同的特色。目前，武汉三镇已基本形成汉口商业贸易、武昌文化教育科技和汉阳现代工业制造的功能格局。

武昌、汉阳至今仍是区级行政区划的名称，而汉口则不同，1949 年以后，"汉口"不再是一个行政区划名称，仅留存有地理名称，汉口被分割为江岸区、江汉区、硚口区 3 个区级行政区划，但是人们基于传统概念仍然习惯于通称"汉口"。同样，作为武汉三镇之一的"武昌"，也不仅仅局限于一个武昌区，人们习惯上用它泛称长江以南的中心城区。

几十年来，三镇不仅是其行政区域由 3 个变成了 7 个，即江岸、江汉、硚口、汉阳、武昌、青山、洪山 7 个中心城区，其地域也迅速扩大。

（一）武昌地区

武汉三镇之一的"武昌"，位于长江南岸，与汉口、汉阳隔江相望，包括武昌区、青山区、洪山区 3 个行政区划。武昌地区是人们对长江以南武汉中心城区的惯称。

1. 武昌区

武昌区是武汉三镇中武昌地区的一部分，地处武汉市城区东南部。今武昌区境域以老武昌城为基点扩展，西临长江，北至余家头罗家港与青山区毗邻，东、南与洪山区洪山乡、青菱乡交错接壤。武昌区是中共湖北省委、湖北省人民政府机关所在地，是湖北省重要的政治、文化和信息中心，下辖 14 个街道办事处。

1949 年武昌解放后，武汉市人民政府建立武昌办事处，将武昌城区调整为 4 个城区（第一区、第二区、第三区、第四区）和武泰、挹江、洪山 3 个郊区。1952 年 8 月，武汉市人民政府再次调整区划，将第一区改称武昌区，并正式建立武昌区人民政府。1995 年，武昌县改为江夏区后，"武昌"一词就为武昌区专有。

2. 青山区

青山区位于武汉市东部，与洪山区接壤，南连东湖风景区，西与武昌区毗邻，北临万里长江，是中华人民共和国成立后发展起来的新型工业城区。

"青山"原指长江南岸的一座小山，人称鸡头山或矶头山，在周边一片灰黄中，经过此地的船只唯见此山独青，故多称之青山。青山自古属江夏。中华人民共和国成立后，青山为武昌县管辖。1951 年 12 月，武汉市青山区首建，1952 年 6 月因故撤区。1954 年国家大型钢铁基地（武汉钢铁公司）选址青山，为此武汉市青山区再次设立。1955 年 2 月，划入武汉市的原武昌县第九区的 21 个乡镇合并建立了武汉市青山行政区。1957 年 6 月，武汉市将青山区由郊区改为城区。

3. 洪山区

洪山区位于长江之畔，东湖之滨，北与黄陂区、新洲区隔江相望，南与江夏区接壤，东抵鄂州市，西与武昌、青山两区相邻。

洪山地域自古属武昌县管辖。1949 年 11 月，武汉市在其江南地区成立了洪山、武泰、把江 3 个郊区。1951 年 4 月，3 个郊区被撤销，成立武昌郊区（武汉市第八区）。1951 年 7 月，武昌郊区又改为东湖区和南湖区。1955 年 2 月，东湖区与武昌县部分合并，成立洪山区，1956 年 6 月南湖区并入洪山区，之后几经演变，逐渐形成了如今的洪山区。

1986 年以前，洪山区还是武汉市的郊区。1986 年武汉市实行新的区划，洪山区定位为以城带郊的新型城区，之后又发展成为中心城区，是武汉市以城带郊的中心城区。

（二）汉口地区

武汉三镇中的"汉口"是武汉的商业中心，地处长江西北、汉水以北，其东南隔长江与武昌相望，其南与汉阳隔汉江而立。今天的"汉口"地区是硚口、江汉、江岸 3 区的统称。

1. 硚口区

硚口区位于武汉三镇汉口一方的西北部，汉水北岸。东与江汉区为邻，南滨汉水，隔汉江与汉阳区相望，西抵舵落口、额头湾，北至张公堤与东西湖区接壤。

"硚口"是旧时因筑土堤修石桥而得名。1950 年 11 月成立的武汉市第二区人民政府负责管理硚口片区，其境域相当于原汉正、武圣、宝善和中正区，后扩展到硚口路以西、铁路以北的地域。1952 年 7 月，武汉市第二区改为硚口区。1955 年，城郊区界部分调整，原惠济区所辖罗家墩上、下双墩，航空路一带划入区境。1984 年，长丰乡划归硚口区后，区划范围基本固定。

2. 江汉区

江汉区位于长江、汉水交汇之处的北岸，武汉三镇汉口一方的中部，南临长江、汉江交汇处，分别与武昌、汉阳区隔江相望，北至张公堤，与东西湖区接壤，东与江岸区毗连，西与硚口区交错为邻。

1950 年武汉市第三区人民政府成立，1952 年武汉市第三区更名为江汉区，原武汉市第五区所辖解放、循礼和公园地段划入江汉区。1955 年 2 月，原惠济区所辖航空路、万松园至江汉北路一带地域划入江汉区。1985 年 2 月，武汉市行政区划调整，将原洪山区江北片一部分地域划归江汉区。

3. 江岸区

江岸区位于长江北岸，武汉三镇汉口一方的东部，东邻黄陂区，西接江汉区，南濒长江与武昌区和洪山区隔江相望，北与东西湖区接壤。

江岸区是武汉市历史上唯一存在过外国租界的城区。1858 年《天津条约》签订后，汉口被辟为对外通商口岸。在 1861 年开埠通商以前的汉口是一片旷地，清同治三年（1864 年）始设大智坊；1861—1943 年的 80 多年间，英、法、俄、德、日五国在此设立租界；1953 年设江岸区；1954 年改为街道；1980 年重设江岸区，下辖 16 个行政街道。

（三）汉阳地区

武汉三镇中唯一独居一镇的就是汉阳区，其区划与地理名称一致。汉阳区地处武汉市西南部，东濒长江，北依汉水，与汉口、武昌隔江鼎立。

中华人民共和国成立后，武汉市人民政府汉阳中心区政府成立，1950 年 11 月改称武汉市第六区人民政府，1952 年 8 月更名为武汉市汉阳区。2005 年，四新农场划归汉阳区管辖并设立四新管委会。汉阳区现辖 11 个街道办事处、四新管委会和汉阳经济开发区。

二、武汉新城区

武汉所辖区域除上面讲到的 7 个中心城区外，还有蔡甸、江夏、黄陂、新洲、东西湖、汉南 6 个新城区，以及武汉经济技术开发区、东湖高新技术开发区、临空港经济技术开发区 3 个国家级开发区。

1. 蔡甸区

蔡甸区位于武汉市西部，地处汉江与长江汇流的三角地带，东濒长江与江夏区隔水相望，西与汉川市接壤，西南邻仙桃市，南临通顺河与汉南区相连，北傍汉江与东西湖区相邻，东北邻汉阳区。

蔡甸区前身为汉阳县。1949 年 5 月 17 日，汉阳解放，成立汉阳县人民政府，隶属沔阳专署。1950 年 8 月，汉阳城区划归武汉市，县治所移于蔡甸镇。1951 年 7 月，沔阳专署撤销，改属孝感专署。1959 年，汉阳随同整个孝感专署划归武汉市领导，次年恢复原体制，汉阳县仍属孝感专署。1975 年，汉阳县从孝感专署中分出，划归武汉市领导，属武汉市郊县。1992 年 9 月，撤销汉阳县撤县设区，设立武汉市蔡甸区，其行政区域不变，区人民政府驻蔡甸镇。

2. 江夏区

江夏区地处武汉市南大门，东接鄂州，南通咸宁，西临长江与蔡甸、与汉南区相望，北接武汉东湖高新技术开发区。

江夏区原名武昌县。1949 年 6 月 10 日，武昌县人民政府成立，隶属大冶专区；1952 年，改隶孝感专区；1959 年 11 月，划归武汉市辖。1960 年，武昌县、嘉鱼县合并为武昌县，县委和县人民政府以及县直各机关均先后由武汉市武昌区的傅家坡迁驻纸坊，将原纸坊镇升为县辖镇。1961 年年初，武昌县、嘉鱼县分治，武昌县复隶孝感专署；1965 年，改隶咸宁专区；1975 年 11 月，划归武汉市辖。1995 年 3 月，武昌县撤县设区，设立武汉市江夏区。次年 3 月，武汉市江夏区人民政府成立，区人民政府驻纸坊镇。

3. 黄陂区

黄陂区位于武汉市北部，是武汉市面积最大的城区，东与红安县、新洲区接壤，西隔小悟山、界河与孝感市毗连，南抵府河、长江与东西湖、与江岸、青山区相望，北与大悟县交界。

中华人民共和国成立后，黄陂县属孝感专署；1959 年随专区并入武汉市；1961 年，恢复原区治；1983 年 10 月，划归武汉市管辖；1998 年 9 月，黄陂县撤县设区，设立武汉市黄陂区，行政区域与原黄陂县相同，区人民政府驻前川镇。

4. 新洲区

新洲区位于武汉东北部，东连黄州、鄂州，南临长江中游，西靠武汉，北枕大别山。新洲古为邾城，1951 年 6 月，原黄冈县划分为黄冈、新洲两县，隶属于黄冈地区。1983 年 8 月新洲县划归武汉市，1998 年 9 月撤县设区，成为武汉市的一个新型城区，区人民政府驻城关镇。

新洲区西南的武汉阳逻经济开发区，地处长江中游北岸，距武汉中心城区 20 千米。阳逻拥有长江中上游唯一的天然深水岸线，阳逻港是武汉通向沿海地区重要的水上门户。

1991 年 12 月，经武汉市委、市政府批准，新洲县委、县政府开始着手阳逻的开发与建设。1996 年 2 月，中共武汉市阳逻开发区工作委员会、武汉阳逻开发区管理委员会成立，代表新洲县委、县政府行使权力，领导阳逻招商引资及开放开发事宜。2000 年年底，阳逻经济开发区实行"市区共建、以区为主"的管理体制，成为"市区共建"的重点省级开发区。阳逻经济开发区正在成为华中地区重要物流中心、现代港口工业新城。

5. 东西湖区

东西湖区地处武汉市西北，汉江、汉北河及府环河汇合之处，在古云梦泽的东部。全境三面环水，东靠张公堤，分别与江岸区、江汉区和硚口区接壤；西邻孝感，南滨汉水与蔡甸区和汉川市相望，西、北依府河与孝感市和黄陂区相邻。

从 1912 年起，区、乡几经分合更改，围垦前，地域及人口分属于原汉阳、汉川、孝感、黄陂四县和武汉市汉硚区。1957 年 12 月，经国务院同意，湖北省机构编制委员会正式行文批准成立"武汉市国营农场管理局"；1958 年 10 月，增设东西湖区行政建制，隶属武汉市管辖，实行区、局合一的体制；几经变动后，1979 年改为东西湖区人民政府，并成立"武汉市东西湖农工商联合总公司"，区、局、总公司合署办公；1985 年 3 月，区和总公司机构分设；同年 9 月，区政府在各农场设办事处；2004 年，农场体制改革，将办事处调整合并，新组建 7 个街道办事处。

6. 汉南区

汉南区地处武汉市西南部，东南与嘉鱼县、江夏区隔长江相望，西面、南面以东荆河为界与仙桃、洪湖两市毗连，北抵通顺河与蔡甸区相邻。

1949 年 5 月前，汉南地区为汉阳县所辖新滩乡和合成乡，中华人民共和国成立后，两乡合并，成立汉阳县新滩区，后更名为邓南区，先后由沔阳、孝感专署。1957 年 10 月，孝感地区在邓南区所辖东城垸围堤垦荒，建立东城垸农场。1966 年 9 月，东西湖农场管理局在邓南区所辖银莲湖围垦，建立汉南农场。其后多次调整，1975 年 2 月划归武汉市。1984 年 1 月，设立武汉市汉南区，区政府驻纱帽镇（1997 年改设纱帽街），与汉南农场管理局合署办公，两块牌子一套班子。2013 年，汉南区由武汉经济技术开发区托管。

三、国家级开发区

武汉市设有三个非行政区划的国家级开发区，即武汉经济技术开发区、武汉东湖高新技术开发区、武汉临空港经济技术开发区。三大国家级开发区鼎足而立，是武汉市经济的三大增长极。

（一）武汉经济技术开发区

武汉经济技术开发区俗称沌口开发区，有"车城"的美誉。武汉经济技术开发区是一座现代化的工业新城，位于武汉市区西南的三环线和外环线之间，汉阳区与蔡甸区交界处，濒临长江。

武汉经济技术开发区始建于 1991 年，1993 年 4 月国务院批准其为国家级经济技术开发区，规划控制面积 202.7 平方千米。2000 年后，国务院及相关部委相继批准在开发区内设立湖北武汉出口加工区，国家电动汽车研发、产业化及示范运营基地，国家级汽车及零部件出口基地，国家级生态工业园。

武汉经济技术开发区由开发区工委、开发区管委会代表武汉市委、市政府统一管理开发区社会经济等事务。2013年12月，武汉开发区托管汉南区实施一体化发展。经过几次托管扩容，武汉开发区规划控制面积扩大为489.7平方千米。

（二）武汉东湖高新技术开发区

武汉东湖高新技术开发区也称东湖高新区、光谷，位于武汉市东南部的三湖（东湖、南湖、汤逊湖）六山（珞珈山、南望山、喻家山、马鞍山、伏虎山、狮子山）之间。

武汉东湖高新技术开发区于1988年10月正式成立；1991年3月，被国务院批准为国家级高新技术产业开发区；2001年，被国家计委和科技部批准为国家光电子产业基地，即"武汉·中国光谷"；2006年以来，被国家有关部委批准为国家服务外包基地城市示范区、国家生物产业基地、国家科技兴贸创新基地，被列为全国建设世界一流科技园区试点；2009年又被国务院批准为国家自主创新示范区。

武汉东湖高新技术开发区由开发区工委、开发区管委会代表市委、市政府统一管理开发区各项社会经济事务。

（三）武汉临空港经济技术开发区

武汉临空港经济技术开发区是湖北省第一个发展临空经济的国家级功能区，该区位于武汉市主城区西北近郊，毗邻天河国际机场，与汉口相连，其核心区距离机场在15千米之内。

1992年，东西湖区创办吴家山经济技术开发区；次年被武汉市政府批准设立武汉吴家山台商投资区；2000年升为省级经济开发区；2010年5月，经湖北省政府同意更名为"武汉吴家山经济开发区"。2010年11月，武汉吴家山经济开发区跻身国家级经济技术开发区行列，定名为"武汉吴家山经济技术开发区"。2013年5月，经国务院批准，武汉吴家山经济技术开发区正式更名为武汉临空港经济技术开发区。

由此，武汉经济技术开发区、武汉东湖高新技术开发区、武汉临空港经济技术开发区，这三大国家级开发区在武汉形成了鼎足而立的局面。

四、武汉城市新发展

（一）武汉城市圈

1957年法国著名经济学家戈特曼首次提出了"大都市圈"的概念，用以概括一些国家出现的大城市群现象。大都市圈理论，又叫城市群理论，现已被广泛运用于全世界，成为衡量一个国家或地区经济和社会发展水平的重要标志。这些大城市群往往是区域内城市高度密集，人口规模巨大，且城市间具有分工明确、各具特色、优势互补的密切的经济联系，是一个国家或地区经济活跃、重要的区域。

无论是城市圈、城市带、城市群，还是都市圈、都市区、都市带、都市群，实际上都是指在一定地理或行政区域内，以一两个大城市或特大城市为核心，辐射并带动周边一定范围内的一批中小城市，共同参与分工、合作，形成的具有一定影响力、竞争力的一体化圈域经济现象。

在武汉周边100千米半径内，集中了黄石、鄂州、孝感、黄冈、咸宁、仙桃、潜江、天门8个中小城市，形成了湖北乃至长江中游最大、最密集的城市群。然而，这个城市群的发展却非常不均衡，出现了武汉市一城独大的局面，缺乏第二层次的城市，即便是处于第二位的黄石市与武汉市的差距也是非常之大，第三层次的城市较多，但多是规模小、农业比重大、经济实力弱的小城市。湖北中部崛起的实现，仅靠武汉一城独大不行，必须"以大带小"共同发展。

2007年12月14日，国务院批准武汉城市圈为全国资源节约型和环境友好型社会建设综合配套改革试验区。以武汉为圆心，由黄石市、鄂州市、黄冈市、孝感市、咸宁市、仙桃市、天门市、潜江市周边8个城市所组成的武汉城市圈（图1-11）面积达6万平方千米，是目前武汉面积的7倍多。

图1-11　武汉城市圈

武汉"1+8"城市圈并非一个行政主体，而是一个利益共同体，构成了一个区域经济联合体，将形成以大武汉为核心，与周边8个中小城市优势互补、资源共享、市场共通、利益共有的城市圈经济一体化格局。湖北省原省长罗清泉曾用"相互依存，互为前提"这8个字概括武汉市与圈内其他市的关系。

武汉城市圈面积不到全省的1/3，却集中了湖北省一半的人口、六成以上的GDP总量，既是湖北经济发展的核心区域，也是中部崛起的战略支点。武汉城市圈建设要实现"五个一体化"，即要以交通基础设施为先导，积极推进基础设施建设一体化；以重大项目建设为突破口，积极推进产业一体化；以金融市场发展为重点，积极推进区域市场一体化；以信息基础设施建设为着力点，积极推进通信网络一体化；以可持续发展为指导，积极推进环境保护与生态建设一体化以及城乡一体化。

以中心城市为核心形成城市经济圈，是区域经济一体化的重要形式，也是改革开放以来我国城市与区域发展的一个重要特征。顺应区域经济一体化趋势的武汉城市圈建设大大增强和提升区域竞争力，武汉城市圈成为我国内陆地区重要的经济增长极之一。

（二）武汉长江新城（新区）建设

2017年1月22日，武汉市第十三次党代会启动了规划建设"长江新城"的新任务：提出要围绕"长江新城"规划优化武汉长江主轴，重点围绕主城区长江段，集中展示长江文化、生态特色、发展成就和城市文明，打造世界级城市中轴文明景观带，进而使其成为"代表城市发展最高成就的展示区、全球未来城市的样板区"；将围绕"一城一轴一心"，即长江新城、长江主轴、东湖绿心，规划建设世界一流亮点区块，提升城市功能品质。届时，武汉将形成"四镇"的新格局。

7月17日，武汉长江新城选址最终确定。长江新城选址位于武汉中北部，起步区位于谌家矶—武湖区块（图1-12），约30~50平方千米，东至武湖泵站河，南至长江北岸，西至滠水河、府河，西南至张公堤路，北至江北铁路。新城将分三期建设，中期发展区100平方千米，远程控制区500平方千米。

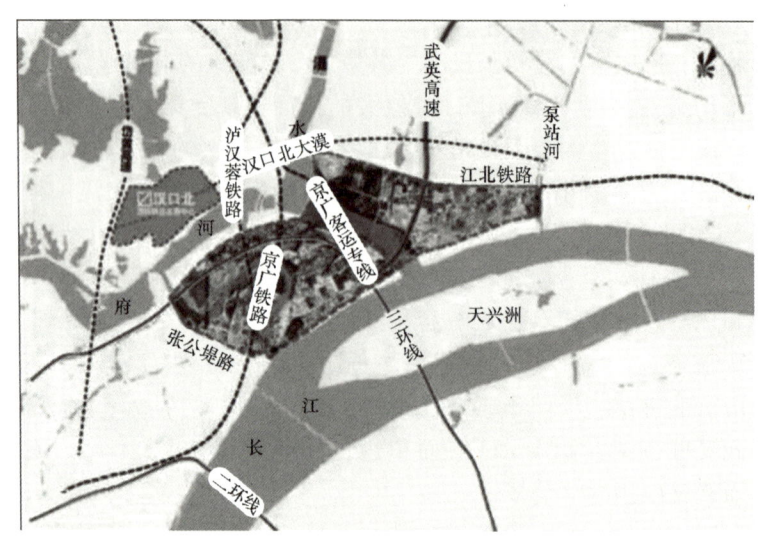

图 1 – 12　长江新城起步区范围示意图

9 月 30 日上午，武汉长江新城工作委员会、长江新城管理委员会宣布成立，党工委与管委会为一个机构、两块牌子。

建设长江新区，集聚国家战略、传承长江文明、承载武汉使命，这是武汉提升国际知名度、美誉度和城市竞争力的重大举措。

从"东南巨镇"到"东方芝加哥"的繁盛，从汉口开埠到张之洞的洋务"新政"，武汉地区从古代走向近代，留下了辉煌的足迹。从三（镇）到十三（区），从一城（武汉）到九城（武汉城市圈），武汉从中心向周边扩展，步入了发展的快车道。武汉城市的影响力也与日俱增，从 1984 年的经济体制综合改革试点城市，1992 年的对外开放城市，到 2007 年的全国资源节约型和环境友好型社会建设综合配套改革试验区，再到 2015 年的跨区域长江中游城市群的"中三角"，2016 年年底，国家发改委又出台文件，支持武汉"坚持立足中游、引领中部、服务全国、链接全球"的国家中心城市建设。这一步步走来，武汉逐渐成为区域经济发展的"龙头"、中部地区崛起的重要战略支点，长江流域经济带的脊梁。

第二章

江城形胜

水是人类文明之源，正如爱琴海与希腊文明，两河流域与古巴比伦文明，尼罗河与古埃及文明，恒河与印度文明，长江、黄河与华夏文明。

水路则是城市之源。滔滔黄河，滚滚长江，至隋而成的京杭大运河，孕育了多少大大小小的城市！

武汉，襟带两江，包裹千湖，因水而生，傍水而立，得水独厚。水，是她的特色；水，是她的优势。东方芝加哥？东方威尼斯？在我们心中，她，大于斯，美于斯！

第一节　九省通衢

顺治年间（1644—1661年）武汉地区学者熊伯龙提出，汉口是"九省通衢"之地。乾隆时修的《大清一统志》也指出"汉镇适当五达之衢"。张之洞在晚清筹建夏口厅时，向朝廷上奏汉口为"九省通衢"。

历史上汉口获得"九省通衢"的桂冠，主要是缘于其水道，当然也涉及陆路。因武汉处于长江中游，为长江、汉水交汇所在地，长江、汉水又连接众多支流、湖泊，形成密布的水网。利用水路，从汉口可很方便地进入东、西、南、北各省、各县。在古代，陆路有驿道通西安、开封、北京以及湘、赣、粤，武汉至北京的驿道长达1 000多千米。九省通衢中的"九省"，或实指川、陕、黔、湘、赣、鄂、皖、豫、晋九省；或以九言其多，泛指可与多省相通。无论是实指，还是泛指，九省通衢都是指武汉处于交通枢纽的地理地位。

一、独特的地理位置

武汉地处东经113°41′～115°05′，北纬29°58′～31°22′，位于我国中部，江汉平原东部，世界第三大河长江及其最大的支流汉水在此相汇，江河湖泊孕育了这座华中地区最大的城市。武汉的地理位置得天独厚，中国艺术研究院戏曲研究所研究员徐城北先生对此有着一段极其精辟的描述："一线贯通、两江交汇、三镇雄峙、四海呼应、五方杂处、六路齐观、七星高照、八面玲珑、九省通衢、十指连心。"

武汉市面积8 569.15平方千米，东西直线横距长达132.12千米、南北跨距153.97千米，绕武汉一圈的市域境界长度为977.28千米。

武汉属亚热带季风性湿润气候，具有四季分明、日照充足、雨量充沛、夏季酷热、冬季较冷的特点。雨量充沛，主要集中在6—8月，年降水量1 150～1 450毫米。初夏梅雨季节雨量较集中。年平均气温15.8℃～17.5℃，7月、8月平均气温最高，平均为28.7℃；1月平均气温最低，平均为0.4℃。武汉所处的纬度，同时居于内陆，远离海洋，周围地形如盆地，集热容易、散热难，河湖多，晚上水汽多，加上城市热岛效应和伏旱时副高压控制，夏天十分闷热，有"火炉"之称，气温常达到40℃，最高气温甚至达到44.5℃。

武汉地形以平原为主，中部散列着东西向残丘，且市内湖泊塘堰众多。全市低山

（主要分布在黄陂区和新洲区两个远城区）、丘陵（分为三列）均被林木覆盖。北列分布在黄陂区北部及新洲区；中列横穿城区（龟山、蛇山、小洪山、珞珈山、桂子山、南望山、磨山、喻家山与马鞍山）；南列分布在江夏区北部及蔡甸区；平原在中部，有垄岗平原（位于各湖泊周边和丘陵向平原过渡带，盛产水稻和鱼）、平坦平原（长江、汉江两岸以及湖泊周围，是棉花和蔬菜产区）。低山、丘陵、垄岗平原、平坦平原分别占土地总面积的 5.8%、12.3%、42.6% 和 39.3%，海拔高度在 19.2~873.7 米，大部分在 50 米以下。

《尚书》记载："江汉朝宗，其流汤汤。"《诗经》记载："江汉汤汤，武夫洸洸；滔滔江汉，南国之纪。"唐代著名大诗人李白的诗句有"黄鹤楼中吹玉笛，江城五月落梅花。"武汉这座处于中国腹地的特大中心城市自古就有着"江城"的美誉，也有人称之为"百湖之市"。武汉水资源充足，江河纵横，长江、汉水交汇于市区中央，湖港交织，众多大小湖泊镶嵌在江水两侧，形成湖沼水网。以长江为主干构成的庞大水网，保证了良好的森林植被及生态环境。正常年景，地下水净储量为 128 亿立方米，地表水为 7 145 亿立方米。

水滋养了武汉的历史文化，滋养了无数志士名人，也成就了汉口四大古镇之一的美名和武汉九省通衢的地位。

二、水路与码头

武汉的城市形成与发展，得力于其优越的地理位置，交通便利、商旅辐辏，而最突出的特点，则在于水路。水路离不开码头。码头经济是最古老的经济。港口经济、码头产业不断推进武汉商埠、商贸、商务、商圈的发展。武汉城市的发展变迁，与武汉码头的兴衰流变息息相关。从内河小码头，到如今正在建设的国际性"大码头"，200 多年武汉码头的发展，经历了三次大的历史转型，每次转型都带动武汉城市和文化的大发展。

（一）内河经济时代

武汉的码头最早起源于内河，码头修建也是先在汉水沿岸，然后在长江沿岸。明代成化年间，汉水径直由龟山以北入江，至此，汉阳一分为二，汉口低洼之地从汉阳分开。沿着汉水边渐渐有人筑垾居住，形成一条临水的街道。于是，陕西、鄂西北的货物沿着汉水而下，到达今汉口的码头集散。久而久之，汉水边有了许多码头。随着水上航运规模的扩大，码头开始向武昌发展。这一时期的码头经济，尚未向长江拓展连接，只可称为内河经济时代。

（二）大江经济时代

19 世纪 60 年代汉口开埠后，随着租界的建立和长江近代轮船运输的日益发展，各国洋行及轮船公司在临长江沿岸开始相继拓建一批近代船运码头，武汉码头的发展进入大江经济时代。

自清末到抗日战争前，汉江民船码头基本形成专业分工，有油、棉花、米、杂粮、柴炭、石膏等专用码头。兴旺发达的港口码头使武汉成为近代中国最重要的对外贸易口岸之一，汉口码头的年货物吞吐量仅次于上海，水陆航线可达海外诸国。直至 20 世纪七八十年代，武汉码头的航运依然繁盛。这一时期，随着近代科学技术的发展，航运工具已由小型木帆船向大型机帆船过渡，往来两江更为便利。码头经济已由内河经济时代过渡到大江经济时代。

（三）海洋经济时代

历史演进到 21 世纪，经历了 20 年的整体萧条后，武汉码头显现出"复苏"的势头。2004 年，长江中上游首家内地与我国各港合资的武汉阳逻集装箱码头一期工程在距汉口约 30 千米的阳逻古镇武矶山建成投产。

如今建设中的武汉新港，更是打破了行政区划。武汉新港位于长江黄金水道中游，由原武汉港和黄冈市、鄂州市、咸宁市的部分港区组成，新港规划港口岸线 548.2 千米（其中，长江岸线 435.3 千米，汉江岸线 112.9 千米），港区及腹地面积达 9 300 平方千米。到 2030 年作业量将达 1 000 万标箱，货物吞吐量达 3.5 亿吨，建成后的武汉新港货物吞吐量仅次于南京，为中国内河航运第二大港口。另外，武汉至上海的"江海直达"航线恢复，直达日本、韩国、东南亚各国及港澳台地区的不定期货运航线开通。

武汉大码头连通世界。武汉码头文化也随之辐射万方而流播天下。武汉是"内河经济时代"的"不夜城"，是"大江经济时代"的"东方芝加哥"，在当前的"海洋经济时代"，武汉作为"沟通大洋计划的顶水点"和长江上通江达海的起点，是与世界实现大连通的"窗口"。数百年的武汉码头发展的历史，是由内陆向海洋、由内向型经济向外向型经济转变的发展轨迹，武汉码头文化也逐步由保守走向开放和创新。

码头城市也好，码头文化也好，透过码头的兴衰，从一个侧面映照了武汉这座城市的发展变迁。

三、现代交通枢纽

武汉扼南北之枢纽，居东西之要津，作为全国首个综合交通枢纽研究试点城市，辐射国内东西南北的 5 小时经济生活圈正在形成，铁路、水运、公路、航空齐发力的"立体综合交通体系"正在凸显。

（一）桥梁贯通三镇

武汉地处长江中下游平原，加上汉水在汉口多次改道，致使武汉地区沟渠交错、湖汊星罗，除长江、汉水两条巨川将武汉划分成三镇以外，三镇内部也是水网密布。为了生存与发展，武汉很早就有了桥梁修建的历史。据清末史地学家杨守敬绘制的《武汉城镇合图》与《夏口县志》（卷五）统计，到光绪末年，仅汉口就有桥梁 61 座。武昌在历史上也修建了不少座桥，如武昌巡司河上就曾建有 10 多座桥，如今有名的桥有新桥、解放桥、李家桥、武建桥。汉阳城的"桥历史"更早，数量最多。汉阳清末以前有拱桥、石桥、木桥等各种形式的桥梁百余座。其中，武汉市有记载的最早跨水桥梁是北宋大观初年（1107 年）在汉阳莲花堤上修建的迎春桥。

历史上大大小小的桥梁促进了武汉三镇的发展，方便了市民的生产生活。如今，贯穿三镇的长江和汉水上架起了多座现代化桥梁，它们是形成武汉三镇内环、二环、三环、四环、外环交通环线的枢纽。

1. 跨越长江的桥和隧道

内陆水资源居全球第一的武汉，曾因航运发达而被誉为"九省通衢"。然而，因长江

"天堑"的阻隔，世世代代的三镇居民相互往来，仿佛永远摆脱不了"舟楫劳顿之苦"。1957年，武汉长江大桥横空出世，意味着长江天险成为通畅的大路，也使长期分割的武汉三镇连为一体。被毛泽东称为"一桥飞架南北，天堑变通途"中的"一桥"指的就是武汉长江大桥（图2-1）。

图2-1 武汉长江大桥

2013年5月，武汉长江大桥成为第七批全国重点文物保护单位，2016年9月，入选"首批中国20世纪建筑遗产"名录。

武汉长江大桥是中华人民共和国成立后在"天堑"长江上修建的第一座大桥，也是古往今来长江上的第一座大桥。它位于武汉市汉阳龟山和武昌蛇山之间，是我国第一座上、下层分别为公路和双线铁路的两用桥，在其附近建有武汉长江大桥建桥纪念碑，如图2-2所示。大桥全长1 670.4米，桥身共有八墩九孔，八个巨型桥墩矗立在长江之中，"米"字形桁架与菱格带副竖杆使巨大的钢梁透出一派清秀的气象，每孔跨度为128米，桥下可通万吨巨轮；35米高的桥台耸立在两岸，给大桥增添了雄伟气势。从晴川阁、龟山、长江大桥到莲花湖、蛇山、黄鹤楼，绵亘连接，相得益彰，组成一片宏大连绵、美丽动人的景点群。

武汉长江二桥位于武汉长江大桥下游6.8千米处，与雄伟的龟山电视塔和举世闻名的黄鹤楼遥相挺立。主塔高耸挺拔、气势雄伟、线条流畅、比例协调。武汉长江二桥的建成，结束了"三镇交通一线牵"的历史，它与武汉长江大桥相呼应，组成了28千米的内环线，环抱三镇45平方千米的繁华城区，连接铁路、港口、民航，形成了武汉市内交通平面立体并举、江河两岸三镇贯通的格局。

武汉白沙洲长江大桥位于武汉长江大桥上游8.6千米处。大桥巍峨挺拔、轻巧流畅的建筑造型，充分体现了经济、实用、美观、先进的当代桥梁建设的设计原则。白沙洲长江大桥向南连接107国道、316国道，向北连接武黄高速公路和沪蓉国道主干线，使武汉城市的交通枢纽格局得到了进一步提升和拓展。

图 2 - 2　武汉长江大桥建桥纪念碑

武汉长江四桥，又名武汉军山长江大桥，是京珠、沪蓉两条高速公路跨越长江的共用桥梁，同时也是 188 千米的武汉外环高速公路的其中一座长江大桥。

武汉长江五桥，又名武汉阳逻长江大桥，位于武汉市东北郊，大桥全长 10 千米，是世界第八、国内第四大悬索桥，也是武汉首座跨江悬索桥，是京珠、沪蓉等高速公路主干线武汉绕城公路的重要组成部分和控制性工程。

武汉第六座长江大桥是武汉天兴洲长江大桥，它是世界最大的公路、铁路两用桥，下层为可并列行驶四列火车的铁道。

武汉第七座长江大桥是武汉二七长江大桥，位于武汉长江二桥下游 3.2 千米处，桥的主跨长为 616 米，是世界上跨度最大的三塔斜拉桥。大桥的建设旨在贯通武汉市二环路，进一步提高过江通道能力。

武汉第八座长江大桥是鹦鹉洲长江大桥，位于武汉长江大桥上游约 2.3 千米处，是二环线的重要组成部分，把武汉长江大桥从承担大量车辆过江的重负中解救出来，也成为江城一道亮丽的风景线。

武汉第九座长江大桥是武汉沌口长江公路大桥，是武汉四环线重要过江通道，位于白沙洲长江大桥和军山长江大桥之间，在白沙洲长江大桥上游约 7 千米处。大桥主桥结构为五跨一联双塔双索面钢箱梁斜拉桥，主跨 760 米，桥宽 46 米，为长江上最宽大桥。

武汉第十座长江大桥是杨泗港长江大桥，是万里长江上首座双层公路桥，也是功能最全的跨江大桥。该桥主跨 1 700 米，"一步跨过"长江，是目前国内跨度最大的双层悬索桥。

武汉第十一座长江大桥是青山长江大桥，位于天兴洲长江大桥与阳逻长江大桥之间，是武汉四环线的过江通道之一，全长 7.5 千米。大桥以天兴洲洲尾为界，连接江南的是斜拉桥，为主航道；北侧副航道为钢管混凝土拱桥，形成"一洲两桥"的独特景观。

跨江工程除了桥梁还有穿江隧道——武汉长江隧道，该隧道位于武汉长江大桥和武汉长江二桥之间，全长 3.6 千米，双线 4 车道，是万里长江上的第一条穿江隧道，又称"万里长江第一隧"。它是长江过江交通建设史上的又一座里程碑，标志着武汉长江过江交通迎来了"江上架桥、水面行船、江底通隧"的三维时代。

武汉长江公铁隧道，原称"武汉三阳路长江隧道"，位于长江水道之下，是世界上首条建成的公铁合建盾构隧道。线路全长 4 650 米，公铁合建盾构段长 2 590 米。隧道为双管三层六车道规模；公路层为双向六车道城市主干道，为武汉市区中部城市主干道路。

2. 跨越汉江的桥

江汉一桥是为配合武汉长江大桥而建的，位于汉阳钟家村与汉口武胜路之间，1956 年建成通车，全长 322.37 米，毛泽东主席题写了桥名（图 2 – 3）。过去武汉三镇间仅靠水路运输，江汉一桥与武汉长江大桥组成的交通大动脉将武汉三镇连成一体，改变了交通不便的局面，带动了地区商业、旅游等事业的大发展。

图 2 – 3   毛泽东主席为江汉一桥题写的桥名

江汉二桥即知音桥，原名为江汉二桥，后为突出琴台觅知音的文化氛围而改名为知音桥，是跨汉江的第二座城市公路桥梁，也是武汉二环线的组成部分。

江汉三桥即晴川桥，位于长江、汉江交汇处。该桥跨越汉江最下游的入江口，连接着汉口集家嘴商贸地和汉阳南岸嘴景点，是一座跨径 280 米的下承式钢管混凝土系杆拱桥。它以一条弧形曲线跨越汉江，犹如一道天空的彩虹。它将汉口的景点龙王庙、繁华的商业闹市汉正街与汉阳的知名景观南岸嘴、晴川阁、铁门关、龟山及莲花湖连成一片，并在汉江口形成"彩虹落晴川，极目望双江"的新景观。

江汉四桥又称月湖桥，位于汉口硚口码头与汉阳龙灯堤处。桥式为独塔不对称扇式密索预应力砼箱斜拉桥；主塔高 110.5 米，塔形高耸挺拔，显示出一种直指蓝天向高空伸展的动势。

江汉五桥为长丰桥，是白沙洲长江大桥的配套工程，它把 107 国道、318 国道与武汉中环线连为一体，不仅大大分流了市内过境车辆，减轻了市区交通压力，而且带动了武汉经济技术开发区、武汉临空港经济技术开发区及舵落口综合批发市场的建设与发展。主桥采用带半拱边跨的中承式钢管砼系杆拱桥，整体外形如同飞雁，造型独特、生动、极富美感。

江汉六桥是古田桥，为武汉市第一座自锚式悬索桥，是汉江上最宽的桥梁，该桥型通过钢结构与混凝土的组合造型展现了中西合璧、古为今用的建筑景观。主塔利用丰富的杆件组合，在桥面形成两座恢宏的拱门，在拱门顶部中央，镶嵌着一个镂空的武汉市花——梅花造型，着重体现了武汉市的地域文化特色。

汉江七桥是武汉中法友谊大桥（三官汉江公路大桥），主桥和两岸接线全长7千米，2个主塔均高47米，斜拉索56根，桥塔造型犹如一把竖琴，寓意蔡甸的知音文化，大桥设计融合了"知音文化"和古琴元素，为武汉市再添一张独特亮丽的城市名片。

汉江八桥是武汉四环汉江大桥，该桥是亚洲最宽预应力混凝土斜拉桥。大桥设计为双塔双索面预应力混凝土斜拉，主塔高130米，主跨360米，主桥全长714米，总宽44米，双向8车道，设计时速100千米，是湖北省第一条双向八车道高速公路环线的枢纽工程。

2021年通车的汉江湾桥是目前汉江上最宽的桥，不仅大大方便了汉口与汉阳的交通，也让美丽的汉江湾上多了一道造型优美的钢构"彩虹"。该桥为三跨连续钢桁系杆拱桥，全长672米，设双向六车道。

除长江和汉江外，武汉也在众多的湖泊上架设桥梁和修建湖底隧道，如跨越野芷湖的景观桥梁——武昌野芷湖大桥，穿越东湖的隧道——水果湖隧道等，都是武汉建立方便、快捷的城市交通的举措。

武汉是座名副其实的桥城。通过这些桥梁的连接形成的武汉道路环线有：

内环线（28千米）：解放大道→武胜路→江汉一桥→长江大桥→武珞路→中南路→中北路→徐东大道→长江二桥。

二环线（48千米）：鹦鹉洲大桥→二七长江大桥→江汉二桥→发展大道→水东路→东湖路→珞狮北路→珞狮南路→雄楚大街→墨水湖北路→龙阳大道。

三环线（88千米）：白沙洲长江大桥→天兴州长江大桥→长丰桥（江汉五桥）。

四环线（146千米）：东西湖区十一支沟常青互通→四环汉江特大桥→武汉经济开发区徐家堡→沌口长江大桥→江夏区中洲岛→凤凰山、豹澥、九龙、花山（沿绕城高速既有路线）→东四环北湖枢纽互通→青山长江公路大桥→黄陂区武湖农场。

外环线（武汉绕城公路，188千米）：阳逻长江大桥→军山长江大桥→外环高速环城快速通道。

（二）公路、铁路辐射神州

1. 公路交通

如今，从武汉出发，北上孝感、麻城，有汉孝高速、汉麻高速；南下咸宁、长沙，有青郑高速；东去黄冈、鄂州、黄石，有武英高速、和左高速；西去仙桃有汉蔡高速，去洪湖、监利有汉洪高速。这7条高速出口公路犹如7条动脉，向武汉城市圈延伸，并全部与武汉外环"联网"，使得武汉与周边8座城市及邻近县区车程都在1~2小时。由此形成了武汉到省内周边城市100千米1小时交通圈，到邻省周边城市500千米4小时交通圈。

全长 188 千米的武汉绕城高速公路；连接武汉城市圈外围 8 个城市的全长 541 千米的武汉城市圈高速公路环线（在建），总长 229 千米的汉孝、汉洪、汉英、汉麻、汉蔡、青郑、和左、关葛等高速出口公路（全部建成通车），与内环、二环、三环线形成放射状网络，使得城与城、圈与圈的交流更便捷。

武汉公路运输主枢纽骨架基本形成，武汉至城市圈内城市实现 1 小时交通圈，4 小时到达周边省会城市，8 小时可东到上海、南到珠海、西到成都、北到北京。

2. 铁路交通

1906 年，在张之洞的督办下，汉口至北京正阳门卢汉铁路（后改称京汉铁路）通车，铁路全长 1 200 余千米，是纵贯中国南北的第一条铁路。1936 年，粤汉铁路通车，在徐家棚、鲇鱼套设有车站，标志着武汉成为贯穿中国南北的中枢点。

目前武汉正成为全国四大铁路运输枢纽之一。武汉位于京广铁路、汉丹铁路、长荆铁路、武九铁路、武麻铁路、沪汉蓉铁路、京港高铁交会处，形成了以武汉为中心，至合肥、长沙、南昌、郑州等省会城市的 2 小时快速交通圈。沪汉蓉铁路客运专线（合武铁路、合宁铁路）、京港铁路客运专线南线（武广客运专线）通车后，武汉至上海仅需 5 小时，至广州仅需 3 小时。

武汉有全国 18 个铁路局（集团）之一的武汉铁路局。武昌火车站、汉口火车站和武汉火车站构成了武汉客运枢纽。武昌南编组站、武昌东编组站、江岸西编组站、汉阳火车站和市北郊的武汉北编组站（亚洲最大铁路编组站之一）构成了武汉货运枢纽。

武昌火车站始建于 1916 年，先后称通湘门站、宾阳门站、武昌总站、武昌南站，1957 年迁到现址。武昌火车站地处京广线的中段，位于京广线、武九线和汉丹线的交会处，是一个以客运为主，客货运兼营的综合性车站。新车站造型和楚王宫相似。车站的基调为银灰色，外墙镶嵌着编钟，更有荆楚古文化特色。

1991 年，汉口火车站正式启用。2008 年车站迎来大规模的扩建改造，建筑风格返璞归真，回归老汉口火车站（大智门车站）的古典欧式风格（图 2－4）。

图 2－4 汉口火车站

2009 年年底建成启用的武汉火车站，总面积 35.5 万平方米，以武汉火车站为主体，服务中部，面向全国、国内一流的综合交通枢纽和功能完善、充满活力的华中陆港已经形成。武汉火车站整体的千年鹤归造型凸显湖北特色，寓意为千年黄鹤翩然而归。建筑中部突出的 60 米屋顶，九片屋檐同心排列，又象征着武汉九省通衢的地理位置。"黄鹤一去不复返，白云千载空悠悠"，唐朝诗人崔颢的诗，使"白云""黄鹤"成为人们对江城的印象。武汉火车站则充分体现了这种人文和地域文化特色。

以武广高铁开通运营为标志，武汉跨入高铁时代。目前，武汉站主要承接南北向京广快速大通道的高铁客流；武昌站主要承接京广、武九、汉丹等既有普铁线客流，以及部分动车及武咸城铁客流；汉口站主要承担东西向沪汉蓉快速大通道的动车客流。未来，光谷站定位为城际铁路与城市内轨道交通的转换枢纽，承担武黄、武冈城铁客流；新汉阳站主要承接西北、东南向高铁客流，以及武汉至天门、仙桃、潜江城铁客流。武汉光谷火车站已开工，新汉阳站开始规划。

（三）空港直航海外

武汉是华中地区航空中心，曾先后有过三个客运机场：南湖机场、王家墩机场、天河国际机场。

武汉天河国际机场位于武汉市黄陂区天河街境内，机场名称是由邓小平同志题写的。武汉天河国际机场是中国民航局指定的综合枢纽机场，也是华中地区最大、最先进的航空港和最大的飞机检修基地。机场设施完备，拥有三座航站楼，可起降各种大型客机，为 4F 级机场，也是华中地区唯一可办理落地签证的出入境口岸；可直航旧金山、巴黎、莫斯科、罗马、迪拜、悉尼、东京、首尔、马尔代夫等。机场距离市中心约 25 千米，有机场高速公路及地铁与之相连。

2008 年 4 月，天河国际机场第二航站楼的启用标志着天河国际机场成为中部第一个也是唯一一个跨入千万级行列的机场，彰显了武汉在全国航线布局中作为"航空天元"的区位优势和"九省通衢"的交通转换优势，进一步巩固了武汉作为国内区域性航空枢纽之一的地位和作用，引领、带动湖北乃至中部地区的民航运输快速发展，更好地显现出中部民航在全国民航运输格局中承东启西、转南接北的中枢作用，推动中部地区经济又好又快地发展。

2010 年 10 月，天河国际机场第三航站楼开工，其外形如凤舞九天，中间是主候机楼，两边各有两条指廊，如同凤凰翅膀。第三航站楼于 2017 年投入使用。武汉成为继北京、上海后，拥有三座航站楼的城市。

武汉充分发挥京广高铁、合武高铁、汉宜高铁等线路形成的武汉高铁枢纽地位，推进空铁联运，实现高铁、航空、地铁、高速公路等交通方式间的无缝对接转乘。此举对进一步拓展航空运输、高铁运输和公路运输各自的服务辐射范围，建设武汉综合交通枢纽具有十分重要的意义。

第二节　水岸湖泊

水，是自然的元素、生命的依托。武汉是千年"江城"，更有"水都"之称，享有"百湖之城"的美誉。水是武汉城市的依托，水文化也是武汉的文化特征。武汉三镇皆由水自然流转而形成，水孕武汉、泽被江城，丰富的水资源为武汉提供了深厚的文化底蕴，武汉的人文历史自然也是一部人水相搏、人水相依的历史。大江大湖大武汉，江河湖水为武汉的发展注入了勃勃生机。

一、百湖之城

武汉为古云梦泽地带、江汉平原的中心，武汉现有大小湖泊 166 个，其中中心城区湖泊 40 个，水域面积达 2 217.6 平方千米，占市域土地面积的 26.1%；其中湖泊面积 803.17 平方千米，湖泊承雨面积在 5 平方千米以上的就有 65 个。一座城市里怀抱着 100 多个湖泊，因此，武汉也有了"江城""千湖水乡""百湖之城"等美誉。

（一）百湖现状

"一面湖泊是城市的一双秀目，一窝笑靥，一只美脐。"武汉籍作家刘醒龙曾如此抒发对湖的深情。现实却是，曾经碧波荡漾的水面一片一片遭到蚕食，变成繁华的街市、宽阔的马路和成群的楼宇，这些湖泊的命运就像一面面镜子，映射出城市人口爆炸式增长后生态"天平"开始倾斜的问题。

近 30 年武汉湖泊面积减少了 228.9 平方千米。市区内的湖泊有的已经湮没；近 50 年来，几乎 100 个湖泊人间"蒸发"，杨汉湖、范湖等耳熟能详的名字仅仅成为带"湖"字的符号存在。有的湖泊由大湖渐渐变成小湖，武汉人为之自豪的东湖，20 年减少了 1 094 亩（1 亩≈666.7 平方米）。武汉市区内环线内最大的湖泊，也曾是武汉市仅次于东湖的第二大"城中湖"——沙湖，明洪武年间，面积有将近万亩的规模，1900 年，粤汉铁路的建设将沙湖人为地一分为二，分别为"沙湖"（又称"外沙湖"）和"内沙湖"。20 世纪 60 年代末，沙湖水域尚有 3 200 亩左右。到了 90 年代，为了修建长江二桥而拓宽道路，部分沙湖水面被填。近十几年，随着房地产开发热潮和道路的修建，沙湖几乎被填占了一半水域。湖泊水域面积的萎缩，对于湖泊生态环境和水资源的可持续利用很不利。

保护与治理湖泊必须遵循"全面截污、锁定岸线、还湖于民、一湖一景、江湖连通"的 20 字方针，还要沿湖种树修路，保护岸线，确保湖泊一个不少，面积一寸不减，水质持续改善，水生态得到修复。

为保护湖泊水体，武汉市政府做了诸多努力。1999 年，武汉市政府发布《武汉市保护城市自然山体湖泊办法》。2002 年，第一个湖泊保护的地方性法规——《武汉市湖泊保护条例》出台。2002 年，武汉市启动旨在提高"资源环境、生态环境和人居环境"的碧水蓝天行动计划；同年，科技部把武汉作为"城市水环境质量改善技术与综合示范"首选城市，实施"武汉市汉阳地区水环境质量改善技术与综合示范"项目—— 六湖连通及生态修复工程，涵盖龙阳湖、三角湖、墨水湖、南太子湖、北太子湖、后官湖及其连通港渠。2005 年，武汉市被列为国家首批开展水生态系统保护与修复试点的城市之一，相继实施"一湖一景""清水入湖"等湖泊治理与保护工程，划定中心城区湖泊水域保护线。2007 年年底，武汉湖泊保护与治理的最大手笔——"大东湖水网"工程启动：以东湖为中心，通过涵闸、港渠从长江向沙湖水系和北湖水系引水，将沙湖、东湖、严西湖、严东湖、杨春湖、北湖 6 个湖泊连为一体，实现江湖连通，整个工程水域面积达 70 平方千米。2011 年，武汉市开出治湖药方：对武汉城区 27 个湖泊的岸线全部进行固化；对入湖的垃圾渣土进行全面清挖；清理拆除环湖的违法建筑；以湖泊岸线为基准线，修建和畅通环湖道路；对入湖的排污口进行全面截污；对湖泊岸坡进行整修；完善汉阳六湖连通工程水系设施建设，试运行"汉江—湖泊群—长江"连通工程。2012年5月，通过《武汉市中心城区湖泊"三线一路"保护规划》，其在过去划定湖泊水域保护"蓝线"的基础上，这次还划定绿化范围的"绿线"和建设控制线的"灰线"，实现湖泊保护范围的明晰化、规范化、法定化，锁定湖泊岸线，固定湖泊形态。2013年，武汉市政府投入80多亿元，实施城市排水、污水处理、湖泊保护、滨水环境、水资源管理、农田水利六大工程，大做"水文章"，并将排水、污水、湖泊治理等工作纳入政府绩效考核体系。

经过多年各方的努力，各项政策和多种技术工程得到落实，不但有效控制了水体污染，使水质得到明显改善，水体湖泊得到了保护，而且湖泊生态环境变好，生物多样性提高了，呈现出沙鸥翔集、鱼游浅底的江南水乡美丽画图。武汉市已成为水禽重要的繁殖地、栖息地、越冬地和迁徙途经的"中转站"。目前黄陂区的木兰湖已成为华中地区最大的候鸟聚集地，10万多只白鹭栖息于此。新洲涨渡湖有陆生野生动物114种，其中有6种国家珍稀物种，被专家评价为"长江流域湿地之首"。

（二）名湖风景

武汉三镇城内及城外的湖泊也是优美的风景名胜和人们休闲娱乐之地。

1. 东湖

东湖湖岸曲折、港汊交错，素有"九十九湾"之说。东湖1950年开始兴建风景区，1982年被国务院列为首批国家重点风景区，2000年成为国家首批AAAA级旅游景区。东湖风景区（图2-5）面积73平方千米，湖面面积达33平方千米，相当于杭州西湖水面的6倍，加上沿湖陆地风景区，面积达80余平方千米。33平方千米的水域浩瀚，112千米湖岸岸线曲折，环湖34座山峰绵延起伏，12个大小湖泊、120多个岛渚星罗棋布，10 000余亩山林郁郁葱葱，湖水镜映，山体如屏，山色如画。东湖一年四季景色诱人：春季山清水秀，鸟语花香；夏季水上泛舟，清爽宜人；秋季红叶满山，丹桂飘香；冬季红梅怒放，踏雪赏梅。

图2-5 武汉东湖风景区

东湖风景区是最大的楚文化游览中心（图2-6），楚风浓郁，楚韵精妙，行吟阁名闻遐迩，离骚碑被誉为"三绝"，楚天台气势磅礴，楚才园名人荟萃，楚市、屈原纪念馆、屈原塑像内涵丰富，美名远扬。

在武汉城市亮点区块建设规划"一城一轴一心"（长江新城、长江主轴、东湖绿心）中，东湖将被努力打造成世界级城中湖典范。目前，位于武汉市东湖风景区内的武汉东湖绿道，串联起东湖磨山、听涛、落雁、喻家湖、汤菱湖、团湖等几大景区，是国内最长的5A级旅游景区绿道。东湖绿道全长101.98千米，由听涛道、湖中道、白马道、郊野道、森林道、磨山道和湖山道七段主题绿道（图2-7）组成。

图 2-6 武汉东湖风景区——楚城

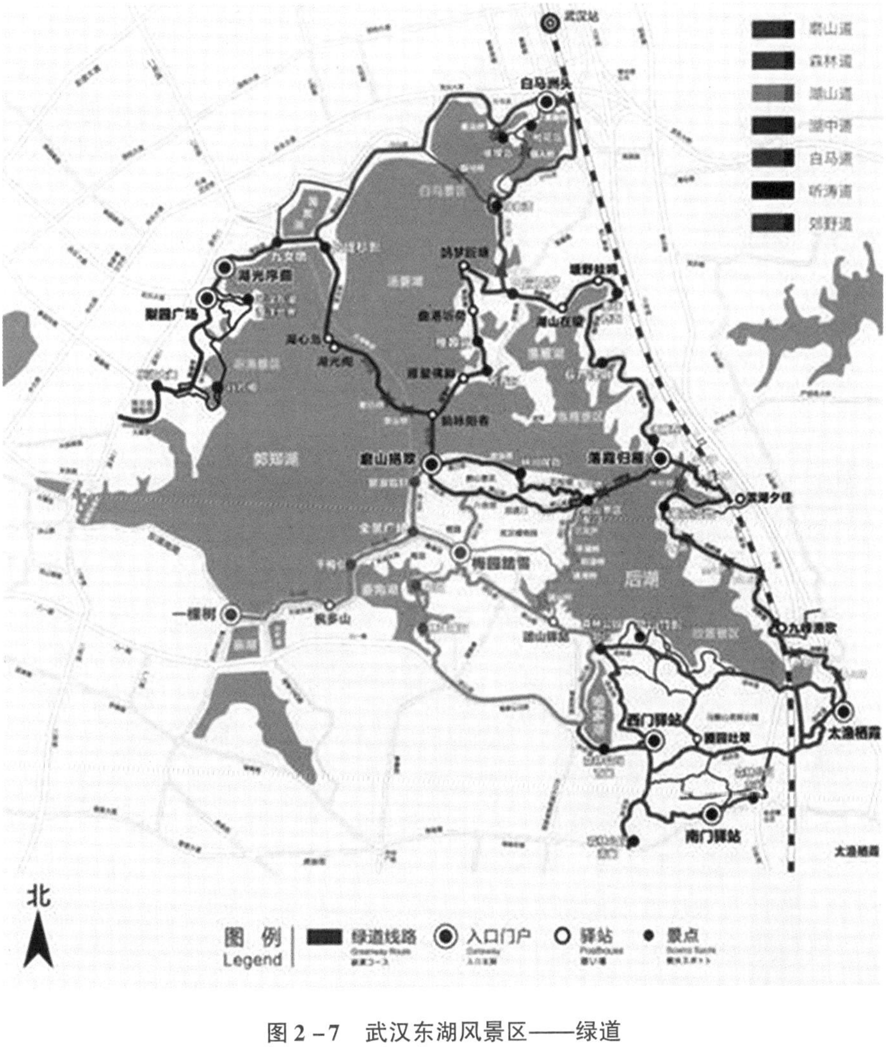

图 2-7 武汉东湖风景区——绿道

东湖不仅旅游资源丰富，而且文化底蕴深厚。东湖周边聚集了武汉大学、华中科技大学等 26 所高等院校，中国科学院武汉植物园等 56 个国家、省、部属科研院所，东湖新技术开发区国家光电子产业基地——中国光谷，九峰城市森林保护区，湖北省博物馆，湖北省艺术馆，等等。

2. 月湖

月湖位于汉阳城区西北部，东抵龟山西北隅，南傍古琴台与梅子山相邻，西抵赫山脚，北依汉水，总面积 1.42 平方千米。月湖水面宽阔，与龟山、梅子山、古琴台浑然一体，自然条件得天独厚，1884 年的《汉阳县志》称月湖八景为柳映长堤、板桥花影、古楼钟韵、宵市灯光、荷风曲溆、琴台残月、梵寺朝晖、古洞仙踪。清代施襄有《汉口竹枝词》："踏青先上伯牙台，弓底鞋新不染埃。走遍月湖堤十里，过河还到后湖来。"可见月湖是汉阳人和汉口人都喜欢的游览之地。

高山流水觅知音的优美传说，也为月湖景区注入了深厚的历史文化内涵。

3. 金银湖

作为汉口地区面积最大、生态最好的城中湖——金银湖有着得天独厚的优势：12 000 亩水域面积，42 千米湖岸线，东流港、黄狮海、潇湘海、径河四条水道纵横贯通，金岛、银岛、卧龙岛等九个半岛点缀其中。水质为国家二级标准，生态环境优良，金银湖是武汉市最佳人居环境之一，也是人们旅游、休闲的理想胜地。

二、江岸改造

大河流域往往是文明的发源地，人类文明史在一定程度上也是人与河流相互作用的历史。而武汉真正作为一座"城市"的兴起，毫无疑问为"两江"所赐，是长江、汉水孕育了武汉。武汉的人文史，自然也是一部人水相搏、人水相依的历史。

（一）人水相搏

武汉三镇既因水而兴、得水之利，又因为水的变幻无常而屡遭洪水所患。公元前 180 年至清道光年间，武汉地区约每 20 年就要发生一次大的洪水。在清代，由于江汉湖区堤垸的盲目扩张，水陆关系全面恶化，洪涝灾害日趋频繁。1852 年和 1870 年长江发特大洪水，1906—1911 年，武汉连续六年遭遇严重的洪水侵袭。每逢大水，茫茫无际，登高一望，满目泽国。1931 年，由于连年内战，武汉防汛经费有限，城市堤防缺修，武汉遭遇特大水灾，一夜间，武汉的山头变成了孤岛，城里的屋顶有如水上漂浮的枯叶，一天死亡的人数以千计，几十万人流落四乡。汉口市区被洪水浸泡达百日之久。

中华人民共和国成立后，武汉一次次抵御了洪水灾害的侵袭。1954 年，百年一遇的大洪水袭击武汉，最高水位达到 29.73 米。在党中央、国务院的关怀下，武汉动员全市军民，昼夜不停地查隐患，扎木排，加固堤防，堵截洪水，赢得了第一次抗洪防汛的胜利。1998 年夏季，长江流域连续发生特大洪涝灾害，水量之大、洪峰之强、险情之多、持续时间之长，更是超过了 1954 年。党中央、国务院对武汉市防汛工作高度重视，亲切关怀，全力支持，全市 10 万守堤大军日夜奋战在 325.3 千米大堤上，战胜了长江 8 次洪峰，取得了抗洪抢险的胜利。

中华人民共和国成立之初，根治长江水患就成了备受党和国家领导人关心的头等大事。国家投入巨资大规模地治水，持续了几十年，效果明显，确保了武汉的安全。1998

年长江大洪水暴发后，中央和地方又投入数百亿元，重筑和加固了长江、汉江两岸延绵千里的巍巍江堤。随着举世瞩目的三峡工程的建成，长江水患终于得到根治，千百年来一直悬在三镇人民心头那种战战兢兢、如履薄冰般的重压从此一去不复返了。

（二）人水相依

2001年，武汉开始对两江四岸的江滩进行综合整治，完善了环绕市区的绿色长廊，建成龙王庙、南岸嘴、汉口江滩等一批江城景观，形成滨江特色突出的高起点、高品位的城市中心景观区。

1. 两江四岸

两江四岸滨水区城市设计范围包括三环线（白沙洲大桥和天兴洲大桥之间）以内长江、汉江两岸沿线的核心区域，规划范围约129平方千米。其中，长江沿线长度约25千米，汉江沿线长度约13千米。2002年始建"两江四岸"景观。2006年，确立"塑造夜武汉，美化新江城"景观灯光建设的总体目标。目前以长江、汉江为轴线，以长江大桥、长江二桥和两岸江滩景观灯光为"骨架"，以黄鹤楼、南岸嘴、龙王庙等重要景点灯光和沿线码头、趸船、游船、轮渡灯光为"血肉"，以两岸沿江一线楼宇灯光、二线高层楼宇灯光和南岸嘴气势宏大的巨幅霓虹灯广告牌为"衣裙"——两江四岸、"夜江城"仪态万千的华美夜景画卷正向人们展开。由两江四岸的各种景观灯组成的武汉新夜景，不仅是展现在市民面前的一幅城市新貌，也是一个城市生活品质不断提升的重要注脚。

在武汉三镇的水景中，武汉"两江四岸"（图2-8）集休闲、娱乐、防洪于一体的江滩公园可谓是江城一道独特的风景线，成为武汉旅游的新名片。"两江四堤八林带，火树银花不夜天"，这是一位诗人对武汉江滩美景的赞颂。

图2-8　武汉两江四岸景色

2. 武汉江滩

汉口江滩位于武汉市区长江北岸，全长7千米，面积160万平方米。大气、敞阔、简洁、宁静的汉口江滩，形成"一轴、两带、四区"格局：江滩景观为"一轴"；堤防景观带和滨江亲水带为"两带"；休闲活动区、中心广场区、体育运动区和园艺景观区为"四区"。江滩新建了码头文化园雕塑、汉口开埠史浮雕等内容，"沉积""码头情结""拉纤""扛包"等雕塑，将老汉口渐去渐远的码头历史重新展现在人们面前，使之形成汉口江滩独特的景观。这些设计和景观源于江滩曾是汉口老码头和租界的历史。新江滩同时发挥了城市景观环境绿化生态、群众健身娱乐和亲水休闲活动几大功能。汉口江滩与沿江大道景观相邻，与龙王庙景点相连，与江汉路步行街相接，与黄鹤楼景区相望，与长江百舸争流相映，构成武汉市中心区独具魅力的景观中心。

武昌江滩是绵延10千米、面积达38万平方米的滨江风景长廊。相比汉口江滩的亮丽、大气，武昌江滩则显得装饰平实、设施简朴，而结合武昌古城以及大堤口江边曾经是纺织基地的地理特征，点缀有"梭子景灯""纺车雕塑""武昌古城门"等景观，在长江二桥下游的江滩四期工程还特别保留了现代铁路工业的遗迹，建有铁路主题纪念园，显示出武昌江滩有别于汉口江滩的个性色彩。

青山江滩位于长江南岸青山区二七长江大桥至天兴洲长江大桥之间，全长7.5千米。长江青山江滩目前是国内首个利用海绵城市理念建成的引领新风尚的城市缓坡堤防工程。通过缓坡式堤防的设置，弱化江、滩、堤、城之间的界限，使原本独立的景观相互融合，形成完美的一体式景观，是武汉面积最大的"会呼吸"的江滩。

汉阳江滩起于晴川阁，止于建港船厂，全长1 424米，占地9万平方米。大禹神话园是一期工程的核心，园区以大禹治水神话雕塑为主体，展示大禹治水精神，有玉面人像、商代双龙门、应龙画河海、大禹降生、鲧治水、搏杀相柳、三过家门、南方治水神话传说、镇江柱等12组雕塑景观。

两江隔三镇，风情各不同。武汉江滩不仅是堤防工程、生态保护和环境治理的示范地，更是民众乐园和文化载体，是展示武汉风情风貌、承载地域特征的窗口，武汉将用5～10年时间，实现中心城区两江四岸江滩生态游园总长达100千米的目标。

3. 南岸嘴

南岸嘴（图2-9）位于武汉市汉阳的晴川阁附近，它是中国最大的河流长江和长江最大的支流汉江交汇形成的冲击地带。俯瞰两江交汇口，南岸嘴如二龙托起的明珠。大自然的鬼斧神工，不仅切剖出数百年来武汉"两江分三镇"的奇特地貌，而且也造就了南岸嘴泾渭分明的水文特征。汉水在南岸嘴入江口，人们常见江河之水半浊半清，界限晰然，洪汛期间，两江往往水势湍急，汹涌喧哗，使人触目惊心，而洪汛过后的大部分时间，这里又恢复泾渭分明之态。其成因主要有五个方面：其一，含沙量。长江的含沙量较高，水也就常年浑浊，一旦处于含沙"饱和"状态，江水甚至会发红；汉水的含沙量在多数时日相对较低，所以汉水通常比长江清得多。清水汇入浊水，分界线自然明显。其二，水的流速。长江武汉段没有大的弯曲，酣畅奔流，浩浩荡荡；汉水却弯曲蜿蜒，非汛期流速相对缓慢，水中泥沙沉淀，进入汉阳后又被几道大弯所"梗阻"，水也就清澈了。其三，水位不一。多数时日，浑浊的长江水位略高于汉水。这种状态下，汉水在入江口因受长江的"顶托"而显平缓，流速很慢，水便"澄清"。这种"水位差"越大，水越清澈，因此，两江越"泾渭"分明。其四，两江上游的天气差异。若长江上游连降暴雨（以梅雨季节居多），造成泥沙俱下，江水即浑；如果此时汉水流域无雨或少雨，清激程度就会变化不大，入江口仍会泾渭分明。其五，汛期的发生时间不同。在有洪汛的年份，长江多为夏汛，汉水多为秋汛，洪峰通常错开时间，因而夏季两江交汇处往往更加泾渭分明。

图 2－9　南岸嘴

南岸嘴地貌独特，颇有中国香港维多利亚港、美国纽约曼哈顿的风采，更与著名的莱茵河与莫塞河交汇处——"德国角"相似，因此，也被称为"中国角"。2000 年，武汉市决定要把南岸嘴建设成世界一流的国际性景区。如今的南岸嘴，风景宜人，春日绿树成荫，秋日枫叶如火，龟山电视塔、晴川饭店、晴川桥与其交相辉映，构成了一幅绝美的画卷。汉阳南岸嘴分别与汉口龙王庙、武昌大堤口夹江而峙，两江四岸和三镇中心的标志性景观尽收眼底。

4. 龙王庙

龙王庙位于汉江与长江交汇处的汉口岸，是汉阳、汉口、武昌三镇的连接点。《尚书·禹贡》记载"江汉朝宗于海"，指的就是这里。明洪武年间，汉水改道，由沌口改为龙王庙出口，龙王庙地段，河面狭窄，岸陡水急，船多倾覆，素以险要著称。

传说 4 000 多年前，长江和汉水的交汇处有一条恶龙，其经常兴风作浪吞噬过往船只，所有船家均视这一带为鬼门关，经过此地时都要摆香案叩头，并向江中扔鸡鸭猪羊等祭品，以求平安。到大禹治水时，白果老仙被派去降龙，经过 108 回合大战，终将孽龙捉住，并将一颗四方金印压在孽龙身上，使其永睡不醒。为了永记大禹功德，武汉先民在汉口江边修建了一座庙，并在庙的神龛上供禹王，神龛下供龙王，后人即称此庙为龙王庙。龙王庙香火鼎盛直至清代。1930 年，国民政府修路，龙王庙及其牌坊全部被拆，结果 1931 年发大水，汉口城整整被淹了两个月，死亡 33 600 人。据说，成语"大水淹了龙王庙"即源于此。

2005 年，武汉市恢复重建龙王庙，新龙王庙建在占地 7 000 平方米的第三级观江平台上，殿高 6 米，仿唐代建筑风格，面积比旧龙王庙大十几倍。同时，将原江汉公园扩容更名为龙王庙公园，该公园因优越的地理位置和景观具有不可替代性，是龙文化、楚文化、治水文化的汇集地，具有丰富的历史文化内涵。龙王庙公园已建成武汉市规模最大的观景平台，在这里看到的防汛墙，如长城般宏伟，横贯在长江汉水之滨，保护着汉口的安全，这就是举世闻名的长江防汛抗洪第一险段，墙上钉立的铜牌高低不一地记载着 1954 年、1998 年等历史上大水的高度。墙上还镶嵌着长 50 米、高 8 米的红色大理石浮雕，记录了 1998 年防汛抗洪大军战胜洪水时那气势磅礴的英勇场面；还可以看到奔腾不息的长江，看到长江与其第一大支流汉江交汇泾渭分明的世界奇景。

（三）人水共生

"护一城净水、绘两江画廊、显三镇灵秀"，是武汉城市复兴、人水和谐的壮美蓝图。2017 年 3 月，武汉市启动实施防洪水、排涝水、治污水、保供水"四水共治"，坚持新发展理念，打造"滨水生态绿城"。按照武汉市的规划要求，到 2021 年，全市将实现水更安、水更畅、水更净、水更优的主要目标。经过一年的持续推进，"四水共治"取得初步成效，江城展现出了"人水共生"的新气象。

武汉是长江经济带重要节点城市，长江、汉江在这里交汇，大江大河造就了大武汉。前武汉市委书记陈一新强调，要下最大决心、花最大力气，把长江大保护作为生命线工程来抓，使长江武汉段成为世界大河治理最新成就的集中展示地。为此，武汉市谋划了建设安澜长江、清洁长江、绿色长江、美丽长江、文明长江的长江大保护"五大行动"，即：①以"防洪排涝保供"为重点，实施防洪保安工程，推进骨干排水项目建设和海绵城市试点，强化供水安全；②以防治水污染为重点，加强工业污染防治，抓好城市污水处理，防治农村面源污染，加强河道岸线综合整治；③以转型升级发展为重点，加快沿江产业优化升级，促进资源绿色高效利用，强化河湖岸线资源保护；④以优化水生态环境为重点，加强水生态保护修复，推进"大湖 +"试点；⑤以打造"历史之城""当代之城""未来之城"为重点。

愿景的实现，需要好的抓手，武汉市创新实施"六大保护机制"，即：①以全面贯彻落实河湖长制为核心，建立市、区、街道（乡镇）三级河湖长工作体系，落实自然资源资产离任审计、损害生态环境终身追责；②同时推进长江流域保护工作定期会商、信息共享、联合监测、联合执法、应急联动；③探索建立政府引导、市场推动、多元投入、社会参与的投入机制，大力推广 PPP 模式；④着力推动建立生态补偿机制，对市域内各区长江断面水质进行严格的常态化、信息化监测，年终真兑现、真奖罚；⑤加快制定形成较为完备的地方涉水法规体系，对污染环境、破坏生态行为"零容忍"；⑥加强环境信息公开，鼓励市民、环保志愿者、社会组织等参与长江大保护工作。

2018 年 4 月 26 日在武汉召开了深入推动长江经济带发展座谈会。会议强调要加强改革创新战略统筹规划引导，以长江经济带发展推动高质量发展。重申"共抓大保护、不搞大开发"，必须从中华民族长远利益考虑，把修复长江生态环境摆在压倒性位置，努力把长江经济带建设成为生态更优美、交通更顺畅、经济更协调、市场更统一、机制更科学的黄金经济带，探索出一条生态优先、绿色发展新路子。武汉正加快形成共抓、共管、共享的长江大保护格局，力争成为共抓长江大保护，践行新发展理念的典范。

三、得水独厚

水，是自然的元素、生命的依托。管仲曾说："水者何也？万物之本原，诸生之宗室也。"综观世界文化源流，尼罗河孕育了灿烂的古埃及文明，幼发拉底河的枯荣消长影响了巴比伦王国的兴盛衰亡，流淌在东方的黄河、长江则滋润了蕴藉深厚的中原文化和绚烂多姿的楚文化。所以，从人类发展的角度来看，一切文化现象似乎都可以被纳入"水文化"的范畴内，"水文化"称得上是其他文化的母体。水孕武汉，泽被江城，实际上从武汉的地理成因、历史演进和自然现状来讲，水应成为武汉最醒目的城市文化符号之一。

武汉的水资源优势突出。165 条河流、166 个湖泊点缀其间，水面面积占全市土地面积的 1/4，在全国省会城市中位居第一。丰富的水资源为武汉提供了深厚的文化底蕴，武汉的人文历史就是水兴武汉、武汉兴水的历史。

海陆交替，沧海桑田，1.3 亿年前的侏罗纪时期，长江中下游发生较大规模的地壳运动，形成了武汉今天的山水地貌。从 500 年前汉水改道由龙王庙入长江起，武汉拥有了世界独有的两条大江交汇于城市中心的特点，500 多个湖泊和数万个塘堰镶嵌在武汉土地上，山丘、湖泊与平陆相间，享有"江城"和"百湖之市"的美誉。从 3 500 年前古云梦泽旁盘龙城的兴衰，到三国时期占据长江天险的武昌城的兴起，再到汉水改道后汉口的繁荣，以及近代依托长江黄金水道快速发展而成的"大武汉"。

在建城之初，武汉就因水而得运输之便，展现了其作为商贸中心、交通枢纽的风貌，并逐步发展为因水而兴、因商而兴的码头城市。在 1861 年汉口开埠前，武汉木船航运上通巴蜀、下达吴会，南经洞庭湖入湘江、沅江而至云贵、两广，西北经汉水而入陕西，已是"天下货物聚买第一大码头"；而至开埠后，汉口"二传手"的功能立现，成为中国内陆通过上海进行对外贸易的最大中转中心，市区迅速扩展了一倍。到民国时期，从武汉关到丹水池、谌家矶，汉口长江边的洋码头已达 74 个之多，武汉航运由内河而远达外洋至日本、欧美。

历史文化名人看中的是武汉江水景致，而历史政要人物看中的则是武汉江水的政治、经济地位。张之洞有联云："昔日整顿乾坤，缔造多从江汉起；今日交通文轨，登临不觉亚欧遥"。孙中山说："枢轴总揽水陆交通，西连北控，武昌真是天下的根本重地。"国务院批准的武汉总体规划明确表述"要把武汉建设成为具有滨江、滨湖特色的现代城市"。

武汉三镇皆由水自然流转而形成。江水、湖水养育了武汉人，孕育了雄霸 800 年的楚文化，更为武汉的发展注入勃勃生机。

第三节 人文景观

武汉是一座具有 3 500 年悠久历史的文化名城，人文景观众多。亭台楼阁坐落于奇山秀水之间，点缀出一处处富有诗情画意的美景；宗教丛林分布于武汉三镇，彰显其多民族聚居、多宗教并存的特征；近代租界建筑遗存在汉口沿江从西南向东南排列，更提示着我们不愿触及却又不容忽视的历史。

亭台楼阁也好，宗教丛林也罢，抑或是让人难以言表的租界遗存，更甚是我们笔墨未及的种种，它们无论是成了城市的标志，还是默默地存在着，都无一例外地承载着武汉厚重的人文历史。

一、亭台楼阁

在我们旅游和观赏名胜古迹时，常常会遇到亭台楼阁等建筑物，这些建筑物坐落在奇山秀水间，点缀出一处处富有诗情画意的美景。在武汉就有这样一些著名的亭台楼阁，它们是武汉的标志和历史。

（一）黄鹤楼

黄鹤楼（图2-10）位于武昌蛇山之上，以拥有号称"天下江山第一楼"的美誉而闻名海内外，它以千古名胜、天下绝景而饮誉天下，与湖南岳阳楼、江西滕王阁并称为"江南三大名楼"。

黄鹤楼始建于三国时期吴黄武二年（223年），传说是为了军事目的而建，孙权为"以武而昌"，筑城为守，建楼以瞭望，原址位于蛇山西麓下黄鹄矶上（武昌桥头附近）。当时黄鹤楼是作战守之用的瞭望楼。

图2-10 黄鹤楼

至唐朝，黄鹤楼的军事性质逐渐演变，成为旅游观光之地。文献记载首推唐代阎伯理于代宗永泰元年（765年）所撰的《黄鹤楼记》："观其耸构巍峨，高标巃嵸，上倚河汉，下临江流，重檐翼馆，四闼霞敞，坐窥井邑，俯拍云烟，亦荆吴形胜之最也。"黄鹤楼自创建已历经1700多年，被誉为天下名楼，吸引历代众多著名文学家、诗人，历代文人墨客到此游览，留下了不少脍炙人口的诗篇。

黄鹤楼历尽沧桑，屡建屡毁，屡毁屡建。黄鹤楼在明代嘉靖末年（1566年）、万历十七年（1589年）、崇祯癸未年（1643年）曾3次被毁；4次重建于洪武初年（1368年）、成化年间（1465—1487年）、隆庆五年（1571年）、万历十七年（1589年）。在清代被毁4次，分别为康熙三年（1664年）、康熙二十年（1681年）、咸丰六年（1856年）、光绪十年（1884年）；重建和大整修6次，分别为顺治十三年（1656年）、康熙三年（1664

年)、康熙四十三年(1704 年)、乾隆元年(1736 年)、嘉庆十五年(1810 年)、同治七年(1868 年)。清代黄鹤楼的造型和风格虽有变化,但总的形制仍为"其形正方,四望如一"。

1981 年国家斥巨资重建黄鹤楼,1985 年 5 月建成并对外开放。主楼以清同治楼为蓝本,但更高大雄伟。运用现代建筑技术施工,钢筋混凝土框架仿木结构。飞檐 5 层,攒尖楼顶,金色琉璃瓦屋面,通高 51.4 米,底层边宽 30 米,顶层边宽 18 米,全楼各层布置有大型壁画、楹联、文物等。楼外铸铜黄鹤造型、胜像宝塔、牌坊、轩廊、亭阁等一批辅助建筑,将主楼烘托得更加壮丽。登楼远眺,极目楚天舒,不尽长江滚滚来,三镇风光尽收眼底。

(二)晴川阁

晴川阁又名晴川楼,位于武汉市汉阳区晴川街,坐落在长江北岸、龟山东麓的禹功矶上,北临汉水,东濒长江。晴川阁与黄鹤楼夹江相望,江南江北,楼阁对峙,互为衬托,蔚为壮观,有"三楚胜景"之称。

汉阳龟山东麓、晴川阁下的禹功矶同燕子矶、采石矶、城陵矶一起号称万里长江四大矶。相传大禹治水时,疏江导汉,使江汉在此交汇,驯服了洪水,故得此名。禹功矶与黄鹤楼所立之黄鹄矶夹江相峙,呈"龟蛇锁大江"之势,自古为天然屏障。

晴川阁最早为明嘉靖年间汉阳知府范之箴在修葺禹稷行宫(原为禹王庙)时所增建,取崔颢《黄鹤楼》中的"晴川历历汉阳树"句意命名。晴川阁的历史虽然没有黄鹤楼那样悠久,但由于其所居独特的地理环境、独具一格的优美造型以及诸多文人名士的赞咏,赢得了重要的历史地位,有"楚国晴川第一楼"的美誉。晴川阁曾多次被毁,1983 年重建的新阁占地 386 平方米,高 17.5 米,主楼两层重檐,以抱厦、回廊、扶栏、藻井加以装饰,精致典雅。正面牌楼悬挂"晴川阁"金字巨匾。周围有洗马口、烟波石、楚波亭、八仙洞、招真亭、千花台相配,使禹功矶更具生气。

(三)古琴台

位于汉阳龟山西麓的古琴台又名伯牙台,它是为纪念春秋战国时期俞伯牙弹琴得遇知音钟子期的一段佳话而修建,是武汉的著名音乐文化古迹,也是湖北省、武汉市重点文物保护单位之一。它与黄鹤楼、晴川阁并称为武汉三大名胜。

二、宗教丛林

武汉是一座多民族聚居、多宗教并存的城市。佛教、道教、伊斯兰教、基督教等多种宗教并存,主要的宗教活动场所分布于武汉三镇。

(一)四大佛教丛林

1. 归元禅寺

归元禅寺(图 2－11)位于武汉市汉阳区翠微路西侧,又名归元寺,取偈语"归元性不二,方便有多门"中"归元"为名,属禅宗的曹洞宗,故称"归元禅寺"。1983 年,该寺被国务院公布为首批开展宗教活动的重点寺庙。

图 2-11　归元禅寺

归元禅寺始建于清顺治十五年（1658 年），由白光和尚与其胞弟立峰和尚主持经营，他二人遂为归元寺之开山祖。直到 1674 年，藏经阁、钟鼓楼、云水堂、内外寮舍、三祖塔院及大三门方始落成。前后规治 16 年，苦心经营，归元禅寺初具丛林规模。

归元禅寺坐西朝东，布局紧凑，现有大小殿堂 200 余间，分为北、中、南三院，山门以内为中院，中院有放生池，放生池的两侧为钟鼓楼，再进即是大雄宝殿。殿前是韦驮殿。大雄宝殿是一砖木结构歇山式大型殿宇，殿宇高约 20 米，殿中供奉着释迦牟尼神像，佛祖趺坐莲台，两旁立着阿难、迦叶塑像，坐像高约 1.6 丈，佛光灿烂，慈祥庄严。大雄宝殿为庙中佛事活动场所，大凡和尚早晚功课，以及佛教庆典、法会、传戒、放焰口均聚于此。罗汉堂位于归元禅寺之南院，占地约 3 500 平方米。罗汉堂有五百罗汉，个个栩栩如生。藏经阁是归元禅寺收藏佛教经典和珍贵文物的处所。

2. 宝通禅寺

宝通禅寺位于武汉市武昌洪山南麓，殿宇亭楼、依山就势、层峦叠起、直入云霄、宏伟壮丽，为荆楚名刹，是武汉佛教"四大丛林"之一。

宝通禅寺是历代皇家寺院，在建筑风格上显示出皇家气派，这与归元禅寺的民间身份截然不同。南朝刘宋时在此建"东山寺"，唐初鄂国公尉迟敬德将其更名为"弥陀寺"。南宋端平年间，随州大洪山幽济禅院迁僧众及所供佛足至此，扩建殿宇，奏请宋廷赐名"崇宁万寿禅寺"。明成化二十一年（1485 年）宪宗敕赐"宝通禅寺"。现存建筑多系清同治四年（1865 年）至光绪五年（1879 年）重建。进入山门，寺内可见文物古迹有宋朝古钟、宋朝寿云石刻摩崖、古石刻须弥座、明朝石狮、清朝藏经等佛教文物珍品。寺内还有黄龙泉、白龙泉、乳泉等诸多名泉。

3. 古德寺

在武汉四大佛教丛林之中，古德寺（图 2-12）的历史比其他三寺都要短。该寺位于武汉市江岸区上滑坡路 74 号，建于 1877 年（清光绪三年），由一位法号为隆希的禅师创建，初名古德茅蓬，1914 年被命名为古德寺，并由黎元洪题写匾名。1919 年隆波法师接任方丈后，对古德寺进行了大规模的扩建。该寺坐东朝西，占地面积近 3 万平方米，建筑面积近 8 000 平方米。

"古德"二字来自"心性好古，普度以德"的修持仪轨。它是汉传佛教唯一仿照印、缅阿难陀寺建筑形式而建的具有印度帕那瓦建筑风格的群塔型寺院。

图 2 - 12　古德寺

古德寺作为全国重点文物保护单位，武汉市政府目前已着手全面修复，其古朴庄严的原貌得以逐步恢复。全寺的核心建筑是圆通宝殿，它兼具融合了欧亚多种典型宗教建筑风格，为汉传佛教唯一，也是世界仅存的两座此类风格的佛教建筑之一，具有重要的佛教文化和建筑方面的历史价值。

4. 莲溪寺

莲溪寺位于武汉市武昌大东门外 7.5 千米的蟠龙山，是武汉市目前唯一的一座佛教"女众丛林"——尼姑庵。莲溪寺创建于元末明初，当时的香火很旺盛。现今的莲溪寺坐北朝南，占地面积约为 1.2 万平方米，所存主要建筑大都为元、明时所建。该寺不仅以莲花道场著称，同时是著名的佛学教育基地。1928 年其在体空大师的主持下，筹集资金开办了著名的华严大学，三年内为佛门培养了 30 名遍及海内外的弟子，莲溪寺成为当时全国最高的佛学学府，1959 年被列为湖北省重点文物保护单位。

（二）四大道教宫观

1. 长春观

长春观（图 2 - 13）位于武昌大东门东北角双峰山南坡，黄鹄（hú）山（蛇山）中部，是我国道教著名十方丛林之一，为历代道教活动场所，称"江南一大福地"。观内崇奉道教全真派，以其创始人重阳祖师门人丘处机道号"长春子"命名。该观建于元代，为丘处机门徒所建，以纪念道教全真派北七真之一、龙门宗的创始人丘处机（1148—1227 年，字通密，号长春子）"一言止杀"、济世救民之功德，始称"长春观"。长春观历史悠久，源远流长，不仅是一座修身养性、礼神朝真的宗教活动场所，也是一处风景清幽、建筑典雅的游览胜地。

图 2－13　长春观

长春观有闻名于世的"三绝"，即全国仅留一块的"天文图"、带有藏族风格及欧式风格的建筑、乾隆帝御赐"甘棠"石刻。

2. 元妙观

元妙观位于现汉阳区西大街，是武汉地区道教最早的一座十方丛林。元妙观创建于宋太祖乾德五年（967年），始建时在汉阳县治东边，明洪武初年移至城西。

元妙观坐北朝南，占地面积1.04万平方米，建筑面积3 959平方米。殿宇建筑为"九宫八卦"格局，中路三重主殿为轴心，其余殿宇环拱而置。

3. 大道观

大道观位于汉口利济路。此处原为一水塘，旁有五皇亭。清道光年间，始修一庙，名玉皇阁。光绪十一年（1885年）住庙道人李敏将庙基、房屋、神像、法器等全部转给道友杜园椿，杜即将其扩建为十方丛林，改名为大道观。武汉沦陷时期，伪市政府扩建利济路，大道观部分观址让做路基。殿宇被拆毁后，由武昌长春观监院侯永德发起募化，并派知客裴至德重建，大道观始得恢复，裴即留下来任住持。

大道观地处人烟稠密的闹市，以经忏著称。大道观的经忏活动在1945—1950年最为兴盛，半月以上的大型经忏，每年一般有七八次，小型的斋醮几乎天天不断。此外，还有一些例行经忏活动日，如每年农历正月初九的玉皇大帝诞辰，正月十九的丘长春诞辰（全真派称作"丘祖会"），六月二十三、二十四日分别是王灵官、雷祖的诞辰，十一月的冬至是元始天尊的诞辰，除夕为一元复始的迎春节。届时，观内都要举行不同规模的宗教祭祀活动。武汉解放后，经忏活动逐年减少。

4. 武当宫

武当宫是武汉又一道教圣地。相传鲁大宥①的弟子发愿来到黄鹄山麓建造了武当山的

---

① 鲁大宥（？—1285年），金元时随州应山（今属湖北省）人，号洞云子。少时至武当山出家为道士。以道迹闻名，度门徒千余人。

行院，由此而得名武当宫。武当宫原建于武昌平湖门内，即古黄鹤楼的东面，洪武初年续建，明正统十年（1445 年）重修，清康熙十二年（1673 年）又进行了大规模重建，并立有"重建武当宫碑"。清光绪初年，官府又将宫"移建学府宫西"。移建后的武当宫，旧址原是武昌府的城隍庙，殿宇坐北朝南，背依蛇山，山门正对南天门，传说此宫 30 年出一地仙，60 年出一天仙，山门双壁书有 1 米见方的"龙虎"二字，雄浑粗犷，挺拔遒劲。进入山门即入仙界，按道教说法，山门外属俗界。武当宫以"秀萃"闻名于武汉道教四大宫观之间，历来受到封建统治者的垂青。

（三）西式教堂

1. 花园山天主教堂

花园山天主教堂，坐落在武昌花园山南麓，该堂的主保是圣母玛利亚、圣约瑟和耶稣这一家三口，因此，它的教内名称为圣家大堂。这座教堂系罗马巴西利卡式建筑风格，是由当时的意大利人江城德主教亲自设计，建成于 1889 年，耗资约 1 万两纹银。该教堂坐北朝南，气势恢宏，砖木结构，做工精良。

2. 柏泉天主教堂

柏泉天主教堂前称"柏泉小修院"，全称"汉口柏泉圣安多尼小修院"。1870 年前后，意大利政府因过去没收了"中国学院"（圣家书院）的教产予以退赔，郭栋臣等数名中国神父携款回汉，分别修建了柏泉天主教堂和武昌花园山天主教堂。柏泉天主教堂的圣堂取名圣家堂，以资纪念。1892 年，柏泉天主教堂已设本堂区并有男孤儿院和公学，1897 年将公学称为预备修院，1901 年修建方济务会初学院和教区小修院。1946 年前均由意大利人任修院院长。抗战时期，柏泉天主教堂以中立者的身份与中日双方共同交往，因此避免了战火而保留下来。

3. 上海路天主教堂

上海路天主教堂位于武汉市汉口上海路，为天主教汉口教区主教座堂，又称汉口圣约瑟堂。1866 年，意大利传教士明仁笃主教从英租界工部局购地皮 6 044 平方米，委托另一意大利教士余作宾修建教堂，教堂于 1874 年动工，1876 年落成，耗资 12 万法郎，系罗马巴西利卡式建筑风格。因该教堂奉耶稣的义父约瑟为主保，所以它在教内被称为圣约瑟堂。堂区前院为教堂和主教公署，后院为武汉修女院。20 世纪初，天主教鄂东教区活动中心由武昌移至汉口，1923 年划分教区时，该教堂成为汉口主教座堂。1944 年 12 月10 日，美军轰炸日军在汉口军事目标，教堂和主教府被炸毁一部分，1948 年得以修复，1956 年再次被维修。"文化大革命"中该教堂被封闭，1980 年 4 月重新开堂。

4. 俄国东正教堂

汉口的俄国东正教堂建于 1885 年，是武汉市唯一的俄国东正教堂。以该教堂主保名，教内称其为阿列克桑德聂夫堂。该教堂为正十字形平面布局，底层墙面由多项透视拱券组成，上层平面为六边形透视拱券，呼应六坡揽尖顶，活泼舒展，其壁柱与雕刻精细的线脚，美观大方，它是一幢拜占庭式建筑风格的俄罗斯教堂，具有很高的建筑艺术价值。

5. 博学中学教堂

博学中学教堂原称魏氏纪念礼拜堂，属较小的教堂，是基督教英国伦敦会 1907 年在汉兴建的校园建筑，面积 600 多平方米。教堂运用典型的英国哥特式建筑风格建造，采用一堂一塔的形式，堂内配建有美观精巧的木架构，祭坛设在十字的顶部。

6. 汉口荣光堂

汉口荣光堂位于武汉市汉口黄石路 26 号，该堂是武汉市现存最大的基督教礼拜堂，1931 年兴建，原名格非堂，以英国伦敦会传教士杨格非名字命名。1951 年该堂以《圣经》中"在天上有和平，在至高之处有荣光"的名句正式改名为荣光堂。该堂系哥特式建筑风格，红砖清水墙，为三层砖木结构，底层为中廊式办公用房，二层是礼拜大厅，设有坚券穹隆形大祭坛一座，可同时容纳 1 000 多人做礼拜，三层则为开放式的小型观礼台。荣光堂正立面钟楼高耸，红瓦两坡以十字架中分，整个建筑显得朴实大方。

7. 汉口救世堂

汉口救世堂位于武汉市汉口汉正街 475 号，其前身为大通巷福音堂，是武汉早期的教堂之一。汉口救世堂所在地是基督教英国循道会在武汉最先传教的地方。在福音堂的原址上重建的救世堂建于 1930 年，系中西合璧式的建筑风格，红砖清水墙，两层砖木结构，平面布局呈拉丁十字形，建筑面积约 780 平方米。

8. 武昌圣诞堂

武昌圣诞堂是基督教美国圣公会在武汉兴建的第一座教堂，位于武昌县华林的东头，由于该堂落成开堂在 1870 年 12 月 25 日，因而它得名叫圣诞堂。圣诞堂系希腊围廊式神庙建筑风格，建筑面积 533 平方米，单层砖木结构，曲尺型平面布局，屋面平缓，山花朴素，围廊列柱，围而不满。它的身上删去了基督教堂许多必备的建筑要素，它的立柱柱身也是删减了古希腊科林斯柱头花饰后的产物。这种素洁修长的柱身，更显得庄重典雅，有寓意女性美的圣母玛利亚在呵护圣子耶稣，以吸引信徒前来崇拜。

9. 圣米迦勒堂

圣米迦勒堂位于武昌紫阳湖西边的复兴路，是基督教美国圣公会兴建的许多带"圣"字的教堂之一，也是武汉最古老、最优秀的教堂建筑之一。圣米迦勒堂建于 1918 年，系哥特式建筑风格，两层砖木结构，平面布局呈拉丁十字形。

三、近代租界

鸦片战争的炮火打开了中国封闭已久的大门。东南沿海的广州、厦门、福州、宁波、上海等首先向西方各国开放。地处中国内陆腹地，水陆四达，运输便捷的有着"九省通衢"之名的武汉，也是西方各国的首选目标。

西方各国在强迫汉口开埠通商的同时，又积极谋求建立起它们在武汉的"独立王国"，即租界。租界是西方各国在中国的一种特殊领地，是外国人的居留地、经商地、特权区，独立于中国行政和法律管辖之外。

（一）各国租界

根据《中英天津条约》，汉口于 1861 年被强辟为对外开放的商埠，同年设海关于汉口，名江汉关，负责督理华洋交涉事务和稽查来往船只及进出口货物、监督税务。1861—1898 年，英、德、俄、法、日相继在汉口建立租界，将汉口沿江一带大片土地建成"国中之国"，其数量居全国第二位，仅次于天津，面积居全国第三位，仅次于上海、天津。汉口租界按地理方位从西南向东北排列，分别为英、俄、法、德、日五国租界。汉口成为帝国主义侵略华中地区的基地。

1. 英租界

最先在汉口设立的是英租界，南起江汉路，北抵合作路，西至鄱阳街，东临长江。1861 年 3 月 11 日，巴夏礼[①]到达汉口，与湖北布政使唐训方共同丈量，确定了将汉口镇镇区的末端，长 250 丈（1 丈≈3.33 米）、进深 110 丈，面积 458 亩的一片土地开辟为汉口英租界。当时这一带地势低洼，水坑较多，基本无人居住。英租界设立的同年，即动工兴建英领事馆。设馆初期，馆区内建有领事馆、办公及辅助用房共 4 栋（位于今天津路北）。这些建筑皆为两层砖木结构，四周一般建有露台式券廊，它们是汉口最早出现的殖民建筑。随后，英租界当局又在今南京路兴建工部局、巡捕房、波罗馆等，这些建筑现已无存。同年 3 月 21 日，唐训方与巴夏礼签订了开辟汉口英租界的条约，确定界内一切事宜由英国驻汉口领事管理。1898 年，湖北按察使瞿廷韶与英国驻汉口领事霍必澜签订了《英国汉口新增租地条款》，规定汉口英租界向西北方扩展到距离汉口城垣只有 5 丈的地方，英租界新增面积 337 亩，总面积增加到 795 亩。英方每年纳地丁银、漕米银 92 两 6 钱 7 分 2 厘 1 毫。

2. 俄租界

俄租界位于汉口英租界与汉口法租界之间。1896 年 5 月，沙俄与清廷缔结《俄国汉口租界条约》。租界占地面积 414 亩 6 分 5 厘。年租界银 838 钱。

3. 法租界

1896 年法国与清政府签订《汉口法租界租约》，在汉口设立租界，租界面积约 187 亩，并于 1902 年再次展拓界址。法方每年纳地丁银、漕米银 37 两 8 钱。

4. 德租界

德租界南抵今一元路，北至六合路，西抵中山大道，东至江边。1895 年，中国政府为感谢德国参与"干涉还辽"，迫使日本退出在《马关条约》中取得的辽东半岛，同意德国在中国开辟租界。10 月 3 日，德国在汉口开辟了其在中国的第一个租界，租界面积为 600 亩。德为每年纳地丁根、漕米银共 121 两作为租金。

5. 日租界

1898 年 7 月，日本胁迫清政府签订《汉口日本专管租界条约》，汉口日租界在汉口五国租界中地理位置最为偏僻，从通济门外德租界北首起，沿江下行 100 丈，至燮昌小路（今郝梦龄路），东起江边，西至平和街（今中山大道），面积 247 亩半。日方每年纳地丁银、漕米银 50 两。

五国租界设定后，美国、意大利、比利时、丹麦、荷兰、墨西哥、瑞典七国亦来汉口设立领事署。

（二）租界对武汉的影响

租界开辟之前，汉口民房和闹市几乎都集中在汉水岸边。那里作坊密布，货栈云集，店铺错落。而开阔平整的长江北岸却仍是荒野一片，寥无人迹。英国人在为自己的租界选址时，撇开了热闹繁华的汉水地带，而选择了长江岸边。因为此时的英国人，经过工

---

① 巴夏礼（1828—1885 年），英格兰斯塔福德郡人，英国外交官。1854 年任英驻厦门领事，1856 年代理广州领事。后任英国驻上海领事，驻日公使，驻华公使。1856 年，巴夏礼领导的谈判团因拒绝行跪礼而被清政府扣押，这被称为巴夏礼事件。

业革命，早已告别了木船时代，认为自己可以征服长江和利用长江这条黄金水道。

五大租界区沿长江南起江汉路，顺江流而下，北至黄浦路，将长达七八里的沿岸地盘全部占据，面积达数千亩。各国在汉口开辟租界以后，汉口江汉路以东的滨江沼泽区，形成沿江的带状租界区。租界使依汉水集聚兴建的城市空间走向改为依长江兴建的城市空间走向。

高楼大厦快速地矗立在了长江边上，人们看到的是洋人们在长江的岸边盖建了风格与本土完全不同的建筑群（图2-14）。马路和洋房，花园和草地，赛马场和跳舞厅，以及电灯电话、脚踏车、自来水、汽车洒水车、煤气自鸣钟，诸如此类在西方日常生活中的生活物品和娱乐设施，都出现在了长江北岸这片多年无人打理的荒原上。西方人的生活方式、物质文明以及文化习惯，令长期闭关居住内陆深处的人们一时间目瞪口呆。近代的物质文明，正是由此传达和扩散到中国民间。

图2-14　汉口沿江建筑群

多少年来，租界的到来都让国人有一种难以表达的心情，它们带给中国人的记忆太过复杂。

租界的存在侵犯了中国的主权，是强权欺凌弱势的结果；在于它残酷而毫不留情地掠夺了中国人民的财富；还在于它纵容洋人在面对中国人时的蛮横和霸道。他们的平等和民主只在他们同族人中讲究，面对中国百姓时，他们却是一脸的傲慢和不屑。他们生活在中国的领土上，却可不受约束，横来直去、自行其是、耀武扬威、为所欲为。租界的存在严重地伤害了中国人的民族情感和民族尊严，它是列强强迫中国人接受的事物。

租界重构了汉口的城市格局，现在汉口城区主要的四条道路，即沿江大道、中山大道、京汉大道、解放大道基本平行长江走向，连接上述四条大道的路都垂直于长江，相当一部分是当时租界区通向各码头的道路，如南京路、香港路等。汉口的气质也因此产生了莫大的变化。

租界提示着我们不愿触及却不容忽视的历史，我们在徘徊游走中依旧将这一历史延续下来，试图以新的方式重新诠释曾经的沧桑。

第三章

工商重镇

古老的农耕文明，日中为市；传统的自然经济，重农抑商。农村是城市的依托，武汉地处江汉平原，"两湖熟，天下足"，她依托的是好一片沃土。城市的灵魂是商贸。武汉位居长江中游、汉水入口，九省通衢、商旅辐辏、人货咸集……

现代化城市，需要工业托举。张之洞督鄂，打开了工业化的大门；武汉新生，向工商重镇华丽转身。

无农不稳，无工不富，无商不活，武汉兼而有之……

第一节　明清商贸中心

作为华中地区的特大城市，武汉在其城市形成与发展过程中，历经古代商贸中心形成、近现代工业重镇演绎、国家中心城市创建三个阶段，被赋予了"大"和"重"的文化特征。

武汉凭借优越的地理位置、自然条件，以及长江、汉江的水路交通等优势，城市规模渐次拓展。明清时期的武汉，已由手工业生产、商品交换的场所发展成为长江流域物产和商品的集散中心。

一、长江中游"船码头"

武汉城市因水而兴、依水而盛。明成化年间（1465—1487 年），汉水主河道在龟山北麓形成新入江口后，汉口在地缘上与汉阳分离，商贸中转口岸的地位形成和加强，逐步发展成为长江中游地区的商贸中心。史学大师翦伯赞把无锡、汉口、镇江三镇称为长江沿岸三大码头，"无锡是著名的布码头，汉口是船码头，镇江是银码头"，而且汉口镇更是"地当孔道，云贵、川陕、粤西、湖南处处相通，本省湖河，帆樯相属，粮食之行，不分昼夜"①。

（一）优越良港

长江、汉江流经长江中下游平原后进入武汉，流速减缓，水势相对平稳，江面开阔，加上河岸低平，适合建造码头，方便上下货物，节约人力及运输成本。古代交通运输以水运交通为主，唐宋以来水道交通日渐发达，木帆船舶运输仍占重要地位。武汉周边地区，湖泊星罗棋布，河网纵横交错。经长江可东下安徽、江浙，西达四川，南经鄱阳湖、洞庭湖连接江西、湖南、两广，北溯汉江可达河南、陕西。陆路方面，形成四通八达的驿道网络，直通安徽、江西、湖南、四川、河南、北京以及其他省会城市。舟楫往来便利，商业成本低廉。

武汉自古以来有"九省通衢"之称，居于东西呼应、南北汇聚、通江达海的地理区位，成为东西交通必经之地，南北交通的枢纽。明代以前，武汉凭借长江、汉江及其支流，加上纵横交错的湖泊，成为长江中下游的重要码头和水陆交通枢纽。明朝政府在汉

---

① 翦伯赞. 中国史纲要［M］. 北京：人民出版社，1982：278.

口设立巡检司、税课司等职能管理机关，进一步提升了其政治职能和经济职能的影响力；到明武宗正德元年（1506 年），又把汉口定为漕粮交兑和淮盐转销的港埠。于是汉正街、花楼街等地沿汉江北岸一线建造了一批码头，汉口镇不仅成为湖广地区漕粮转运、储存、销售中心，而且成为长江中游的南北货物集散的重要港口。

（二）繁盛气象

1. 码头规模宏大

明清时期，汉口与其他地区间的经济联系更为紧密，并成为交通枢纽与新兴的商业巨镇。水上航运频率加快需要建造更多的泊船码头。据史料记载，汉口最早的码头是天宝巷石级码头，该码头于乾隆元年（1736 年）修筑建造，自此后 100 多年的时间里，从硚口至集家嘴，陆续修建了龙王庙、大硚口、小硚口、大王庙、杨家河、沈家庙、集家嘴等大型码头，共计 35 座。在汉正街，濒临汉江方向任何一条街巷出口，都建有一处码头，方便货物进出，可见汉口水运物流的规模和经济发展的能量之大（图 3 - 1）。

图 3 - 1　江汉览胜图（明）

2. 码头景象繁华

《嘉庆重修一统志》称汉口"往来要道，居民填溢，商贾辐辏，为楚中第一繁盛处"[1]，强调交通、人口、商贸等是促成汉口商贸中心的因素。明末清初诗人吴淇的"十里帆樯依市立，万家灯火彻宵明"[2]，清中叶文人叶调元的"廿里长街八码头，陆多车轿水多舟"[3] 等诗句，成为汉口码头繁华景象的速写。章学诚（1738—1801 年）所著《章氏遗书》描述汉口镇在贸易高峰时段，江中船只首尾衔接长达数十里，很多船只以舟为市。"十府一州商贾所需于外部之物，无不取给于汉镇。"[4] 外省所需之大量物品，也都通过汉口采购、转输。而汉阳"双街"地名，也印证了汉江码头繁忙的景象。双街"是从汉阳到汉口的集家嘴、四官殿的要津。岸上是店铺毗连，短短的街道上，天天是人挤人，人挨人，可谓摩肩接踵；江里，有篷的货驳，无篷划子，天天是船挤船，船挨船，舟樯

---

① 嘉庆重修一统志 [M].1934 年影印本 . 北京：商务印书馆，1934.
② 武汉地方志办公室 . 民国夏口县志校注 [M]. 武汉：武汉出版社，2010：615.
③ 叶调元 . 汉口竹枝词 [M]. 徐明庭，马昌松，校注 . 武汉：湖北人民出版社，1985：2.
④ 章学诚 . 章氏遗书 [M]. 兴嘉业堂刊影印本 . 北京：文物出版社，1982.

云集，给人以街中套街、街中有街的感觉"①。

各地商船各有约定的泊靠地点。例如，湖北本帮及江西商船多集中于北岸港口，川黔等地商船泊于南岸码头，而江浙及徽帮商人则占据北岸最方便的港区。湖北的各类水产品，湖北、湖南的茶叶，汉江流域的棉花、布匹和四时鲜果，长江下游的丝绸及海产品，山西、陕西的牛羊皮毛，安徽的油、茶和文具，云贵的木耳、生漆，四川的药材、桐油，江西、福建的果品，以及广东、广西的日用杂货等，均在此转运。商品种类达230多种。汉口水运的繁盛带动了武昌鲇鱼套、下新河、汉阳鹦鹉洲等港埠的兴起和发展，成为汉口港埠的延伸和补充。三镇港区互为掎角又融为一体，共同推动着武汉市场向纵深拓展。

3. 码头类别齐全

汉正街早期商贸经营有三大特征：一是前店后场，二是逐渐形成扎堆，三是商业贸易反过来刺激产品加工和生产，并逐步形成规模。各类商品齐集一方，规模越大，专业程度就越高，生产的规模化促成了专业化码头的出现。当时在长江、汉江形成了一批各具特色的专业码头市场：粮食市场集中在沈家庙一带，棉花、油料市场集中在打扣巷附近码头，杨家河码头为日用杂货市场，薪炭市场在集家嘴一带，煤炭集中在宝庆码头，油船泊于汉阳河街，长江汉阳岸杨泗庙地段从清末即为竹木集散码头，武昌岸边主要是工厂企业和轮渡专用码头。

二、华中地区商贸城

汉口古称夏口，地处汉水之口，故称汉口。"货到汉口活"，是当时华中地区流行的俗语，充分显示了汉口镇作为商贸物流中心发挥着物流枢纽的功能和作用，也证明了汉口镇对于周边地区的社会影响力。汉口镇的工商业繁盛和商业物流中心的地位经久不衰，并在嘉庆、道光年间达到鼎盛，从而推动了汉口城镇化的进程。

（一）汉口镇的商贸盛况

1. 商品贸易市场规模

明朝政府在嘉靖年间设立汉口镇，正式明确汉口行政建制，商品贸易市场规模日渐呈现扩大趋势。以汉正街（图3-2）为例，商品贸易市场由汉江码头发展到河街、正街、夹街，经营的地域和规模日益扩大，汉正街逐步成为汉口商业集市的中心地段。在发展态势方面，呈现出行业扎堆现象，相继兴起铜铁加工、竹木生产、纺纱、织布、染坊、刺绣等众多手工作坊，形成前店后坊、产销结合的经营模式。据范锴《汉口丛谈》记载，汉正街市场东段

图3-2　清末汉正街

① 彭建新. 凝固的记忆：武汉老街巷［M］. 武汉：武汉出版社，2008：35.

以金银制品业、药材业、票号典当业为主，中段以经营布匹、百货、土特产、海味、文具等为主，交易量最大，生意最为火爆，西段以经销粮、棉、油、日用杂货为主，大小商铺密布大街小巷。另有武圣庙、沈家庙两个中心市场。各地富商先后在汉建起一批会馆、公所、书院，如徽州会馆（新安书院）、山陕会馆（关帝庙）、江西会馆（万寿宫）、宝庆会馆、绍兴会馆（阳明书院）、咸宁会馆（钟台书院）、粮行公所（凌霄书院）、船帮公所等，进一步增添了商品贸易市场的繁荣景象。

2. 专业手工作坊声名远播

明清时期，汉口镇手工业生产发展到包括铜器、刺绣、笔墨、雕刻、剪刀、食品等40多个行业。大多作坊前店后场，自产自销，颇具特色。碾米、酿酒、榨油、制铜、制陶、竹木、金银、纺织、牛皮、猪鬃等业的制作形成了专业作坊，已有相当规模。铜器、汉绣、牙刻、笔墨等产品远销海外。其中周恒顺炉冶坊铸制的黄鹤楼大铜顶（图3-3）和归元寺大香炉，显示了其高超的工艺。

3. 专门行业市场发育较早

从明朝开始，淮盐、粮食和竹木为大宗。清初，汉口已有米谷、杂粮、山货、药材、布匹、纸张、水果等专业性行栈，稍后形成的农副产品专业市场有米谷市场、杂粮市场、油料市场、棉花市场、薪炭市场等。而粮食、棉花、油料、食盐、茶叶、药材、牛皮、杂货八大交易行在华中地区享有很高的知名度。汉口成为当时全国三大茶市（汉口、九江和福州）之首，而桐油出口量在全国排名第一。

图3-3 黄鹤楼（"同治楼"）
唯一遗存的宝铜顶

4. 商贸服务行业应运而生

商贾云集，五方杂处，推动了服务行业的兴起。以外地客商及其经营活动为主要对象的服务行业逐步发展起来，构成了包括客店、酒楼、茶坊、中介、搬运、存储等在内的服务机构，并形成日趋完备的服务网点。餐饮服务业逐步形成多种门类、服务不同阶层的专门行业。南北不同风味菜系的酒楼应运而生，热干面、豆皮、豆丝、面窝等汉味小吃品种日渐增多。金融典当业中，晋商开设的票号异军突起，最为著名，典当业吸引了更多人投资。少数地方官员也投资典当业，收益很可观。湖北巡抚晏斯盛乾隆十年（1745年）的奏折显示：仅汉口一镇就有当铺39座。服务行业的繁荣促进了市场规模的扩大，进一步推动了商业的发展。

5. 典型地名、品牌逐步出现

按行业或经营商品集中，典型的行业街道形成。行业街大多以经营手工行业或商品专门市场命名，本身具有商品广告、购物向导的功能，同时还能形成扎堆效应。武汉以商品或手工作坊命名的街巷遍及三镇，涵盖衣、食、住、行各个方面。汉口有打铜街、板厂街、剪子街、花布街、绣花街、衣铺街、淮盐巷、靛行巷、大火巷（以铁铺为主）、皮业巷、豆腐巷等；汉阳有棉花街、洋油街等；武昌有筷子街、筷子堤、筷子湖等。行业街的出现显示了当时工商业繁荣昌盛的景象，并且通过质量的比拼，出现了一批品牌商号及其品牌商品。汪玉霞食品、叶开泰丸药、谦祥益绸布、苏恒泰伞具、高洪泰铜锣、牛同兴剪子、罗天源帽、何云锦鞋、洪太和丝线、马公亮香货等，都是深受人们喜爱的著名老字号。

明清时期的汉口市场，从商品的结构看，具有明显的消费性特征；从商品的来源和流向看，作为全国性市场，汉口的主要功能是中转贸易；从商品生产的发展水平看，汉口是典型的商业性城市。[①]

湖北汉口镇、江西景德镇、广东佛山镇、河南朱仙镇，并称"中国古代四大名镇"，都曾盛极一时。进入近代以后，传统的工商市镇面临各种冲击和挑战，朱仙、景德、佛山三镇因自身优势条件逐渐丧失，城市功能逐步走向衰退。而汉口镇在多种因素的推动下，较为顺利地实现了向近代新型城市的转型，最终与武昌、汉阳两镇合为一体，成为全国特大中心城市。[②]

（二）汉口镇的经济影响

1. 人口总量骤增，促进了城市经济发展速度加快

伴随着武汉城市经济的发展，各地的商人和手艺工匠纷至沓来，外来人口、流动人口增幅加大，总量骤增。清乾隆三十七年（1772 年），武汉三镇约 20 万人。道光二十年（1840 年）前，三镇约有 30 万人。人口总量骤增，进一步扩大了消费需求，推动了城市经济快速发展。

2. 商品经济兴起，催促自然经济逐步解体

农产品和家庭手工业产品商品化趋势明显。手工业和家庭副业主要有舂米、磨面、榨油、酿酒、饲养、纺织、制茶、制糖、竹木加工、交通运输等。更多地方、更多农户从事家庭副业，水产捕捞业、蔬菜种植业、家庭纺织业等家庭副业生产收益丰厚，并且出现了专门化、商品化的倾向。家庭纺织业出现了一些品牌产品，如武昌的"货布"（细麻布料）、汉阳的"扣布"（薄质衬布）是畅销货。这些行业的发展与商业市场互为推进和补充，其产品以交换而生产的迹象，显示了自然经济走向商品经济的特征。

3. 商业贸易繁荣，奠定了近代工业勃兴的经济基础

专业码头形成了商品集聚效应和商业经营的规模效应，从而推动了产业链的延伸。较大规模的物流转口和极其活跃的商业贸易造就了商业贸易的繁荣，更新了产业链，同时催生了新的产业模式。一批工商业主开始兴办工厂，为近代工业兴起创造了条件。

4. 经济影响辐射，确立了物流中心的区域地位

明清时期，汉口成为全国性的商品市场，其商品流通范围逐渐向更远的区域延展。在其经济影响力的推动下，周边地区出现较大规模的商业集镇。如汉口北面的黄陂，汉阳的蔡店、侏儒、索河集、永安保集，武昌的纸坊、金口、白浒等。市场畅销的汉阳布，大多先运至汉口经过染造加工之后，再销往陕西、山西、云南、贵州等省。应城石膏业，蒲圻的茶、丝、麻、纸、皮、米、牛、鱼，通山、崇阳的茶叶，汉川的桑棉制品，黄陂、孝感、沔阳、监利的布匹，荆州的绢等，都是由汉口中转，或在本省销售，或转运外省

---

① 杨蒲林，皮明庥. 城市发展轨迹：武汉城市史专论集 [M]. 天津：天津社会科学出版社，1990：103 – 105.
② 何一民. 兴盛与衰落：明清四大名镇在近代的舛变 [J]. 学术月刊，2008，40 (12)：122 – 133.

销售。

此外，汉口还与安徽、江西、湖南、广东、广西、四川、河南等地联系较为频繁和密切，其他省份也有商品直接或间接地在此集散。

（三）码头文化特质

武汉三镇，两江四岸，依水而兴。明清以来，作为一个以转输贸易见长、以水运港埠为经济主体的"码头城市"，码头文化成为武汉城市文化的鲜明特色，也是武汉多元文化体系的重要组成部分。

码头既是谋生的场所，也是各种文化传播、演绎的舞台。码头由来自四面八方的商帮、船主、船夫、商贩、力夫等中下层社会群体为主的成员构成，使城市具有了多元文化汇聚融通的文化特性。码头承载的文化特质渗透到社会生活的各个层面，形成了独特的城市文化特征，时至今日，社会生活各个领域仍然在不同程度上带有"码头文化"的印痕。码头的生存环境，"五方杂处"交融错杂的社会群体，决定了码头的文化面貌和文化特性，也决定了码头人的精神风貌。主要体现在以下五点。

1. 随形就势、随遇而安

码头大多依坡岸而建，任凭水位涨落、风雨雪霜，人们把求生存、求财富作为第一要务。随形就势求生存，随行就市求发展。码头生活的居无定所、驳杂多端磨炼出码头人随遇而安的心理特征。

2. 脚踏实地、踔厉奋发

码头是靠实力打出来的，也是靠体力扛出来的。扛码头是力气活，码头犹如一个优胜劣汰的战场，强者生存、弱者淘汰是自然法则。在码头混饭吃，既要有强壮的体魄、实干的功夫，还要有奋发有为、意气昂扬的精神风貌，因此锤炼出武汉人脚踏实地、奋力拼搏的坚韧性格。

3. 精明敏捷、当机立断

居间贸易，需要敏锐的观察力、敏捷的判断力，赚得差价，面对机遇，当机立断。本是一笔大赚的买卖，迟疑不决、优柔寡断就会失去赚钱的机会。居间贸易环境练就了码头人判断准确、决断敏捷的天性。

4. 重情仗谊、任侠行义

码头文化珍视友情，重情尚义，讲义气，讲诚信，遵信守诺，舍己助人，打击强暴帮助弱小。然而，"江湖义气"容易走向另一极端，人们在复杂的码头圈子里求生计，不免奉行"在家靠父母，出门靠兄弟"的信条，于是乎觥筹交错、称兄道弟、亲密得不亦乐乎。是朋友就该"两肋插刀"，是哥们就得"搭白算数"，使武汉被认为是"中国最具江湖气息的城市"。

5. 广纳博采、兼收并蓄

码头是多元化社会的行为空间，行商坐贾，东奔西走、南来北往，五湖四海，形形色色。在码头，语言丰富多彩，物产新奇多样，外乡方言你不懂不能做交易，外地特产不尝一口便不甘心。在码头文化环境的熏陶下，武汉人练就了"海纳百川、博采众长"的品格。以饮食为例，武汉人在接纳来自异域的各种口味的基础上，独出心裁，推陈出新，餐饮行业也是南北风味样样俱全。

第二节　近代城市先劲

汉口开埠推动了武汉商贸的快速发展，使其逐步发展成为长江流域最大的内陆城市。张之洞创办军事工业和民用工业，武汉地区近代工业化进程加快，从而奠定了武汉的近代工业基础和近代经济体制基础，同时也提升了武汉在全国经济中的地位，进而推动了武汉经济向近代转型。而租界的开辟、工厂和洋行的开办、银行的设立，致使武汉社会经济兼具半殖民地化和国际化的特征。

一、汉口开埠

1858 年，英国胁迫清廷签订《中英天津条约》，汉口开始对外通商。汉口开埠通商使汉口在经济上直接卷入列强纷争的国际市场，而且带来了政治、文化教育、社会生活等方面的冲击和震荡。

（一）资本主义经济渗透逐步加深

1861 年后，英国、德国、俄国、法国、日本等资本主义列强相继在汉口设立租界。租界除拥有政治、军事、外交、文化教育等方面的特权外，经济方面对中国实施商品输出和资本输出，列强相继开设洋行、兴办工厂、设立银行、开通航运，从而加速了武汉地区半殖民地半封建化的进程。

1. 洋行

美、德、法、俄等国在汉口设立有外商在中国从事贸易的代理行号，即洋行，数量最多时达到 180 家。洋行最初主要经营轮船业，后业务扩展到进出口贸易，还涉猎开办工厂、投资房地产、开设银行等领域，长期操纵武汉的进出口贸易，廉价收购原材料和土特产品，倾销工业品。洋行多数分布在租界内，华界也有外商的店铺、厂房、行栈。英国怡和洋行的分支机构遍布湖北、湖南，经营多种业务，被称为"洋行之王"。

2. 工厂

继英国之后，美国、法国、德国、意大利、日本、西班牙、比利时、奥地利、丹麦、荷兰、瑞士等国先后来汉通商，开办原料加工厂。开办的工厂涉及粮食加工、金属加工、副食品加工、制革等行业。1863 年，俄商顺丰砖茶厂是武汉最早的近代工厂。外国资本渗透到交通运输业、对外贸易、工矿业、金融业等领域，并且从流通领域到生产领域。

3. 银行

到 19 世纪末，各国银行在汉设立的分行达 20 余家。租界区先后设立了德国德华银行、日本正金银行、美国花旗银行、英国汇丰银行、俄国华俄道胜银行、法国东方汇理银行。外国银行经营储蓄、贷款、汇兑、投资等业务，左右武汉金融市场，控制官办私营企业和进出口贸易。英国银行一直在武汉金融界占据优势，汇丰银行所放贷款，许多来源于江汉关税存款。

4. 航运

列强凭借不平等条约把持海关，攫取内河航运权，垄断长江航运，开辟航线，建造码头、栈房，从中获得巨额利润。1863年，英国宝顺洋行在英租界宝顺街（今天津路）建宝顺栈五码头，这是汉口港首座轮船码头。1871年，俄国顺丰洋行在俄租界列尔宾街（今兰陵路）建顺丰砖茶厂码头，专供汉茶出口外运，从此汉埠开始有企业专用码头。

汉口也因茶叶贸易的兴盛而有"东方茶港"之称（图3-4，图3-5），享誉世界。

图3-4 汉口江滩码头上停泊的大小运茶商船

图3-5 1893年5月20日，武汉发行了其历史上的第一套邮票《担茶人》

（二）武汉工商业国际化、近代化进程

首先，城市经济重心发生位移。汉口开埠，外洋通商，汉口市场逐渐由汉江北岸的汉正街、黄陂街向东延展，武汉经济重心由沿汉江沿岸拓展到沿长江沿岸，促成武汉逐步迈向近代国际化都会的行列。各国租界拥有各自独立的码头，租界区的街道与长江相对垂直，并且形成网格状，为工商业发展在地理上提供了更多的商机。长江航运的开启，

使外国轮船可以直达长江沿岸，进一步扩大了武汉地区的营销空间。

其次，外贸市场进一步扩大。随着商业营运空间得到拓展，工业商业布局和结构发生变化，国内市场与国际市场的联系日益紧密，武汉进出口贸易成交总额基本呈持续增长态势。武汉不仅是内地最大的农副产品集散中心，也是中国进出口贸易的重要口岸。

再次，商业金融业出现适应性变化。商业变化最为显著的是杂货行。开埠后，武汉日用消费品市场中，洋货占一半以上。金融业随着商业的发展而发生变化，在外资银行、洋行的支持和利用下，钱庄主要有两大变化：一是介入进出口贸易，充当了华商与洋行之间的中介金融机构；二是部分经营钱庄的商人投资近代工商业，接受外国银行贷款，在经营管理上借鉴西方管理制度和业务制度，逐渐进入国际金融市场。

最后，工商业主开始学习和仿效西方的经营模式、营销策略。租界移植西方工商业经营、管理模式，对本地工商业主具有启发和借鉴意义。列强对中国内地资本输出规模的不断增长，社会半殖民地化程度日益加深。资本主义近代生产方式、先进的管理方式和生产技术的引入，为武汉近代民族工业的兴起、创办提供了可资借鉴的范本，也拉开了武汉近代工业化的序幕。

二、张之洞督鄂

谈及中国近代工业化绕不开武汉，绕不开张之洞（图3-6）在湖广发展洋务。张之洞督鄂，加快了武汉工业近代化、商业规模化、商贸开放化的进程。武汉由一个明清时期的商品集散地一跃成为中国近代工业的发源地，进而成为近代工业中心。

图3-6 张之洞

（一）实业兴鄂

张之洞（1837—1909年），清末重臣，洋务派重量级的领军人物。1889—1907年，张之洞任湖广总督，成为左右武汉发展的关键人物。湖北武汉是他宦游时间最长、投入精力最多的地方。他力主采西学、制洋器、办教育、改军政、兴实业，武汉是他实施洋务新政的重要舞台，他是武汉近代工业的奠基人。主要措施和贡献在于以下几个方面。

1. 力主发展交通运输

张之洞力排众议，主张修筑铁路，提升武汉的区位优势和战略地位。他促成了清廷同意修建卢汉铁路（卢沟桥—汉口）；1906年全线建成卢汉线（后改为京汉铁路）、粤汉线（广州—汉口），以武汉为中心构成的京广铁路，不仅当初，而且直至今日仍然是我国南北交通的最主要动脉，凸显了武汉在全国经济中的战略地位和在全国交通格局中的枢纽地位。

2. 创建湖北枪炮厂

1890年，张之洞设立湖北铁政局。选定汉阳龟山北麓为厂址，与汉阳铁厂并排建湖北枪炮厂，湖北枪炮厂后改名为湖北兵工厂（图3-7）、汉阳兵工厂（图3-8）。湖北枪炮厂不断发展，配套生产无烟药、罐子钢、枪炮、枪弹、炮弹等，军火生产设备与品种较为齐全，规模宏大。其中仿德国毛瑟枪改造成的"汉阳造"连发步枪闻名全国，是军工产品中的名牌。湖北枪炮厂是清末规模最大、设备最新且生产自成一体的兵工厂，军火物资无论数量和质量都大大超过国内当时其他军工厂，为我国近代军火工业生产奠定了基础，同时还推动了民用工业的发展。

图 3 – 7　湖北兵工厂

图 3 – 8　汉阳兵工厂

3. 建造湖北炼铁厂

湖北炼铁厂 1891 年动工，1894 年建成投产，后改为汉阳铁厂（图 3 – 9），厂址选在汉阳龟山脚下。这是张之洞在武汉兴办的第二个近代大工业，也是中国近代最早的官办钢铁企业。作为近代钢铁联合企业，配套工程包括附近的大冶铁矿和马鞍山煤矿开采。该厂聘用外国技师作为技术指导，主要原料和机器设备购自英、德等国。1908 年，汉阳铁厂、大冶铁矿和萍乡煤矿联合组成汉冶萍煤铁厂矿有限公司，公司性质由官办改为官督商办，成为当时全中国规模最大的钢铁联营企业。

图 3 – 9　清末湖北炼铁厂全景

4. 兴办布、纱、丝、麻纺织四官局

1890 年，湖北织布官局成立，厂址位于武昌文昌门，1893 年正式投产，拥有布机1 000 台，聘用外国技师作为技术指导。随后张之洞增办南、北两纱局，成立湖北缫丝局、

制麻局。到辛亥革命前夕，武汉成为中部最大的纺织工业中心，拥有纺织设备数量在全国排名居第二。

5. 新建一批近代工厂

从 1902 年起，张之洞又开始新建官办企业，有造纸厂、制革厂、毡呢厂、针钉厂、官砖局等。其中汉口谌家矶造纸厂是国内生产钞票专用纸的大型企业，武昌白沙洲造纸厂是当时全国最大的官办纸厂。

6. 推行励商政策，扩大对外开放

张之洞在武汉设立商务局，用于指导成立商业组织，推行劝导、奖励商业的政策，扶持私营工商业的发展；发展对外贸易，自开武昌商埠，鼓励发展茶叶出口贸易。

张之洞在武汉地区兴办的大小近代工业企业成为武汉近代民族工业发展的强劲动力，并且为武汉近代工业奠定了良好的发展基础，促进了武汉近代商业的发展。

（二）工商繁盛

1. 张之洞实业兴鄂，使武汉近代工业从无到有、由弱到强

其实效体现在三个方面：一是建立了相对完整的近代工业体系，奠定了武汉近代工业发展的基础和格局，武汉初步形成了包括冶金、军工、矿产、纺纱织布、交通运输、日用产品等在内的行业门类比较齐全的近代大工业体系；二是这批工业企业，在规模上和技术上，都在全国军事工业中居领先地位；三是推动了武汉工业化的快速发展，使武汉成长为中国内陆最大的工业城市。

2. 张之洞督鄂期间，武汉民族工商业盛极一时

张之洞资助民族资本家宋炜臣创办汉口燮昌火柴厂，火柴厂最高年产量达 1 亿盒，一度成为全国最大的火柴厂。他拨官款认购股份，支持汉口既济水电公司，使其成为当时全国最大的民营公用水电公司。该水电公司的组建对汉口市民生活方式的巨大变革和武汉近代城市发展是具有划时代意义的大事。在奖励工商业政策的推动和官办工厂的带动下，民族工商企业的兴办呈现"井喷"现象，武汉兴办工厂总数一度超过上海，成为中国内陆最大的工商业中心。

3. 张之洞督鄂期间，武汉交通运输业步上了一个新台阶

京汉铁路的贯通改变了武汉在近代中国经济发展中的格局，带动了城市建设，也拉动了为铁路建设服务的产业链。汉口大智门火车站成为当时亚洲最华丽的火车站。汉口招商分局成立后，武汉地区以轮船运输为主导的水运航线陆续开通，武汉的水运优势再次得到显现。

4. 张之洞督鄂期间，武汉金融服务业出现中外共存共容的局面

英、德、法、俄、日等国银行纷纷来汉设立分行的同时，张之洞主张清政府和有关机构在武汉开办本国的银行，从而形成了官私银行、中外银行共存共容的金融体制，成为武汉工商业发展的重要支撑，并在商贸方面发挥了越来越大的作用。外国银行引入了现代化的金融运行机制，刷新了旧有的金融业。

5. 张之洞督鄂期间，武汉对外贸易也快速发展起来

张之洞力主商战，抵制洋货，并决心扶持华商，与洋商抗争，武汉商务公所、商品博览等与工商有关的机构和活动开始建立和开展。从张之洞担任湖广总督上任到调离的

17 年中，武汉的直接、间接对外贸易进出口总额分别增长了 567.6% 和 306%①。武汉不仅成为内地最大的农副土特产品集散中心，而且成为重要的进出口贸易口岸，其外贸成交总额常居全国五大港口的第二位，仅次于上海。

此外，张之洞督鄂期间，武汉城市规划与市政建设的进程明显加快。例如，革新城市管理机制，调整三镇建制；筑张公堤以扩大旧城区，拆除汉口城墙修后城马路等。城市空间布局大有改观，现代城市格局轮廓初现，从而有效地促成城市功能由商业独秀向工商并重的趋势迈进。

新政还引领着近代社会新风。开办新式学堂、编练新军等有利于社会发展的举措开启了民智之门，奠定了武汉近代化的社会基础。张之洞改造旧式书院，兴办近代学校，倡导留学生教育，推动了武汉三镇近代教育体制的形成。近代新式学堂，涵盖了普通教育、师范教育、实业教育、军事教育等不同层面，为地方乃至全国培养了一大批实用人才。武汉成为新式教育的中心和时人关注的焦点，湖北成为晚清派出留学生最多的省份之一。

张之洞苦心孤诣于"保国""保种""保教"，试图兼顾中外，会通新旧，并按"中学为体、西学为用"模式规范中华文化的走向。②他主政湖北的期间，是武汉工商业繁盛时期，也是武汉综合发展的关键时期。张之洞与武汉博物馆，以及张公堤、张公山寨、抱冰堂等文化遗存，印证了他对近代武汉的影响力。

三、近代工商文化的演进

武汉近代工商文化是在沦为中国半封建半殖民地过程的特定历史时期形成的，是多元文化相互激荡、彼此融合的产物，既蕴含着中国传统文化和本土文化的特质，又烙印着近代西洋文化的痕迹。其基本特征是开放、竞争、创新、包容。

（一）意识形态和社会生活发生渐变

中国是传统的农业国家，长期以来，"无奸不商""无商不奸"的观念在人们意识形态里根深蒂固。然而自鸦片战争以来，传统的农商关系发生了深刻的变化，国人对工商业在国民经济中的重要地位有了新的认识。

晚清时期的中国，在复杂的国际背景和社会环境之下，官方重商思想和重商政策日渐明朗化。官方自觉或不自觉地由抑商转为劝商、护商、助商、励商。从晚清政府、民国初期北京政府到南京国民政府三个时期，护商表现得越来越明显。晚清绅商创立商会的行动得到官方的大力推动。在武汉，为了听取商情，联络商界，议办商事，1898 年张之洞率先在汉口设立商务局；次年创办湖北《商务报》，1902 年开办商务学堂和商务公所，展示各类土特产品和人工制品；在武昌创办"两湖劝业场"，陈列商品和机器，提供经营场地；1904 年，成立带有商业法庭性质、处理商业纠纷的传审公廨；1907 年，在汉口成立商务总会，商人的社会地位日渐提高，得到政府和社会的广泛认可。

① 涂文学，宋晓丹. 张之洞"湖北新政"遗产的历史命运 [J]. 江汉论坛，2003（08）42 - 48.
② 冯天瑜. 张之洞传 [J]. 武汉文史资料，2009（10）4 - 15.

在武汉，崇洋尚新的社会风气弥漫盛行。西方文明直接影响并改变着武汉人的消费观念和消费行为。达官贵人、买办富商率先模仿，陆续在衣、食、住、行方面渐趋洋化。一般平民在条件许可的情况下也纷纷跟进仿效。衣着方面，洋布成为武汉服装行业的畅销货，社会各阶层也以穿着洋布为时尚，上层社会则流行西式服装。到民国时期，一般衣料店主要经营进口面料，在衣服款式上也以"洋式"为时髦。餐饮方面，西菜、西点、洋烟、洋酒、洋糖等，在上层社会中相当流行。居家方面，洋火、洋蜡、洋油、洋铁、洋灰的使用日益普及，逐渐取代了中国固有的产品。不少权贵、富商纷纷采用新型建筑材料建造洋楼、别墅，并配备先进的供水、供电设施。休闲、娱乐、消费方面表现出多元化趋势，不同的社会阶层根据自身的经济状况选择高、中、低档娱乐消费方式。在出行方面，洋伞、洋车、洋船、自行车等的使用普及面逐步扩大。

（二）近代工商文化影响区域更加广泛

汉口开埠后，城市经济飞速发展，城市空间得以拓展，工业、商业、交通服务业吸引了大量劳动力，移民人口大多来自湖北境内各州县以及江西、湖南、河南、安徽、四川等省，人口规模迅速扩大。1861年汉口开埠通商后，武汉三镇人口数量快速增长，辛亥革命时，城市人口总量达到83万，到1930年突破100万。

随着城市化进程加快，城市规模逐步扩展，城市的工商业布局和发展走向也发生了变化。城市的工商业布局由汉江北延伸到长江北。租界发展的同时，华界区也有所扩展，工商业中心向东、向北发生位移。由老商业区汉正街区域向东北方向延伸，沿中山大道，经六渡桥、大智路，然后经京汉铁路抵达黄浦路、江岸车站一线，大致范围在中山大道、大智路、京汉铁路以南，沿河大道东段、沿江大道一线以北的区域，工商业中心的地域空间得到扩展，近代工商文化的影响也随之扩展到更加广泛的区域。

（三）商业文化的制度演进

1. 管理机构

1898年，张之洞奏请清政府同意在汉口设商务总局，这是近代汉口最早的工商行政管理机构。1907年，汉口商务总局撤销，各商帮董事会组建汉口商务总会，负责办理全镇商务事宜。1908年，汉口、武昌设立劝业道，用以兴工劝商，管理工矿、商业及交通等方面的事务。1926年，汉口市政府设立社会局，用以管理工商事务，受理企业登记、核发证照、商标注册等业务。

2. 营运机制

随着股份制、公司制、经理制的引入，商业机制已经发生了质的飞跃。在经营模式方面，新式商业企业引进西方先进管理体制，较多采用雇佣制，以往独立经营，或在亲戚朋友、熟人同乡关系的基础上合伙经营的局面有所突破；在购货方面，采用订购、预购或到外埠甚至国外设庄采购的方式；在营销方面，商家在营销策略、营销方式和手段上不断开拓创新，以期获得最大利润，有些营销机构还通过发行礼券购兑物品、降价促销滞销产品等方式来扩大销售；在工资待遇方面，工资制较多地被使用，并辅以奖金、分红等激励机制；在商业服务方面，近代汇兑结算制度越来越被广泛应用，旧式的钱庄票号虽然存在，但其地位逐渐被银行所取代。

3. 商业组织

从清末到民初，商业组织经历了民间自发组织阶段和官方指导组织阶段。民间自发组织阶段主要有商帮、会馆、公所等形式。官方指导组织阶段主要有商会、商务总会、商业同业公会等形式。

武汉工商文化在开埠通商后出现了从传统向近代的过渡形态。在衣、食、住、行等物质消费方面，总体趋势是带有明显的"西化"特征；在社会生产力水平上，手工业表现为产品商品化程度逐步提高，生产方式不断改进；工业方面，"蒸汽取代了人力、畜力，电力取代了蒸汽。工作效率翻了几倍，工作方式也大为改观"①。近代工业化为武汉迈向现代化奠定了技术基础和社会基础。

第三节　大武汉崛起

武汉解放之初，城市工业基础相当薄弱，发展分布极不平衡，结构极不合理，规模不大、技术水平极低，基础设施滞后，工业生产濒临崩溃。武汉市政府成立后便着手恢复经济工作。1949 年 10 月，中共武汉市委第一次会议正式提出：把武汉由消费型的商业城市建设成为生产型的工业城市。

几十年过去了，武汉经济得到迅速发展，武汉逐步成长为一座工商业重镇、中部地区中心城市，那个中国历史上曾与上海同享"大"之称谓的城市——武汉，重新崛起。

武汉的工业文化及商贸文化也在发展中得以传承。

一、工业重镇重现辉煌

（一）工业体系基本形成

从国民经济第一个五年计划开始，武汉开启了工业化城市建设的历程，到 20 世纪 60 年代初，基本形成工业生产体系，作为工业基地的基础已经初步奠定。

1. 工业基地初具雏形

1952 年，中央人民政府编制发展国民经济第一个五年计划时，规划要把武汉建设成为全国重要工业基地的蓝图。为此，国家先后确定在武汉投资兴建武汉钢铁联合企业、武汉重型机床厂、武汉锅炉厂、武昌造船厂、武汉肉类联合加工厂、青山热电站和武汉长江大桥等大型重点项目，这些均属国家 156 个重点建设项目之列。

毛泽东同志多次强调"要抓紧时间，加紧建设，要把武钢的建设放在'一五'计划的首位"②。武钢于 1955 年 10 月破土施工，1958 年 9 月一号高炉建成出铁。9 月 13 日，毛泽东同志首次视察武钢。苏联专家组组长巴杜洛夫向他道贺："这么大的高炉，武钢要建 4 座，目前，苏联也只有 3 座，美国 1 座，这是你们的巨大胜利。"③毛泽东同志指示要把武钢逐步办成综合性联合企业。他先后四次视察武钢。

武汉重型机床厂于 1955 年破土动工，1958 年建成。武汉锅炉厂于 1956 年开始动工，

① 龚书铎，曹文柱，朱汉国. 中国社会通史·民国卷 [M]. 太原：山西教育出版社，1996：29.
② 李鉴，周薇. 毛泽东决策建武钢 [J]. 武汉文史资料，2003（6）8.
③ 阮丹. 青山史话 [M]. 武汉：武汉出版社，2004：313.

1960 年建成。武昌造船厂于 1956 年以原武昌机器厂的基础扩建。大型重点骨干企业的相继建成，使武汉地区机械工业面貌为之一新，同时促进了地方机械工业水平的提高。

此外，1952 年 11 月，国棉一厂在汉阳建成投产。该厂是湖北省第一座由我国自行设计、自行施工的国营棉纺企业，也是中华人民共和国成立后第一批兴建的全国五大新型棉纺厂之一。1954 年 11 月，与武钢配套的青山热电站一期工程开工兴建，1957 年第一台发电机组并网发电。1954 年 12 月，武汉肉类联合加工厂进入全面施工阶段，建设规模是当时亚洲最大的肉类加工厂。中苏友好宫（武汉展览馆）1956 年建设完工。1957 年建成通车的武汉第一座公路铁路两用长江大桥及其配套工程的建设，把南北各省的公路铁路连接成为一个整体的交通运输网络。

"一五"时期，武汉工业建设成效显著。全市改造和扩建了地方工业骨干企业 160 多个，新建工业企业 32 个，生产新产品 153 种，基本具备成套的工业设备、小型动力设备、电器仪表以及农业机械等的生产能力，提前一年完成"一五"规定的指标。1957 年 11 月，武汉市第二届人民代表大会第三次会议宣布："一五"期间，武汉作为工业城市初具雏形。

2. 工业体系基本形成

1958—1962 年为武汉工业建设全面发展的时期。武汉市委通过了《关于武汉市地方工业第二个五年计划（草案）的决议》，决定改建、扩建和新建工业项目 196 项（通称"二百项"）。1958—1960 年，许多重要项目和主要工厂建成投产，如武钢建成投产，武钢炼钢体系初步建立；机械制造工业全面发展，开辟关山工业区；地方性现代化的轻工业体系初具雏形；以支农和为轻纺工业配套为特色的古田化工区形成；以化工原料、氯碱和农药等基本化工原料为主的葛店综合化工基地初步建立。这一切都为地方经济支柱产业奠定了较为坚实的基础。

1962 年 12 月，中共武汉市第四次代表大会宣布：武汉"作为一个社会主义工业基地的基础已经初步奠定了"。

之后的几年，武汉政府按照中央方针进一步调整工业发展方向和策略。到 1965 年，全市先后建成 13 个工业区，其中武昌有青山、余家头、笞王庙（今中北路）、钵盂山（今石牌岭）、武东、关山、葛店、白沙洲，汉口有堤角、唐家墩、易家墩，汉阳有鹦鹉洲、七里庙。至此，武汉初步基本形成 3 大支柱产业和 13 个门类的工业生产体系。3 大支柱产业，即冶金、机械制造和纺织；13 个门类即冶金、通用机械及冶金设备制造、汽车与拖拉机制造、造船、电力设备制造、无线电及仪表生产、工作母机及工具制造、化工、制药、建筑材料、纺织、轻工业和准备件。[①]

1966 年至 1976 年，四号高炉和一米七轧机工程建设推动了武钢扩建进程。武汉重型机床厂、武汉石化和汽轮发电机厂扩建，地方工业方面建成一批工厂。同时，武汉军工产品生产也达到高峰，为我国国防建设做出了巨大贡献。

3. 工业建设成就影响深远

武钢、武重、武船、武锅一批"武"字头的重点企业的竣工投产，构成了武汉工业

---

① 易福才，涂天向. 新中国成立后十七年武汉工业建设述论 [J]. 中共党史研究，2007 (5)：112 - 119.

体系的核心，如武钢成为拥有当时世界上最先进技术装备的巨型钢铁联合企业，武汉成为三大钢铁工业城市之一，被国家列入重点的机械工业城市和综合性工业城市。这为武汉工业的发展奠定了坚实的基础。

这些工业建设成就对于构建武汉工业体系，调整国民经济结构也具有重大的现实意义和深远的历史意义，成果显而易见，使武汉成为华中地区的区域性经济"增长极"。武汉逐步建立起了地方工业体系，完成了以长江、汉江、铁路为中心轴，由城市中心区向外（郊区）放射的工业区布局和城市主干道的基本构架；在积累工业化经验的同时还培养了大批管理及专业技术人才，为后期建设奠定了基础；在一定程度上推动了武汉城市体系的更新，武汉由一个商业比重很大的城市转变为内地重要的工业城市，工业建设推进了城市化进程，拉动了公共汽车、轮渡、自来水、电车、出租汽车、煤气等城市公用事业建设速度。

工业基地的建成增强了城市经济规模效应，作为湖北省会城市的武汉实现了由消费城市向生产城市的职能转变，政治经济职能发生变化，为未来城市的发展奠定了全新的基础。从此，武汉社会经济转入了全新的发展轨道。

（二）现代产业体系构建

近几十年来，武汉市委、市政府致力于城市综合竞争力的提升，优先发展先进制造业和现代服务业，产业结构得到调整，城市综合服务功能日趋完善。三大产业增加值构成，在 1998 年首次实现"三、二、一"排序，第三产业已成为支撑武汉经济发展的重要产业。2007 年，武汉已跨越工业化中期阶段，迈向工业化后期阶段。由于产业结构快速调整，投资和消费共同拉动经济增长，从而实现了跨越式发展，加快了武汉由工业大市建设成工业强市的进程，武汉被国家列为中部地区崛起的战略支点，推动了武汉跨越式发展。

武汉在以战略性新兴产业、先进制造业和现代服务业为主体的现代产业体系的构建方面取得了显著的成就。"十二五"期间，形成大光谷、大车都、大临港、大临空四大工业板块，千亿元产业从 1 个增加到 5 个（汽车及零部件、电子信息制造、装备制造、食品烟草和能源及环保业）。武汉经济总量跃上万亿元台阶，进入全国城市第一方阵。

1. 培育发展新兴产业

新兴产业是高新科技与工业、商业、金融深度融通的产物，目前分为节能环保、新信息技术、生物、高端装备制造、新能源、新材料和新能源汽车七大门类，引领着科技创新和产业升级的走向。其中，武汉在新信息技术、高端装备制造、生物三类具备明显优势。

在新信息技术产业门类中，武汉网络基础设施处于全国领先地位，是华中光缆通信网络中心和全国三大通信枢纽之一。在超高速光纤领域出类拔萃，武汉的研发实力处于全国首位，拥有全球最强技术。烽火通信被列入全国软件百强企业。

在高端装备制造产业门类中，武汉拥有一大批装备制造研发机构，以及一批国家级企业技术中心，如武锅、武船、华工科技、三江航天等。另外，海洋工程装备、数控机床、冶金设备、轨道交通装备（图 3 - 10）等在全国具有一定比较优势和发展潜力。

图 3-10　武汉是国内三个最大的盾构机生产基地之一

在生物产业门类中，依托武汉国家生物产业基地——光谷生物城，重点围绕生物医药、生物农业、医疗器械、生物能源、生物服务和生物信息六大领域，打造一个具有国际竞争力的技术平台。武汉的生物产业开始发力，并逐步成为地方经济新的增长极，跃居全国生物产业第三。

2. 提升发展先进制造业

现代制造业可显示一个城市的经济综合实力和现代化水平。武汉率先实现在中部崛起，必须以"武汉制造"做支撑，改革开放40多年来，武汉现代制造业发展取得可喜的成就。从运作实践来看，武汉现代制造业发展表现为如下特征：一是制造业作为主导产业支撑作用进一步增强，成为新的工业支柱和经济增长源泉；二是工业布局不断完善，实现了由传统产业向现代制造业转移，向新的经济增长带转变的新格局；三是四大支柱产业［钢铁、汽车与机械、光电子信息、石油化工（图3-11）］、四大产业集聚区（钢铁化工及环保产业、汽车与机电产业、光电子信息及生物医药产业、食品产业）和六大优势产业（环保、烟草及食品、家用电器、纺织服装、医药、造纸与包装印刷）格局基本构成，全市重点行业和重点企业的关键技术和重大装备达到或接近国内先进水平；四是初步形成了以高校、国家工程技术研究中心（院所、实验室）为主体的自主研发体系。

3. 突破性发展现代服务业

发达国家的发展历程证实：现代服务业具有提升就业容量、提高社会生活质量等特征，是国民经济增长的重要引擎。武汉加快发展现代服务业，对于转变经济增长的方式与内涵，推动产业结构升级，实现可持续发展具有重要的现实意义和深远的战略意义。改革开放为武汉现代服务业快速发展开辟了更为广阔的空间，现代商贸、城市公共基础设施、交通运输环境、金融保险服务、信息服务、现代物流业、房地产业、旅游产业、会展及商务服务业、文化创意产业等得到迅速发展，推动了全市经济的增长和跨越式发展，提升了武汉在全国经济发展格局中的地位。

图 3 – 11　武汉化学工业区的核心产业武汉国家大型乙烯项目，2013 年 8 月正式投产

(图片来源：湖北日报)

4. 开发区助推经济增长

经济技术开发区作为现代都市重点培育高新技术产业的经济特区，其最大竞争优势是产业优势和政策优势。同时，经济技术开发区作为高科技与现代工业相结合的经济运作实体，成为拉动城市经济快速发展的增长极，通过培育新兴产业，引进、消化、吸收高新技术产业，优化和提升经济结构，实现经济的跨越式发展。

东湖高新技术开发区重视体制机制创新，从无到有，由弱到强，率先建立企业孵化体系，培育了一大批创新型企业，吸引了海内外众多公司的投资。它以"光"起步，不止于"光"，还拥有 1 151 家生物制药企业入驻的"药谷"、1 000 多家各类金融机构入驻的"金谷"、高校云集的"创谷"。

武汉经济技术开发区目前已经建成出口加工区、民营科技工业园、高科技产业园。2016 年，工信部与湖北省政府签署部省合作协议，武汉市成为国内首批、中部唯一智能网联汽车和智慧交通应用示范城市，智能制造将成为武汉经开区转型的主攻方向。位于其核心区域的我国中部首个集研、学、产、展、销于一体的生态型数字产业综合体华中智谷项目一期已于 2016 年竣工交付。

武汉临空港经济技术开发区的地理位置毗邻天河国际机场，拥有武汉航达、空军凌云科技、三江航天等多家航空企业，是武汉发展大临空经济的平台，初步形成以现代食品、现代物流、生物制药，以及新型材料等为主体的现代产业格局。

除以上三大国家级经济开发区外，武汉目前还有阳逻经济技术开发区等十多个省级开发区，以及市级及各区属经济开发区。

二、商业重镇的新发展

（一）商业服务业的曲折发展历程

中华人民共和国成立后，随着工农业生产的发展和国民经济的逐步恢复，商业服务业得到了一定程度的发展，但也同样经历了恢复重振、初步发展、曲折动荡三个时期的曲折发展历程。

中华人民共和国成立伊始，武汉组建国营商业专业公司和商业合作社，繁荣商业市场。国营商业先后建立了24个批发部、10个交易市场、8个生活物质专业公司。在武汉三镇中心城区，九大商业区逐步形成，分布在汉口的江汉路、六渡桥、汉正街、车站路、硚口路，武昌的解放路、水果湖、青山红钢城，汉阳的钟家村一带。

各区（县）相继建立了以百货商店为主体的商业网点，在中心城区有两大著名的商场。一是位于汉口解放大道中段的武汉"友好商场"，它是中华人民共和国成立后第一批兴建的综合大型商场，全国十大百货商场之一，后来经过改造，成为当时武汉最大、档次最高的综合性百货商场，1966年更名为"武汉商场"；二是位于汉口江汉路繁华地段的中心百货商场，它是武汉市内第一家大型国营百货商场，其前身为中国国货武汉分公司。

对于商品管理体制，1958年，我国将中华人民共和国成立初期商品的多种购销形式调整为将所有商品纳入国家计划，并划分为三大类，层层配给供应，由工业部门生产，商品部门包销。三年困难时期（1959—1961年），生活物质极其匮乏，粮、油、布、煤、肉、蛋等日用生活物质实施定量凭票（证）供应，这种状况到1965年才有所好转。

（二）商业服务业发展的新格局

随着改革开放新时期的到来，武汉的商贸经济管理体制完全步入社会主义市场经济的轨道，和全国经济形势一样，开放搞活是其主要特色，推动了全市经济的增长，显现出武汉作为全国商品流通中心的地位。

1984年，武汉商业体制改革被确定为城市综合改革试点项目，管理体制、经营体制和商业企业改革拉开帷幕。汉正街小商品市场、扬子街皮具服装市场、武泰闸农副土特产品市场等商品交易市场得到迅速发展，尤其是1979年恢复的汉正街小商品批发市场，到1989年其销售额突破7亿元，历经风霜变幻的汉正街重又焕发出新的活力。全市逐渐形成了以六渡桥、汉正街、江汉路为中心的武汉商业之大宗，辅有武汉商场，汉阳钟家村、武昌司门口等遥遥相望，成掎角之势。随着武汉商场、中南商业大楼、中心百货大楼、汉阳商场等一批大中型零售商场不断改革经营体制，扩大经营规模，它们逐渐成为"龙头老大"。全市消费品市场购销两旺，一个多种经济成分、多种经营方式、多条流通渠道的开放式商业格局到基本形成。

1992年邓小平南行谈话以后，武汉商业改制驶入快车道。通过实施"壮大龙头、放活龙尾"的企业发展战略，全市商业出现了资产重组、兼并联合的局势。"鄂武商"（图3-12）、"汉商""中百""中商"等商业股份制集团公司股票相继上市。流通支柱企业不断发展壮大，全市商业网点布局也得到改善（图3-12）。2006年4月，汉正街第一大道开街，它宣告传统汉正街小商品市场开始向现代化水平、与国际接轨的小商品流通中心和信息中心转型。

图 3 – 12　武汉国际广场购物中心

目前，以中心商业区和商圈为骨干，一环线体现繁荣繁华和便民利民，二、三环线体现集聚辐射功能的配套较齐全的商业网点体系基本形成（图 3 – 13）。

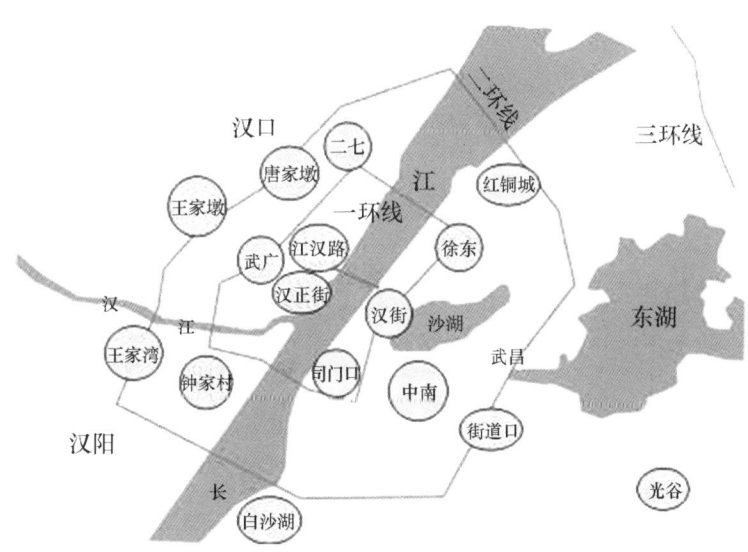

图 3 – 13　武汉城区主要商圈分布示意

以社区商业服务便利化为特征的商业网点布局进一步完善。其中，中百控股集团股份有限公司（中百集团）是我国中西部地区连锁规模最大、商业网点最多的大型现代化商业上市公司，其商业网点达到830余家。集团旗下的中百超市（图3-14）成立于2001年3月，是武汉市政府扶持的连锁经营重点企业，是湖北省社区门店规模最大、品牌信誉良好、便民服务项目最齐全的社区型连锁超市。2016年8月，中百集团又成立了武汉中百便利店有限公司，"中百罗森店"这个品牌的连锁经营便利店，已经初步实现了武汉七大主城区全覆盖。

图3-14　武汉社区型连锁超市——中百超市

秉承三镇三城的发展理念，武汉三镇核心区域逐渐形成了多商业中心的态势，以江汉路—六渡桥商圈、武广商圈、汉正街商圈、徐东商圈、中南商圈、西北湖商圈、光谷商圈、街道口商圈、阅马场司门口商圈、武汉天地商圈、王家湾商圈、钟家村商圈、汉口北商圈、中北汉街商圈、红钢城商圈等为主体的核心商圈商贸服务能级进一步提升；新兴商圈如王家墩、宝丰、汉西、古田、唐家墩、二七、后湖、竹叶山—黄孝河路、五里—墨水湖、白沙洲等区域性商业中心正在加快建设步伐；在远城区和郊区，以新洲、江夏、蔡甸、东西湖、黄陂等城关镇为中心的商贸圈逐步形成，并起到辐射乡、镇、村的作用。

城乡商业中心的建成，体现了商业服务业发展与经济社会发展和市民生活的高度适应性。

（三）现代商贸的突出成就

现代商贸实现了从传统商业向现代商品流通业的转变，取得了巨大的成就，突出表现在以下四个方面：

一是国内贸易市场网络体系初具雏形。全市商业出现了资产重组的浪潮，支柱企业不断发展壮大。国内外大型超市，仓储式、综合性购物中心以及连锁经营的各类专卖店竞相开张，基本形成了多层次、多功能、大中小结合的较为完善的市场网络体系。一个依托湖北、服务华中、面向全国的市场网络体系初步形成。

二是餐饮业、生活服务业服务质量和水平日益提升。传统商业转型升级，电子商务等新型商业业态健康发展。2017年5月，武汉第一条"口碑街"正式落户吉庆民俗街（图3-15），这也是湖北第一条O2O商业街。老字号变得越来越时尚。

三是商贸物流形成了连锁企业内部物流配送、专业物流配送和第三方物流配送的物流体系。以武汉铁、水、公、空为依托的一体化综合交通体系，形成以武汉为区域物流组织中心的辐射系统。2010年，武汉市被国家商务部确定为全国流通领域现代物流示范城市。

图 3-15　吉庆街夜景（图片来源：长江日报数字报纸）

四是对外经济贸易快速发展。武汉搭建了一个对外开放和招商引资的平台，通过一条龙服务措施，推动武汉口岸建设。加工贸易出口增速强劲，对外经济技术合作由过去单一的建筑工程扩大到公路、铁路、航运、冶金、化工等行业。2020年，全市进出口总额比上年增长10.8%，其中进口增长19.0%，出口增长4.3%。①

三、武汉的近现代工商文化

（一）武汉近现代工商文化

1. 武汉工业文化

路甬祥院士在"2016中国工业文化高峰论坛"致辞中指出："近现代工业化发展历程表明，工业革命催生了工业文明，也孕育发展了工业文化，工业文化又促进推动了技术创新和新的产业革命，并成为工业社会文明的基石。"②

各具特色的工业文化在现代工业化强国崛起的进程中发展形成，如德国的科技与产业文化以严谨务实、优质诚信为特征；美国形成了鼓励创造、宽容失败、充满活力、以引领世界为目标追求的工业文化；日本则形成了注重集成创新和团队合作，追求以节约高效、精致实用为特色的工业文化。工业文化成为国家创新发展的文化基因和软实力。

近年来，工业文化的研究方兴未艾。华中师范大学在全国高校中率先开设工业文化

---

① 2020年武汉市国民经济和社会发展统计公报［EB/OL］.（2021-04-24）［2022-5-25］. http：//news. cnhubei. com/content/2021-04/24/content_13755421. html.

② 路甬祥院士在"2016中国工业文化高峰论坛"致辞［EB/OL］.（2016-12-14）［2022-5-25］. http：//www. miit-icdc. org/_d276920100. htm.

课程，2017 年年初，华中师范大学又与工信部工业文化发展中心共同组建了中国工业文化研究中心。2017 年 6 月，我国首个文化遗产保护领域教席项目——"工业遗产教席"项目正式获得联合国教科文组织的批准。

武汉作为中国近代工业发祥地、中华人民共和国成立后国家重点工业基地之一。一百多年的近现代工业发展历程孕育了武汉特色的工业文化，我们认为创新创造、开放包容、诚信合作、追求卓越是武汉现代工业文化的特征。这些特征与武汉《九省通衢》的地理位置、早期的人口构成、码头文化的影响、近代工业的传统等因素密切相关。武汉工业文化的研究和宣传有助于武汉工业文化遗产的保护，也为武汉城市发展增添软实力。

2. 武汉商贸文化

武汉处于中国经济地理的心脏，是华中腹地，承东启西，呼应南北，是内陆地区经济交汇中心，也是沿海与内地经济交汇枢纽，其在长江流域更是具有不可替代的独特优势。

从殷商以来，尤其是近代以来汉口商业创造了武汉"驾乎津门，直追沪上"的历史辉煌，也沉淀下来了武汉独特的商贸文化。历史上，武汉的商业文化主要呈现码头文化的特质，在现代，延续下来的码头文化本质特征与现代商业文明水乳交融，成就了武汉现代商贸文化。

武商集团原党委副书记万来红认为，武汉商业文化的时代特征表现为"创新"文化，即敢为天下先；"通达"文化，即货到武汉活；"诚信"文化，即诚招天下客；"奋进"文化，即人在追求中。[①] 2016 年 12 月 28 日汉口商业博物馆（图 3 - 16）开馆，武汉大学历史学院冯天瑜教授在为其作的序中称，漫长商业发展史中沉淀下来的敢为人先、开放包容和积极进取的汉口商贸文化，业已成为武汉人宝贵的精神财富。

图 3 - 16　汉口商业博物馆

其实，无论是哪一种表述都涵盖了武汉现代商贸文化的基本特征，我们以为那就是敢于创新进取、勇于开放包容、讲求重情诚信。其核心应该就是一个"和"字，"和"体现在和谐共处上就是和气生财观，"和"体现在商业信誉上就是彼此都不担心对方会赖账的信誉度。这一点在"武汉商业文化的根""天下第一街"汉正街古往今来的商业行为中表现得淋漓尽致，也是世代武汉商人骨子里潜移默化的传统与共识。

---

① 万来红. 从企业发展看武汉商业文化的时代特点 [J]. 武汉商业服务学院院报，2008（3）：12 - 13.

（二）武汉工商文化遗产保护

1. 武汉近现代工业遗产保护

工业遗产，是人类科技和技术文明的见证，是一个城市发展的记忆链条。武汉是中国近现代工业的发祥地之一，百年工业文化是这座城市无法磨灭的基因，也留下众多极具价值的工业遗产。统计显示，从 19 世纪 60 年代到 20 世纪 90 年代的一百多年间，共有 371 家工业企业活跃在武汉这座城市，仅中华人民共和国成立前就有 132 家。然而，目前工业遗存尚有实物可寻的，仅 95 家。2013 年，武汉市政府为了传承历史文脉、留住城市记忆，将其中 27 处列入武汉市首批工业遗产保护名录。其中，一级工业遗产 15 处，均是具有全国影响力的国家、省、市级文物单位，而青山红房子等 6 处为二级工业遗产，武汉锅炉厂等 6 处为三级工业遗产。

这些工业遗产是武汉工业文明的标志，也是中国近代工业文明的象征。武汉将对 27 处遗产分别制定保护控制图则，划定保护范围，采取严格保护、适度利用、非实物保护三类保护模式。加强对工业遗产实物、品牌、精神的保护与宣传，能够让更多人了解武汉辉煌的历史，传承武汉近代工业文化。

27 处工业遗产一览①

（1）汉阳铁厂矿砂码头旧址，建于 1890 年，位于汉阳区洗马长街。

（2）江岸车辆厂，建于 1901 年，武汉最早的铁路维修工厂。

（3）汉口电灯公司，建于 1905 年，位于合作路，由英方集资修建。

（4）平和打包厂，建于 1905 年，位于青岛路沿线，英商的加工打包仓库。

（5）汉口既济水塔，建于 1908 年，近代武汉的地标。

（6）宗关水厂，建于 1908 年，武汉市最早的水厂。

（7）太平洋肥皂厂，建于 1914 年，位于仁寿路西段。

（8）南洋大楼，建于 1917 年，现存唯一国共合作的中央政府所在地。

（9）福新面粉厂，建于 1918 年，位于硚口宗关铁桥北村。

（10）和利汽水厂，建于 1918 年，位于岳飞街 44 号。

（11）第一纱厂办公楼旧址，建于 1919 年，位于武昌蓝湾俊园小区内。

（12）亚细亚火油公司，建于 1924 年，位于天津路 1 号。

（13）南洋烟厂，建于 1926 年，位于硚口区仁寿路。

（14）邦可面包房，建于 1930 年，旧时俄租界面包房。

（15）赞育汽水厂，建于 1937 年，位于洞庭街。

（16）武汉市第一棉纺织厂，厂址原为张之洞时期创办的汉阳铁厂。

（17）汉阳钢铁厂，位于汉阳龙灯堤特 1 号，"一五"时期钢铁企业。

（18）武汉轻型汽车厂办公楼，位于硚口韩家墩，苏式建筑风格。

（19）武汉重型机床厂大门。

（20）武汉重型机床厂厂房，"一五"时期国家重点项目。

（21）武汉肉类联合加工厂，全国第一座技术先进的肉类加工厂。

① 资料来源：武汉 27 处遗产首批入列保护名单为首次专项保存［EB/OL］.（2013 - 02 - 26）［2022 - 05 - 25］. http：//www.hubei.gov.cn/hbfb/szsm/201302/t20130226_1538223.shtml.

（22）青山红房子，分布于红钢城片和红卫路片，有十六个街坊，"一五"时期工业文化遗产代表。

（23）武汉锅炉厂，位于石牌岭，"武字头"企业典型代表。

（24）武汉铜材厂，位于古田一路，部分厂房改为硚口民族工业博物馆。

（25）汉阳特种汽车制造厂，厂址原为张之洞创办的汉阳兵工厂旧址。

（26）鹦鹉磁带厂，建于1960年，位于汉阳龟北路1号。

（27）武汉电视机总厂，建于1980年，其生产的莺歌彩电闻名全国。

2. 武汉的老字号品牌保护

老字号是指历史悠久，拥有世代传承的产品、技艺或服务，具有鲜明的中华民族传统文化背景和深厚的文化底蕴，取得社会广泛认同，形成良好信誉的品牌。

依照老字号各方面基础条件的不同，特别是在不同行政区划范围内的影响差异，可以将老字号划分不同层级。截至2017年7月，国家商务部共评出两批"中华老字号"，武汉市共有13家企业、14个品牌被授予这一称号（表3-1）①。此外，武汉还有湖北省省级老字号企业15家，武汉市市级老字号企业48家。目前，武汉授牌的老字号共有61家。

表3-1　武汉市的中华老字号（截至2017年7月）

序号	企业名称	注册商标		认定时间及批次
1	武汉市长生堂理发总店（图3-17）	长生堂	长生堂	2006年11月第一批
2	武汉曹祥泰食品有限责任公司	曹祥泰	曹祥泰	2006年11月第一批
3	武汉五芳斋食品贸易有限公司	五芳斋	五芳斋	2006年11月第一批
4	武汉马应龙药业集团股份有限公司	马应龙	馬應龍	2006年11月第一批
5	湖北省工艺美术服务部	晶钰首饰		2010年12月第二批
6	武汉叶开泰药业连锁有限公司	叶开泰		2010年12月第二批
7	武汉烟草（集团）有限公司	黄鹤楼	黄鶴樓	2010年12月第二批
8	武汉烟草（集团）有限公司	红金龙	红金龙	2010年12月第二批
9	武汉健民药业集团股份有限公司	健民		2010年12月第二批
10	武汉市四季美饮业有限责任公司	四季美	四季美	2010年12月第二批
11	武汉谈炎记饮食有限公司	谈炎记		2010年12月第二批
12	武汉天龙黄鹤楼酒业有限公司	黄鹤楼		2010年12月第二批
13	湖北汉明喜来登眼镜有限公司	汉明喜来登	汉明喜来登	2010年12月第二批
14	武汉市江岸区老亨达利世界名表有限公司	老亨达利	老亨達利 OLD HENGDALI	2010年12月第二批

① 资料来源：中华老字号 [EB/OL]. [2022-05-25]. http://www.hubei.gov.cn/2015change/2015sq/ssqq/fqh-blzh/zhlzh/.

图 3 - 17 创建于 1911 年的长生堂 （图片来源：湖北网台）

老字号世代传承，发展至今不仅有商业价值，还有历史文化的记忆，几乎每一个老字号背后都有一个传奇的品牌故事，这是老字号企业最大的财富，也是武汉商贸文化的构成要素。

百年时光里，中山大道曾聚集了武汉 19 家老字号。如今，2016 年年底中山大道改造完成后，蔡林记、汪玉霞、冠生园、德华、亨达利、五芳斋、工艺大楼、长生堂（图 3 - 17）、叶开泰、荣宝斋、波衣也琴行、精益眼镜等 17 家武汉老字号回归故里，中山大道也由此重又成为武汉老字号最集中的地段。

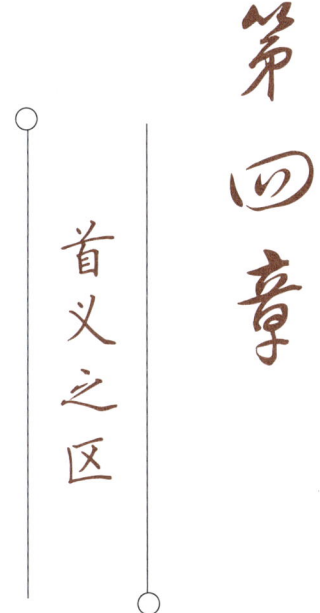

第四章

首义之区

毛泽东曾说：中国的民主革命是从孙中山开始的。孙中山领导的辛亥革命，武昌首义是其最亮点。

早年的孙中山并未青睐武汉。武昌首义，孙中山或许根本没有想到。他创立的兴中会、同盟会，活动重心均在海外；他发动和领导的反清武装起义，都在南方，尤其是家乡广州。

武昌首义，是必然，还是偶然？孙中山革命思想深入人心，张之洞督鄂，科学补习所、文学社、共进会先后出现，武昌首义是必然；然而，革命机关被破坏，革命党人被逮捕，起义只是由于一个士兵的偶然发难……

武昌首义的成功，亦有偶然。

第一节　首义枪声

辛亥革命推翻了统治中国 290 多年的清王朝，终结了延续 2 000 多年的封建帝制，创建了以民主共和为旗帜的中华民国，可谓中国近代文明进程中的一座丰碑。武昌起义则是辛亥革命的高潮，它为推翻清朝和 2 000 多年的封建帝制建立了头功。

一、辛亥革命前的武汉

从 1861 年汉口开埠到 1900 年武昌成为自开商埠，武汉作为一座深处内陆的城市逐渐与外部世界建立起了广泛的联系，从以农业文明为基础的封建市镇，逐步转型为有一定工业文明内涵的开放型的半封建半殖民地的近代都会。特别是张之洞出任湖广总督后，在以武汉为中心的湖广大力推行洋务新政，兴实业、办教育、练新军，营造了城市的崛起，当时武汉的人口达到 80 万，经济总量超广州，逾天津，紧追上海，被誉为"东方芝加哥"。武汉步入早期近代化，为武昌起义的爆发孕育了深刻的城市背景。

随着近代工商业和资产阶级的发展，武汉社会的开放意识、竞争意识、民主意识日益发展，资产阶级民主革命力量逐渐强大。张之洞大量派遣学生赴日、美、俄等国留学，本打算培养一批既忠于封建朝廷又懂得西学，能够办洋务和参加立宪的文臣武将，在客观上却造就了一批新式知识分子。如回国后成为湖北立宪派头面人物的汤化龙，成为资产阶级革命派的吴禄贞、刘成禺、李书城、田桐、蓝天蔚、刘公等。这些留学生较普遍地接受了资本主义民主思想，以他们为代表的一批近代资产阶级知识分子将民主共和思想输入武汉，为武汉积聚了武装反清起义的实力。

武汉的革命组织也在与以孙中山为代表的资产阶级革命派的联系中逐步建立和发展。孙中山 1895 年年初组建兴中会，以"驱除鞑虏，恢复中华，创立合众政府"为宗旨。1898 年，孙中山与吴禄贞、傅慈祥在日本会晤，这是孙中山接触两湖进步分子的开始。以后的日知会、文学社、共进会，都或直接或间接受孙中山的影响。

1903 年，从日本回国的吴禄贞邀约爱国知识青年在武昌花园山孙茂森花园李廉方寓所聚会，纵谈反清革命思想，输送知识青年进入新军，主要成员有耿伯钊、蓝天蔚、万声扬、时功璧、李书城、冯特民、朱和中、贺之才等。花园山聚会在湖北军界、学界造成相当大的影响。不久湖北当局采取釜底抽薪的办法，将其中的骨干分子相继派赴欧洲、日本留学，这个无形的革命团体随之解体。花园山聚会虽然没有正式的名称和确定的组织形式，但实际上是湖北革命团体的源头。

1904年，武汉第一个革命组织——科学补习所在武昌多宝寺街创立，吕大森被公推为所长。科学补习所对外是一所文化补习学校，招收在校学生进行课余补习，内部活动仍然坚持花园山聚会的方针，一方面开展反清宣传，另一方面不断输送知识青年加入新军。其后因为准备策应华兴会长沙起义，被当地官吏发觉，张之洞下令搜捕补习所成员，科学补习所被迫停止活动。科学补习所虽然只维持了几个月，却为后来革命组织的建立与发展奠定了坚实基础。

1906年2月，日知会在武昌崇福山街成立，该团体因为利用美国基督教中华圣公会在武昌所设的日知会阅报室而得名。日知会下设干事会和评议会，刘静庵任干事会总干事。随着日知会的声势迅速传播，许多独立的革命团体纷纷并入日知会，武昌各军营和学校都派有本单位会员做代表从事联络。日知会的活动还发展到省内许多县城及江苏、安徽、辽宁等省，在日本东京也开辟了活动基地。曹亚伯、范腾霄等日知会会员，在东京加入了孙中山领导的同盟会，成为两会之间密切联系的桥梁。日知会为辛亥革命做了思想和人才方面的准备，对武昌起义起到了积极的促进作用。

1907年1月，日知会被破坏，武汉地区革命运动经历了短暂的沉寂，但分散的、小团体的革命活动却在各种缝隙中迅速发展，比如同兴俱乐部、集贤学社、军队同盟会、群治学社、振武学社等，反映了武汉地区深藏着的革命潜力。经过分化、组合，这些小团体终于演变为两个分途并进的革命组织——共进会和文学社。

共进会成立于日本东京，在湖北的活动开始于1908年，其主要组织者是孙武。共进会会员来源广泛，包括会党、市民、学界、军队，到武昌起义前，会员人数接近1 900人，其中军队约1 500人，学界约200人，其他社会阶层约200人。文学社是在群治学社、振武学社基础上组成的一个以湖北新军为招收对象的革命团体，成立于1911年1月，社长为蒋翊武，副社长为王宪章。文学社吸取过去湖北革命团体多次遭到破坏的经验教训，组织比较严密，活动比较隐蔽，宣传工作比较活跃而又扎实，因此得以在恐怖统治下保存与发展革命的实力，到武昌起义前夕，文学社会员达3 000多人。文学社与湖北共进会联合后共同发起了武昌起义。

二、起义第一枪

1911年5月8日，清朝廷成立皇族内阁，军政大权进一步集中到皇族亲贵手中，这种倒行逆施的做法，令各地立宪派大失所望。5月9日，清政府实行铁路干线国有政策，宣布收回由民间出资建造的粤汉铁路、川汉铁路。这一举措引起湘、鄂、川、粤四省各阶层的强烈不满，掀起了四省保路运动，尤其以四川为强烈。

6月17日，川汉铁路公司在成都召开铁路股东代表大会，会上成立"保路同志会"，推举四川咨议局议长蒲殿俊为会长，副议长罗纶为副会长。大会还发表宣言，确定了"破约保路宗旨"，并通电全国，痛斥清政府的卖国政策。9月7日，四川总督赵尔丰诱捕保路同志会领袖，封闭铁路公司和同志会，这一举措激起了大量群众到四川总督衙门请愿，赵尔丰下令清兵弹压，打死30余名请愿群众，酿成"成都血案"。9月8日，成都附近农民在同盟会和会党组织哥老会的领导下组成保路同志军起义，围攻省城，与清兵交战，附近州县群众纷纷响应，几天内队伍发展到20多万人。清政府得知成都被围和四川各地同志军起义的消息后，非常惊恐，罢免了赵尔丰，并调派渝汉铁路督办端方署理四川总督，率一部分湖北新军入川。

湖北新军是张之洞编练的江南自强军，中下层军官中不少曾官派赴日留学。从1904年科学补习所成立以来，革命派就苦心在新军中传播革命思想，发展革命组织，从而推动了越来越多的新军革命化。在当时1.5万多新军中，拥护和参加革命组织的约占1/3，其中以共进会和文学社两个革命团体渗透最广。随着湖北新军的被调入川，武汉便暂时成为清王朝统治的虚空之地，这给湖北革命党发动起义提供了一个绝好的机会（图4-1）。

图4-1　武昌起义全景沙盘（辛亥革命博物馆）

1911年9月24日，文学社与共进会在武昌召开由双方负责人和新军代表60余人参加的联席会议，会上组建了起义的领导机构——起义总指挥部。文学社负责人蒋翊武被推举为总指挥，共进会负责人孙武被推举为参谋长，共进会负责人刘公被推举为政治筹备处总理。起义总指挥部设在武昌小朝街85号文学社机关，政治筹备处设在汉口俄租界宝善里14号。起义机关讨论决定中秋节（10月6日）起义，后来由于形势变化，起义日期推迟到10月16日。

10月9日，共进会负责人孙武在宝善里14号配制炸药，不慎引起炸药爆炸。爆炸的浓烟立刻引来租界巡捕，革命党人的旗帜、印信、文告、钞票以及党人名册等都落到巡捕手里。湖广总督瑞澂下令闭城搜查，汉口和武昌的起义指挥机关遭到破坏，一些起义领导人被捕、被杀或避匿。10月9日下午，蒋翊武决定参照9月24日议定的计划，草拟了一道"南湖炮队于是晚十二时鸣炮为号，城内外各军闻炮声一齐动作"[1] 的命令。然

---

① 杨玉如．辛亥革命先著记［M］．北京：科学出版社，1958：56．

而，新的意外情况发生了，杨洪胜在运送弹药的路上被捕，敌人包围了小朝街机关部，将刘复基、彭楚藩等人逮捕。10 月 10 日晨，杨洪胜、彭楚藩、刘复基（图 4－2）三位烈士英勇就义。各地又纷纷传言，官府将按名册捕杀革命党人，情况十分危急。各标营的党人根据 10 月 9 日的起义命令，暗中联系，决定发动起义。

图 4－2　左起：杨洪胜、彭楚藩、刘复基

　　工程第八营（简称工程营）是湖北新军最先成立的部队，装备优良，训练有素，多数士兵为有文化知识的青年，正目熊秉坤是该营共进会代表。工程营驻守的楚望台军械库是当时中国最著名的武器仓库，存放有大量的枪支弹药。鉴于当时情势，熊秉坤等人决定提早起义，并拉来队官吴兆麟作为起义军临时总指挥，熊秉坤为参谋长。1911 年 10 月 10 日晚，程定国（旧说是熊秉坤）发出武昌起义的第一枪，起义士兵首先攻占楚望台军械库（图 4－3），大部分新军共同响应，各路兵马会集楚望台。金兆龙领命迎接南湖炮队第八标入城，拿下中和门。吴兆麟、熊秉坤率起义部队分三路攻打湖广总督署，在南湖炮队的炮击下（图 4－4），起义军在次日黎明前占领总督衙门，湖广总督瑞澂逃走。11 日上午，武昌全部光复。

图 4－3　楚望台军械库

图4-4　武昌首义时蛇山炮台旧址

10月11日下午，革命党人在湖北咨议局商讨组建军政府和推举都督人选。参加这次举督会议的有吴兆麟、蔡济民、刘公、吴醒汉、李翊东、杨玉如等，咨议局方面有汤化龙、胡瑞霖、刘赓藻等。吴兆麟提议由黎元洪担任湖北都督，立宪派一致拥戴，部分革命党人也因为黄兴、宋教仁不在武昌，彭楚藩、刘复基、杨洪胜被害，孙武被炸伤，蒋翊武被迫逃跑，在没有更好人选的情况下表示同意，因此会议通过了以黎元洪为都督、汤化龙为民政总长的决议。会议根据蔡济民的提议成立谋略处。10月11日晚，在谋略处的主持下，宣布成立"中华民国军政府鄂军都督府"（简称湖北军政府），府址设在原咨议局，以共进会会旗九角十八星旗为军旗。会议宣布改国号为"中华民国"，废除清朝宣统年号，以本年为黄帝纪年四千六百零九年。

湖北军政府以黎元洪的名义发布《传檄全国电》《致海内人士电》《谕湖北各府州县及自治公所电》《通告各自治职员电》《檄各府州县电》《檄各督抚电》《通告各省城镇乡地方巡警电》《告汉族同胞之为满洲将士者电》《宣布满洲罪状檄》《致满清政府电》等，历数清政府的罪行，阐明新政府的政体。军政府还成立参谋部、军务部、政事部、外交部。

10月12日，革命党人第二十一混成协第四十二标士兵胡玉珍、邱文彬等在汉阳发动起义，光复汉阳；随后赵承武率领起义军攻占汉口。至此，武汉三镇全部掌握在革命军手中。

武昌起义胜利的消息传开，各省革命党人纷纷行动。至11月底，全国已有鄂、湘、陕、赣、晋、滇、浙、苏、贵、皖、桂、闽、粤13省及全国最大的城市上海，先后宣布独立。其他未独立省份的革命党人也组织了一系列起义。全国掀起了革命热潮，新军士兵、会党群众、知识分子、工人、农民、城市贫民积极参加革命。在革命洪流的冲击下，清政府的反动统治陷入土崩瓦解的局面。

自1895年孙中山率领郑士良、陆皓东等举行第一次广州起义以来，兴中会、光复会及后来的同盟会于10余年间先后在广东、云南、安徽、湖南等省举行过10多次反清武装暴动，但就规模和所取得的成就而论，都不能与武昌起义相比。武昌起义首次夺取了一座省会城市，首次建立起完备的、行使了职能的革命政权，在全国人民面前树立起推翻清王朝和封建帝制、建立民主共和国的旗帜，将以孙中山为首的全国各地革命者酝酿多年的资产阶级革命运动推向辉煌的高峰。因此，这次中国历史上具有比较完整意义的资产阶级革命，就以武昌起义爆发的辛亥年命名，而武昌起义也被称作"辛亥武昌首义"。

第二节　首义纪念

作为辛亥革命的首义之区，首义印迹遍及武汉三镇的各个角落，今天的人们在这里可以感受到首义文化的浓厚氛围，其也给武汉这座"首义之城"打造了一张亮丽的城市名片。

一、首义遗址

（一）武昌起义军政府旧址

武昌起义军政府旧址（图4-5），又被称为"红楼"，因旧址为红墙红瓦而得名，位于武昌阅马场，西邻黄鹤楼，南接首义广场，原为清朝政府设立的湖北咨议局局址。湖北革命党人成功发动武昌起义后，随即组建了"中华民国军政府鄂军都督府"，宣告废除清朝统治，建立亚洲第一个资产阶级民主共和国——"中华民国"。武昌因此被誉为"首义之门"，红楼也被尊崇为"民国之门"。武昌起义军政府旧址于1961年经国务院公布为首批全国重点文物保护单位。1981年10月依托旧址建立辛亥革命武昌起义纪念馆，时任国家名誉主席宋庆龄题写了馆名。2002年，经湖北省人民政府批准，在辛亥革命武昌起义纪念馆的基础上建立辛亥革命博物馆。

（二）起义门

武昌起义门（图4-6）是辛亥革命的见证，原是武昌古城的中和门，位于武昌区首义路起义街，是武昌古城九大城门中唯一保存至今的城门。1911年10月10日，湖北新军工程营起义后，迅速控制中和门，打开了驻城外南湖炮队、马队的入城通道。炮队入城后，支援、配合其他部队攻占总督署，对光复武昌城起到了重要作用，故中和门被誉为"首义胜利的开端"。1912年，中和门改名为起义门。

图4-5　武昌起义军政府旧址

图4-6　武昌起义门

（三）工程营旧址

工程营是武昌首义的发难处。当时，湖北新军工程八营驻扎于此，故通称此地为工程营。由于该营驻地距楚望台军械库较近，因此，在起义计划中有"工程营先发难"的部署。1911 年 10 月 10 日晚，武昌首义第一枪在这里响起，随之拉开了武昌首义的序幕。工程营原址在武昌紫阳湖东侧（现湖北省总工会院内），中华人民共和国成立初尚存有 3 栋平房，后按原貌进行了重修，其中 2 栋改修。1987 年 10 月 10 日，武汉市人民政府在此立纪念碑。碑 4 米余高，用麻石砌成，上立步枪雕塑，正面刻"辛亥武昌起义工程营发难处"（图 4-7），两侧为九角十八星旗，背刻碑文记述工程营发难经过。

图 4-7　辛亥武昌起义工程营发难处纪念碑

（四）楚望台军械库遗址

沿工程八营旧址旁的首义路南行可到梅亭山，这里是楚望台军械库遗址（图 4-8），原为清政府湖北新军军械库所在地。楚望台军械库既是清军的主要设防目标，也是革命党人起义夺取武器装备的首攻目标。1911 年 10 月 10 日晚，吴兆麟、熊秉坤率众革命党人攻占了楚望台军械库，获得大批武器弹药，并在此设立临时指挥部，部署和指挥向湖广总督署的进攻。清军南下后，革命党人又用这里的武器武装群众，扩大革命队伍，进行了著名的"阳夏保卫战"。

（五）共进会旧址

共进会旧址位于汉口胜利街楚善里 28 号，原为汉口俄租界宝善里 14 号。共进会在日本东京成立后，孙武等先后回国领导革命，在汉口长清里等地设立机关，后将总机关迁到宝善里 14 号。旧址为一栋砖木结构的两层楼房，坐西朝东，硬山顶，铺红瓦，面阔 4.5 米，进深 12.8 米。1911 年 9 月，文学社与共进会联合组成起义指挥部，在此设立政治筹备处。同年 10 月 9 日，孙武等人在此制造炸弹失事，直接引发了次日震惊中外的武昌首义。原建筑已毁，政府于 1996 年进行重修。

图 4-8　楚望台

（六）日知会旧址

日知会旧址位于武昌崇福山街41号，原是美国基督教中华圣公会在武昌所设的日知会阅览室。1906年刘静庵等在此成立了秘密革命团体日知会，此后阅览室成为武汉地区革命党人的联络中心。1907年1月因叛徒出卖，刘静庵、张难先等9名重要成员被捕，日知会遭到破坏。国民革命时期该处曾作为贺龙任军长的国民革命军暂编十五军军部所在地。1938年7月，日知会成员张难先、梁钟汉、殷子恒等将刻有日知会始末的石碑立于旧址院内，此碑现暂存于湖北省博物馆。日知会旧址目前已不复存在，在旧址墙上仅存门额一块。

二、首义纪念设施

（一）胜利亭

胜利亭位于武昌紫阳公园内东侧。1912年，中华民国临时政府将武昌首义之日，即10月10日定为"中华民国"国庆日。同年10月10日，鄂军都督府在首义之区的武昌举行第一次"国庆大典"，会场设于辛亥首义烈士祠。为庆祝武昌首义成功和此次有意义的盛典，在此修建了胜利亭。亭内立有一块汉白玉石碑，上刻"民军起义国庆碑"。

（二）三烈士亭

三烈士亭（图4-9）位于武昌造船厂东大门内。1911年10月10日凌晨，彭楚藩、刘复基、杨洪胜三位首义志士在此就义，湖北军政府后在此立纪念碑。为"纪革命之先模，昭民族之大义"，1931年，人们在此修建纪念亭。原亭曾一度倒塌，1981年，武昌造船厂在距原址20米处复修"三烈士亭"。亭为木结构，八角攒尖顶，亭内立"彭、刘、杨三烈士就义处"石碑。

（三）黄兴拜将台纪念碑

黄兴拜将台纪念碑（图4-10）位于武昌阅马场首义广场南端，与湖北军政府旧址相向而立。1911年11月3日上午，湖北军政府在此授黄兴为革命战时总司令职，并仿效汉高祖刘邦拜韩信为将的做法，举行了拜将仪式。原台系临时搭建，1928年正式建亭立碑，中华人民共和国成立前夕，亭毁碑损，现存纪念碑由武昌区人民政府于1955年改建而成，碑高5米多，碑座方型，碑呈锥体，紫红色水磨石，基设石台，正面为

图4-9 三烈士亭

"拜将台"三个大字，其下为"辛亥首义鄂军都督黎元洪任黄兴为总司令在此授印"两行小字，背面为"中华民国十七年十月十日辛亥首义同志会立"款。

（四）孙中山先生纪念碑

孙中山先生纪念碑位于武昌蛇山首义公园内。1928年辛亥革命武昌首义同人为纪念

孙中山的革命伟绩而建。碑坐北向南，占地 100 平方米，以花岗石砌成，高 7 米，碑座左右两面饰有花圈挽带浮雕图案，四周立有护柱，且环以铁链，为中国传统建筑样式，又具近代风格，气势恢宏，庄重典雅。碑阳刻"总理孙中山先生纪念碑"十个大字，碑阴刻有以辛亥首义同人名义撰写的碑文。

（五）孙中山铜像

孙中山铜像在武汉有两尊。一尊是立于武昌阅马场湖北军政府旧址门前的孙中山铜像（图 4-11）。该铜像于 1931 年 3 月建成，由著名雕塑艺术家江小鹣设计。铜像衣着中国传统服装长袍马褂，左手握拳微屈，右手拿礼帽垂直向下，双目平视远方，神情庄严肃然。铜像通高 6.4 米，像座高 2.4 米。另一尊是立于汉口三民路与民族路、民权路交会处的广场中心的孙中山铜像（图 4-12）。1933 年 6 月 1 日举行揭幕典礼，由江小鹣设计。铜像身着中山服，右手执杖，左腿向前，目光炯炯，正视前方，面向三民路和中山大道。铜像高 2.15 米，像座高 4 米，石座四周的白石上，镶刻有时任汉口市市长吴国桢撰写的 276 字的《孙中山像赞及序》，说明铜像修建缘起，歌颂孙中山先生的丰功伟绩。

图 4-10　黄兴拜将台纪念碑

图 4-11　位于武昌阅马场的孙中山铜像

图 4-12　位于汉口三民路与民族、民权路交会处的孙中山铜像

（六）黄兴铜像

黄兴铜像位于汉阳龟山东麓，1933年建成，由江小鹣设计、汉口永茂隆营造厂筹造。铜像原立于武昌蛇山临江处，1955年修建长江大桥时迁至大桥武昌桥头南侧，1985年迁建现址。铜像背依龟山，面向长江，通高5米，像座高2米。铜像塑造的黄兴先生身着西装，安然伫立，手插裤袋，若有所思。像座四周的麻石上刻有浮雕花环，中嵌月白色大理石，正面刻"黄兴先生之像"，其他三方刻有蒋中正领衔署名的《黄克强先生像赞并叙》，记述黄兴先生的历史功绩和建立铜像的原因和经过。

（七）辛亥首义烈士公墓

辛亥首义烈士公墓位于汉口球场路、利济北路和汉阳扁担山等处，系为安葬在阳夏保卫战中阵亡烈士而修建的陵墓。在阳夏保卫战中，起义军阵亡将士4300余人，当时由红十字会就地集中稍事掩埋，散布于汉口、汉阳，共有29处。中华人民共和国成立后仅存4处，后合并为3处。一为汉口球场路烈士公墓，系阳夏保卫战中在汉口刘家庙至大智门一带阵亡军民的掩埋地，分为六大堆，名为"赤十字会义冢"，俗称"六大堆"。园内有6座水泥浇筑的墓冢，高10.1米的纪念碑上刻有"辛亥首义烈士纪念碑"9字，碑座正面刻有辛亥老人喻育之撰写的碑文。二为汉口利济北路烈士公墓，系阳夏保卫战中在汉口歆生路（今江汉路）至满春园一带阵亡军民的掩埋地，园中央是水泥浇筑的大墓冢，墓前立"辛亥首义烈士公墓"石碑，园内种植石榴花和常青树。三为汉阳扁担山铁血将士公墓，系阳夏保卫战中在汉阳阵亡军民的遗骨迁葬地，园内有辛亥革命烈士墓3座，每座墓前立有石碑，上刻"铁血精神民军起义阵亡诸烈士之墓"15字。

（八）首义公园

首义公园位于武昌蛇山中段南麓。1924年，为纪念辛亥革命武昌首义，由首义人士夏道南等倡议，在蛇山西部南麓乃园故址修建首义公园，并竖立了一座由当时湖北督军萧耀南题写的"辛亥武昌首义纪念坊"麻石牌楼。1928年首义同人在园内修造中山纪念堂、孙中山纪念碑和共和舞台。1933年立黄兴铜像。1955年，为修建长江大桥，将首义公园转移到武昌路以东的抱冰堂一带。首义公园是目前武汉市唯一的以辛亥革命为主题的纪念性公园。

（九）首义纪念碑

首义纪念碑位于武昌蛇山首义公园内，东近抱冰堂，西邻梅廊，由湖北省暨武汉市辛亥革命武昌首义七十周年纪念大会筹备领导小组于1981年主持修建，同年10月10日揭幕。纪念碑坐北朝南，碑高11米，底座面积为12.96平方米，台基平面300平方米。碑身正面镌刻着由叶剑英题写的"辛亥革命武昌首义纪念碑"鎏金大字，碑座正面镌刻着著名史学家章开沅撰文、张昕若书写的记叙辛亥革命历史、赞扬孙中山和辛亥革命的碑文。碑座的左右两面刻有以万年青、梅花瓣和彩带组成的浮雕图案。纪念碑雄踞蛇山，巍峨挺拔，与起义门南北相应。

（十）辛亥首义烈士祠

辛亥首义烈士祠（图4-13）位于原武昌紫阳路127号大院内，原为明朝楚王朱桢为岁时祭祀而建的皇殿。殿为砖木结构，琉璃瓦，歇山顶，面阔18米，进深13米，宏伟壮观，是武昌城内历史最为悠久的古建筑。将这座明皇殿改名为辛亥首义烈士祠，是在1911年的11月9日，这一天是辛亥武昌首义中牺牲的彭楚藩、刘复基、杨洪胜三位烈士英勇就义一个月的纪念日，新成立的湖北军政府在这天做出决定：将明皇殿改名为辛亥首义烈士祠，以供奉彭、刘、杨三烈士的遗像和其他烈士的灵牌，还特派孙武、蔡济民、张振武、吴兆麟等为代表，向烈士们致祭。烈士祠是全国第一座纪念辛亥革命烈士的场所，现仅存牌坊一座，位于首义广场南面。

图 4－13　辛亥首义烈士祠

（十一）伏虎山辛亥革命志士墓葬群

伏虎山辛亥革命志士墓葬群位于武昌卓刀泉的伏虎山，此山是武汉东湖国家重点风景名胜区南侧的一座四季常青的小山。1981年纪念辛亥革命70周年之际，武汉市人民政府将辛亥革命时期日知会和武昌首义重要领导人刘静庵、蔡济民、刘公、蓝天蔚、孙武、吴兆麟6人的墓冢集中安葬于此。6座墓冢均为砖石混凝土砌成，呈椭圆形，顶高约2米。墓前均立有悬山式墓碑，高约2.7米，墓周有低矮的砖墙，墓碑方向设有敞口，便于进入凭吊祭奠。

（十二）黎元洪墓

黎元洪墓位于武昌土公山南坡（武昌华中师范大学东门附近）。黎元洪（1864—1928年），湖北黄陂人，首义后被革命党人推为湖北军政府都督，北洋政府时期曾两次出任总统，三次出任副总统，1928年6月7日在天津去世，1932年由其子黎绍基奉其灵柩移抵武昌。1935年11月24日，南京国民政府为其举行国葬。墓前立有高大墓志，"大总统黎公碑"碑文由章太炎撰写，墓前有墓道，墓周有砖混结构的八角形围院，原墓于"文化大革命"期间被毁，1981年重新修建，后又经多次修缮，是辛亥革命重要的历史遗迹。

（十三）辛亥革命博物馆

辛亥革命博物馆（图4－14）位于武昌彭刘杨路以南，张之洞路以北，楚善街以西，体育西路以东，红楼的中轴线上，于2011年为纪念辛亥革命武昌首义100周年而修建。博物馆总建筑面积2.2万平方米，馆体飞檐翘角，石质外墙以肃穆凝重的"楚国红"为主色调。从高处俯瞰，全馆呈红色"V"字造型，既寓意胜利，也像一对展开的翅膀，颂扬了辛亥革命志士"敢为天下先"的首义精神，也预示着武汉的腾飞。馆内设有 5 个基本展厅、1 个多功能厅和 1 个学术报告厅，是目前国内规模最大的辛亥革命历史专题博物馆。

图 4 – 14　辛亥革命博物馆

（十四）首义文化区

首义文化区是为纪念辛亥革命暨武昌首义 100 周年投资打造的。其整体规划为"一心、两轴、三大板块"，即以首义文化园为中心，形成东西向山体生态景观轴和南北向首义纪念景观轴，呈蛇山、首义和紫阳湖三大板块分布。整个建设突出了武昌地区独特的山水优势、多元的文化内涵和优越的地理位置，首义文化区成为展现武昌首义历史遗迹、缅怀首义"敢为天下先"创新精神的辛亥革命国家级纪念重地。

三、纪念地名

（一）首义路

首义路位于蛇山中段南麓，紫阳湖之东，南北走向，北起武珞路，南至起义门，全长 1 650 米，先后叫中和里、中和街，1952 年为纪念武昌首义而得名。首义路一带是清末湖北新军的驻地。清军左旗驻北段黄土坡东（今中南财经政法大学校区），驻有新军第 16 协及其所属 41 标、31 标；右旗驻南段中和门正街东（今中船总公司院内），驻有新军第 15 协及其所属 29 标、30 标；其南部梅家山北麓为清军楚望台军械库；在中和门正街北段以西（今湖北省总工会院内），驻扎着清军工程第八营。此街附近辛亥名胜荟萃，有紫阳公园、起义门、首义公园、红楼等，是最具辛亥意义的街道之一。

（二）起义街

起义街位于武昌起义门外，南北走向。南起赛宝巷，穿明伦街，北至起义门，全长 360 米，为清代中和门外正街。1911 年 10 月 10 日晚，起义军占领楚望台后迅速打开中和门，迎接驻在城外的南湖起义炮队。炮队经中和门外正街进城，并列炮于中和门城楼和蛇山，配合步兵向湖广总督署发起进攻，经过一夜激战，光复武昌。民国时，为纪念武昌首义，政府决定改中和门为起义门，改中和门外正街为起义街。

（三）彭刘杨路

彭刘杨路位于蛇山南麓，张之洞路北侧，东西走向。西起平湖门，东至阅马场，长 1 400 米，该路原名平阅路，即平湖门到阅马场，1948 年为纪念辛亥革命中牺牲的彭楚藩、刘复基、杨洪胜三烈士，改名为彭刘杨路，1967 年改名为革命路，1972 年复名为彭刘杨路。1991年武昌首义80周年之际，武昌区人民政府举办首义文化节，在阅马场竖起了彭楚藩、刘复基、杨洪胜三位烈士的塑像（图4-15），以便后人瞻仰和缅怀烈士的英雄勋业。

（四）张之洞路

张之洞路位于紫阳湖以北，西起临江大道，东至中山路。此路有张之洞任湖广总督10多年的总督衙门和洋务新政办的实业、学堂、兵营的遗址、遗迹，1936年曾命名为张之洞路，1972年更名为紫阳路，2010年复名。

图4-15 三烈士塑像

除以上这些直接与辛亥革命发生有关的地名外，武汉还有许多与辛亥人物有关的地名。为纪念伟大的民主革命先行者孙中山，汉口有以他名字命名的中山大道、中山公园、中山里等；地处汉口六渡桥的三民路、民族路、民权路、民生路等，是为纪念孙中山的三民主义学说而得名；汉口有条黎黄陂路，也是因当年风云一时的黎元洪（黎为武汉黄陂人）而得名；还有如蔡锷路、黄兴路、民主路、复兴路、烈士街等，记录了近代中国发生在武汉这片土地上志士先贤的丰功伟绩和革命壮举。

第三节 首义精神

武昌首义的成功给武汉留下了一笔丰厚的历史文化遗产。从物质文化和思想文化两个层面看，武昌首义的物质文化遗产丰富了武汉城市空间、城市建筑的文化内涵，提升了武汉城市景观的品位；武昌首义的思想文化遗产则充实了武汉思想文化的宝库。首义精神成为新时期武汉城市发展的宝贵的精神财富。

一、武昌首义与武汉文化

辛亥武昌首义是一场典型的城市革命，城市革命的孕育源于多种社会历史条件。武汉作为军事重镇所形成的豪放之气，作为通都大邑所具有的旷达之貌，以及作为码头商埠所养成的重义之风，可以看作孕育辛亥武昌首义的文化基因；而近代武汉作为一个开放的工商业大都会、作为一个区域性的文化教育中心所形成的具有鲜明现代气息的城市文化，则为武昌首义的酝酿提供了最为适宜的土壤。正是这种历史条件与时代因素的交相作用使得武汉成了辛亥革命的"首义之区"。

（一）地域性文化传统对武昌首义的影响

从3 500多年前盘龙城的出现到公元223年夏口城的构筑，再到宋元战争中的战略枢纽，武汉作为历史上一直以来的军事重镇，历经军事斗争的磨砺和战火硝烟的洗礼，惯看刀光剑影，遍观英雄过往，丰富的政治阅历成为武汉独有的文化底蕴，也造就了她坚毅、豪放、勇立潮头的文化风尚。

武汉自唐宋以来作为通都大邑而名冠九州，"九省通衢"、江汉交汇的自然禀赋使武汉发挥着沟通东西、连接南北的独特功能，这种区位优势催生出"转输贸易"的经济活动，武汉因此成为国内最大的商品集散中心、市场枢纽、转口贸易大商埠。九省通衢之地必然呈现"八方杂处"的特点，"客旅居多"的人口结构、多元混杂的文化风貌、兼容并包的文化态度由此成为武汉城市文化的基本特征，这不仅为各种新生事物、新奇思想、新潮观念提供了适宜的生态环境，也为各种革命性的行为提供了必要的社会基础。

晚清以来，武汉不仅是一座大码头，也是一个大江湖，行侠好义、冒险犯难成为一时之风，逞强好勇、以武犯禁更是相沿成习。"不服周""不信邪"的武汉人不惧强梁，啸聚而群集，一呼而百应，慨然而赴难，这样的市民群体、这样的行为取向理应成为社会革命的温床，因为这里已经具备了社会革命、政治革命所需的最为广泛的群众基础。

（二）近代化城市的形成与武昌首义的酝酿

19世纪末20世纪初，武汉城市文化在许多方面展现出了崭新的气象，这是半个世纪以来开埠通商、中外贸易所带来的结果，也是张之洞督鄂以来大办实业、大兴教育的结果。武汉由来已久的商业中心地位、开埠以来作为中国内地最大经济中心的角色地位以及湖广省会的文化底蕴，加之张之洞大力倡导推行新式教育所产生的孵化效应，使武汉正当其时地成为中国内地的教育文化中心，而这为武汉20世纪初走在全国的前列，成为时代的领航者奠定了深厚的社会文化基础。

作为区域教育文化中心，武汉地区形成了一个不同于以往的具有新时代特点的城市精英阶层。他们由具有新学背景的年轻知识分子、民族工商业者，具有维新变革倾向的官绅组成，其中的核心成员是新型知识分子，他们或为留学生，或为武汉各级各类学堂所培养的学生，他们活跃在武汉政治、经济、教育、文化的各个领域，成为新思想、新观念、新知识的传播者，成为社会变革的倡导者，成为政治革命的鼓吹者、组织者和发动者。与此同时，作为城市主体的工商业主阶层经济实力日益强大，社会影响力不断提高，社会参与意识日渐强烈，他们与新型知识分子在政治上有着许多相同或相近的诉求，两者在社会行动上逐步趋近。这两股力量整合到一起，为近代民主革命的酝酿提供了最为适宜的社会土壤，为辛亥武昌首义的发生奠定了坚实的社会基础。

二、首义精神：打造武汉文化

辛亥武昌首义是中国民主革命的一份宝贵遗产。作为一种精神文化，它不仅推动了武汉乃至全国现代民主运动的蓬勃发展，而且积累了一种全新的城市文化色素，它在岁月的流淌中渐渐沉淀，成为武汉城市文化中一个光鲜夺目的亮点。首义精神内涵丰富，要言之，主要包括以下方面。

（一）振邦爱国精神

爱国精神是武昌首义的原动力，也是首义精神最重要的内容，其内涵主要是以振兴乡邦和"革命排满"的愿望表现的。

振兴乡邦是湖北革命党人的一贯愿望，也是其爱国精神最朴素、最直观的体现。《留日学生湖北同乡会缘起》明确指出："爱国必自爱乡始。"这个《缘起》进一步说，留日湖北学生，"痛外患之日亟，而（中国）内部腐败之情形又不堪设想"，于1903年创立同乡会，以专门之学、自治之义相砥砺，"自今以后，留学者既有输入文明之责，回国者亦有革除锢习之任。果能力求进步，使吾楚终有自立之一日者，未始非区区之同乡会为之起点也"①。爱国爱乡之情浸润于字里行间。在争取粤汉、川汉两铁路废约自办的保路斗争中，湖北留日学生爱国爱乡的热情更是高昂，他们认为："吾鄂待修之粤汉、川汉两大铁道，贯国中枢。以地大物博之中国，水陆总会于汉口；铁道一成，伦敦、纽约将来殆亦难方其繁荣。故此路成否，影响于吾国者甚巨，吾鄂尤巨。"② "湖北人办则湖北人存，湖北人不办则湖北人亡。"③ 字里行间，洋溢着浓浓的爱国爱乡之情。而彭楚藩、刘复基、杨洪胜三烈士临危不惧、视死如归，阳夏战争中上万革命官兵壮烈牺牲，更是以实际行动展现了这种崇高伟大的精神。

救亡图存是湖北革命党人一直高张的旗帜，"他们对于'武力推翻满清，达到民族平等地位'十分明确"④。与历史上的官军哗变和绿林起义不同，参加辛亥首义的是一群以近代新型知识分子为主体的爱国进步青年，他们投身孙中山领导的资产阶级民族民主革命队伍，从事发动武昌起义的各种革命活动，目的就是推翻清王朝的封建专制统治，创建一个独立、富强的资产阶级民主共和国。从科学补习所开始，湖北革命党人即"以心记之宗旨'革命排满'四字为主"⑤。以后日知会、文学社等都没有另外制定新的纲领，仍以"革命排满"为宗旨。自认为是同盟会外围组织的共进会，将同盟会"驱除鞑虏，恢复中华，创立民国，平均地权"纲领中的最后一句改为"平均人权"作为自己的纲领；在其成立的宣言中说："共进会者，合各派共进于革命之途，以推翻清朝政权、光复旧物为目的。"⑥ 应当指出的是，"革命排满"的主要含义是推翻清朝封建王朝，实行民主共和与民族平等，而不是消灭满民族。湖北军政府就曾初步提出了联合全国各族人民共同反对清朝封建统治的思想，指出："凡文明之族，降在水火，皆为我同胞之所必怜而救之者。"军政府还多次发布命令，禁止乱杀旗人，保护教民。湖北革命党人始终将反对封建统治的救亡图存和建立共和政体联系起来，体现了其强烈的爱国救国精神。

（二）敢为人先精神

武昌起义的成功就在于敢为人先。敢为人先，即指湖北革命党人勇敢地走在全国各地的前列。

在革命发动阶段，湖北革命党人采取投身新军，运动新军，实行"抬营主义"（成建制地争取新军同情或参加革命）的做法独具特色，这种首先以革命思想运动革命军队的新做法被历史证明行之有效。正是由于革命党人进入新军宣传革命思想，发展革命组织，在武昌起义前，新军中秘密参加革命组织的革命党人和革命同情者占到1/3，达五六千人之多。这种自觉的革命意识和主动精神，使革命发动成为现实。

在对发动起义时间和地点的认识上，虽然孙中山早就开始着眼于革命的全局考虑发难地点，并且武汉这类内地城市也曾进入他的视野，但在实际运作中，他选择的发难地

① 武汉大学历史系中国近代史教研室. 辛亥革命在湖北资料选辑 ［M］. 武汉：湖北人民出版社，1981：518.
② 武汉大学历史系中国近代史教研室. 辛亥革命在湖北资料选辑 ［M］. 武汉：湖北人民出版社，1981：457.
③ 武汉大学历史系中国近代史教研室. 辛亥革命在湖北资料选辑 ［M］. 武汉：湖北人民出版社，1981：451.
④ 冯天瑜. 辛亥首义史 ［M］. 武汉：湖北人民出版社，2011：150.
⑤ 辛亥革命史研究会. 辛亥革命史论文选 （下）［M］. 北京：生活·读书·新知三联书店，1981：698.
⑥ 沈均儒. 辛亥革命回忆录 （一）［M］. 北京：文史资料出版社，1961：500.

点"始终限于广州一隅"。黄兴也只是在黄花岗起义失败后，"怀锥不遇粤途穷"时，才认识到"能争汉上为先着，此复神州第一功"的。然而，在1910—1911年，湖北革命党人却是极力主张在武昌发动起义的。敢为人先，适时把握有利时机，突破固有思维定式，是武昌起义胜利的重要原因。面对大批新军骨干调防外地，主要领导人或捕或逃的严峻局势，湖北革命党人没有墨守成规、坐以待毙，而是勇担革命大任，果断一鞭先着，一举占领武昌，迎来各省响应。试想当时湖北革命党人消极地等待"外款接济"或是同盟会的统一号令，哪来武昌起义的胜利？

在首义之后湖北军政府的政权建设中，敢为人先精神也得以充分的发扬。武昌起义取得成功以后，南方诸省纷纷宣布独立，脱离清政府统治，最后迫使清政权土崩瓦解，清帝退位。首义次日，革命党人随即组建湖北军政府，决定废"宣统"年号，用黄帝纪元，改国号为"中华民国"，这是共和政权的雏形。虽然同盟会对革命胜利后的政权建设模式有过基本设想，但在古老的中华大地上首次完全实践这个模式的是湖北革命党人。湖北军政府一度代行中央军政府职权，颁布实施了一系列革命政策，由宋教仁主持制定的《鄂州约法》作为第一部具有资产阶级宪法性质的文件，成为其他各省制定约法和《中华民国临时约法》的样本，在中国近代政治史上影响深远。

沐浴过欧风美雨的湖北革命党人，在军政府的外交建设方面也审时度势，积极主动，表现出极强的政治远见和创新精神。为了向各国列强申述革命宗旨，表明外交政策，扩大武昌起义和湖北军政府的影响，军政府向驻汉英、俄、日、德、法五国领事发布了一系列外交照会，最终赢得了列强各国严守中立、承认民军为交战团体的外交成果。这个外交成果的意义在于，一方面解除了列强公开武力干涉中国革命的后患，另一方面割断了列强对清政府的外援，孤立了清政府，有利于革命党人集中力量巩固首义成果。当时湖北军政府如果不能争取到列强的中立，将会陷入内外交困之中；而与列强各国外交关系处置的不当，是中国近代史上历次革命失败的主要原因之一。孙中山就认为，太平天国革命"由广西打过湖南，以至建都南京，而终不能成功的原因，大半是由于外交的失败"[1]，湖北革命党人灵活机动、讲求实效、以我为主的外交政策，避免了列强各国武力干涉中国革命的局面，使经由武昌首义点燃的反清烈焰得以迅速燃遍中华大地，这在中国人民革命斗争中实乃创举。

（三）脚踏实地的实干精神

革命需要先声，革命更需要实干。武昌首义的成功，靠的就是湖北革命党人脚踏实地的实干精神。实干精神在革命的组织和发展阶段体现得最为充分，在发动新军和进行革命宣传方面取得的成绩最为显著。

武汉地区革命团体的发展历程，最先印证了这种实干精神。革命党人在认识到亡清的历史契机之后没有停留在空论上，而是用积极扎实的行动去抓住这一历史契机，筹创革命团体：先是组建活版印刷所，翻印《猛回头》《警世钟》《革命军》等书籍进行革命宣传，待筹措到开办经费后，即租屋创办科学补习所。在得知湖南有革命组织华兴会时，立即派人前往联络，约定在湘、鄂两地同时起事，并制订了详细计划。科学补习所后因华兴会事败而遭当局查封，此后的群治学社、振武学社、文学社本质上与之是一脉相承

---

① 胡汉民. 总理全集（第2集）[M]. 上海：上海民智书局，1928：286.

的革命团体，其名称与组织结构的变化，既是形势发展的需要使然，更是湖北革命党人实干精神的体现。

与其他各省党人甚至同盟会总部的做法不同，湖北革命党人长期深入下层，发动新军，不厌其烦地从事具体的组织与教育群众的工作，发扬了脚踏实地的实干精神。不轻易发难，注重身体力行，"革命非运动军队不可，运动军队非亲身加入行伍不可"①。正是在这种思想的指导下，刘静庵、张难先等人先后入马队营、工程营当兵；留日学生、《商务报》总编刘复基为运动新军，甘心入伍当副兵，他的身体本来难以坚持卒伍生活，但他"欲为大汉复仇，虽汤镬弗惧，遑恤苦也"②；同盟会湖北分会会长余诚，不满足于在海外的宣传工作，毅然带病回鄂，致力于湖北各革命团体的活动，尤其注重发动新军，直至病重身故。如此种种，不胜枚举。经过长期的艰苦工作，到1911年秋，湖北新军15 000人中，文学社和共进会会员迅速发展到5 000多人，新军基本上已经革命化。这个骄人成绩是对革命党人实干精神的最好回报。

湖北革命党人的实干精神还体现在其深入扎实的舆论宣传方面。他们从一开始就注意把公开宣传和秘密宣传结合起来，除秘密翻印、散发革命书籍外，还利用一些合法的形式宣传革命。日知会利用教会阅览室陈设进步书刊，每逢周日演讲爱国救亡道理，听众多时达千余人，对革命思想的传播做出了卓越贡献。1909年以后，革命党人还掌握了几份报纸作为宣传喉舌，文学社的《大江报》最为有名，甚至成为新军士兵的代言。《大江报》本是进步知识分子詹大悲于1911年在汉口创办，詹大悲加入文学社后，《大江报》也成为文学社机关报，除向新军各营免费赠阅外，还培养和壮大宣传力量。此外，湖北革命党人还因地制宜，采取多种宣传形式配合革命宣传，如放映幻灯片、编制歌曲、吟诗联句、讲故事、做游戏，以及在军营附近开设酒楼，于饮酒吃饭之际传播革命道理等，这些做法也卓有成效。

辛亥革命时期，在湖北革命党人中并未产生著名的政治领袖和思想家，但这一群体有一个显著的特点，就是脚踏实地、埋头苦干，即所谓"鄂省党人，耻声华，厌标榜，木讷质直"。中部同盟会负责人谭人凤由上海到武汉时，见文学社社长蒋翊武如田舍翁，党人李长龄若老学究，都是土头土脑的，颇有轻视之意。党人胡瑛一语中的，"湖北革命党人都具有百折不回志气。本社（指文学社）尤埋头苦干，不以外观夸耀者也"，才使谭人凤消除了疑虑。正是这些土头土脑的湖北党人筚路蓝缕，孜孜奋斗，不事张扬，才成就了武昌首义的伟大功勋。

（四）不惧生死的牺牲精神

武昌起义的胜利是革命党人长期艰苦奋斗和流血牺牲换来的。科学补习所成员王汉是湖北革命党人为革命事业献身的第一人。1905年2月，他在河南彰德（今安阳）行刺清户部侍郎铁良，在连发三弹均未命中而遭清兵追捕的情形之下，他先是自戕未遂，继而投井殉难。日知会领导人刘静庵以大无畏的牺牲精神，被称为"革命完人"。1907年1月，日知会响应萍浏醴起义事败，刘静庵因被叛徒诬告为湖北全省会首刘家运而被捕。清吏诱降不成，使用酷刑。刘静庵受鞭刑1 400余下，肉尽见骨，晕死数次，但他仍铁骨铮铮，宁死不屈。1911年6月，36岁的刘静庵病死狱中时，须发尽白，骨瘦如柴，以致

---

①② 贺觉非，冯天瑜. 辛亥武昌首义史［M］. 武汉：湖北人民出版社，1985：11.

老母收敛时竟不敢相认。

　　1911 年 10 月 10 日，彭楚藩、刘复基、杨洪胜三位烈士的慷慨就义，集中展现了湖北革命党人的英雄气概和牺牲精神。10 月 9 日，革命党人的花名册被搜，彭楚藩、刘复基、杨洪胜三人相继被捕，湖广总督瑞澂立即组织会审，以参议官铁忠为主审。三烈士铁齿钢牙，丝毫没有透露半点消息，以视死如归的牺牲精神谱写了一曲革命英雄主义的赞歌。为纪念他们，革命党人胡石庵赋诗赞曰："貌清而洁，骨侠而烈，促革命之动机，贡牺牲于祖国"。

　　在武昌首义和阳夏决战中，革命党人的牺牲精神处处体现。"辛亥八月十九夜革命军在武昌之倡义，人数可谓极少，自天黑至天明占领督署时，合计步兵工辎测绘各同志不过二千余人"[①]，革命党人在一夜之间占领督署，光复三镇，取得辉煌的军事战绩。为保卫首义成果，争取全国革命形势发展的主动，首义军民在汉口、汉阳与清军展开了历时月余的惨烈鏖战，付出了巨大牺牲。10 月 18 日，清军向汉口刘家庙发起进攻，正式拉开了阳（汉阳）夏（汉口）战争的序幕。此前，军政府刚刚成立，兵力不足 5 000 人。面对血与火的考验，他们勇敢地肩负起了保卫首义成果的重任，迅速扩军备战，5 天内就招募到了 3 万名新兵，其中大多数未经训练就投入战斗。战后，红十字会在大智门外收殓革命军尸体，总计不下 2 000 余具。红十字会的医生描述当时战场见闻说，"民军勇往直前，誓死不回"，"及受枪伤后，忍痛前进，不肯就医"。阳夏战争自 1911 年 10 月 18 日至 11 月 28 日，历时 41 天，革命军牺牲人数逾万，其中无名者多达 4 300 人。辛亥革命志士张难先不胜感慨地说，"有此万余人之头颅，支持武昌根据地两月，使各省胆气雄壮，次第反正"，从而推翻了清王朝的统治，"则此万余名英雄之功绩"。

（五）通力合作的团队精神

　　革命力量的团结和联合，是武昌起义胜利的重要原因。湖北革命运动自发轫之日起，就以革命团体聚合革命力量。遵循孙中山"为着推翻清朝而联合各个革命派别与会党"的政策，湖北革命党人实现了几个方面的团结。

　　一是建立革命团体内部的联合，实现了革命团体之间的团结。当时武汉地区有影响的团体是文学社与共进会，它们虽然都主张推翻清朝统治、有着共同的政治目标和基础，但由于在发展组织、以谁为主体、如何看待对方等问题上存在门户之见，严重影响团结。起义前夕，两大团体从争取辛亥革命胜利的大局出发，基于"合则力量聚而大，分则力量散而小"的认识开始了联合，经过多次磋商，于 1911 年 9 月举行了联合大会。会议达成了取消文学社、共进会的名义，邀中部同盟会领导人来湖北主持大计的共识。9 月 24 日，又召开大会，通过了人事草案和起义计划，成立了湖北革命军总指挥部，推举了革命领导人，实现了湖北两大革命团体的正式联合。这次会议确定了起义的大体日期及起义后军政府的领导机构，更重要的是制订了具体的起义计划，完成了武昌起义的最后准备工作。

　　二是把手里有枪的革命者联合起来，争取团结了新军。革命党人从运动军队入手，始终把新军作为最主要的争取联合的对象，到武昌起义前夕，"总计当时湖北新军第八镇和第二十一混成协共约 15 000 人，其中纯粹革命党人将近 2 000 人，经过联系而同情革命

---

　　① 曹亚伯．武昌革命真史（中）[M]．影印本．上海：上海书店，1982：31．

的约 4 000 多人，与革命为敌的至多不过 1 000 余人，其余都是摇摆不定的"，① 这就使得湖北新军的性质在武昌起义前夕已经发生了重大变化，即由清政府控制的反动武装转化为由革命党人所掌握的反清革命武装。

三是把武装起义与群众斗争联合起来，争取军民一致，团结对敌。革命党人通过报刊、街头演讲等多种途径，宣传群众、发动群众，这些活动对动员和联合市民起来参与、支持武装起义，促使军民一致，共同战斗，起到了重要作用。"武汉人心猛进与觉悟，知清命将终，暗中赞助革命，甚至侦探，以袒护革命党"。起义爆发后，不仅城市秩序比较稳定，"不现恐慌之象"，而且"街市之上，几乎道不拾遗。三镇居民，对于革命同志、革命兵士，真是箪食壶浆以迎。革命军在前方打仗，不须预备军粮，人民按日送饭。至于运输各职务，不需军令，由人民自由运到"②。

首义精神是武汉城市精神的重要组成部分，是激励武汉人民爱国爱乡，争取民主、自由的不竭动力。百余年来，江城儿女在首义精神的感召和鼓舞下，励精图治、奋发有为，使武汉城市面貌发生了前所未有的可喜变化。孙中山先生在自撰《建国方略》中为武汉精心设计的现代化建设，如修建长江、汉江大桥，凿通江底隧道，"联络武昌、汉口、汉阳三城为一市"，将武汉建成"中国本部铁路系统之中心"和"中国最重要的商业中心"，以及将武汉市区扩展"略如纽约、伦敦之大"等宏伟蓝图，已经或正在变为现实。

革命先烈不朽，首义精神永存。

---

① 中国人民政治协商会议湖北省委员会. 辛亥首义回忆录 [M]. 武汉：湖北人民出版社，1979：121.
② 武汉大学历史系中国近代史教研室. 辛亥革命在湖北史料选辑 [M]. 武汉：湖北人民出版社，1981：538.

第五章

革命都会

旧中国多灾多难，神州陆沉，山河破碎，如风飘絮！武汉，大革命的都会；武汉，见证了当时中国最为惨烈、最为悲壮的历史！"五四"风云，"二七惨案"，北伐"铁军"……蒋介石、汪精卫高举的屠刀，共产党人的前赴后继、艰苦奋斗，还有日本侵略者的铁蹄。

中国人民解放军的进军号角……凤凰涅槃，武汉新生。

第一节　江城春潮

一、"五四"怒潮涌江城

（一）"五四"前的江城

五四运动前夕的武汉和全国各地一样，由于西方列强的侵入，社会生活开始发生新变化。

西方工业文明的强烈撞击，资本主义的殖民侵略，火与剑在江汉大地飞舞，落后就要挨打，自立自强才有出路，这是每个中国人的切身感受。从有识之士到普通百姓，无不对"西学为用"持积极的态度。西方的科学、技术和先进文化，租界的建筑和公共设施，乃至某些管理规章，都逐步为人们所接受。可以说，自开埠以来，大到城市布局、建筑风情，小到服饰、饮食，甚至家用针线，西方文化对武汉的渗透可以说无孔不入。

西方的工业文明是伴随着列强对中华民族的巧取豪夺而来的。面对帝国主义的政治、经济、文化侵略，武汉地区的反抗斗争也随之而起，波澜起伏。从英国侵略者最先来武汉通商和建租界开始，武汉人民反对外国侵略者的斗争，包括抵制洋教、洋货，反对扩大租界，抗议洋人虐待或枪杀华人，反对外国军队入驻，直至要求收回租界，可谓高潮迭起，在一定程度上遏制了外国势力的扩张。1886 年，位于汉口上游 15 千米的大军山，因地下储藏着煤，为英国侵略者所垂涎。英国侵略者不经清朝当局同意，架起测量仪、标杆进行勘探，进而运来钻探机，挖掘坑道，铺上小铁轨，以小翻斗车运煤。当地乡绅周秉礼一边向汉阳知府禀报，阻止英国侵略者非法采煤，一边鸣锣召集乡民开会，抗议英国侵略者的掠夺。当英国侵略者不听警告时，乡民奋起高呼"把洋人赶出去"！在这种形势下，英国侵略者只好宣告"退出大军山，永远不再来"，用轮船运走了钻探机、铁轨。

围绕着租界的建立和扩大，武汉人民与外国侵略者进行了反复的斗争。英、法等国在汉建立租界后，1898 年，比利时趁派人到汉口修建卢汉铁路（京汉铁路）之机，在日租界以北的刘家庙地区以低价私购民地约 600 亩，然后向湖北当局提出建立比租界。由于武汉人民和湖广总督张之洞的坚决反对，才未成事实。比利时公使又向北京总理各国事务衙门多次催办此事，中、比双方经过长达 10 年之久的反复交涉，1907 年中方以 80 多万两银子购回了比方私购和强占之地，才铲除了武汉版图上比租界的阴影。

对于列强肆意杀戮，武汉人民也开展了不屈不挠的斗争。1864 年，一个名叫彭尚义的中国百姓路过英商亿生洋行，被英国人卢礼士无故开枪打死。武汉人民群起责问，汉阳知县也向英租界提起交涉，并上报北京总理各国事务衙门，迫使英方赔款抚恤。1911年1月21日，汉口发生了"吴一狗事件"。1月21日，人力车夫吴一狗拉车自英租界向怡园前进，路遇英租界巡捕。吴问他要不要坐车，被巡捕无理打死。事发后，街上人声鼎沸，人力车夫群情激愤。次日，1 000多名人力车夫拥向英国巡捕房，向巡捕房扔石头。湖北武汉当局屈服于列强的压力，派兵镇压人力车夫。人力车夫仍坚持斗争，汉口商会等团体也给工人撑腰，终于迫使英方赔款，抚恤死者家属。

五四运动前后，武汉还爆发了反对军阀王占元的武昌兵变。湖北督军王占元长期以来在湖北推行暴政，被广大下层人民视为豺虎，资产阶级民主派、地方实力派对其也不能容忍。黎元洪、周树谟等湖北在京各界名流主张"湖北自治"，反对"鲁人治鄂"，提出"废督去兵""鄂人治鄂"，矛头指向王占元。为了巩固在湖北的地盘，王占元不断扩军黩武，加强实力，并且长期以来，克扣军饷，中饱私囊。长期欠饷，兵心难服，终于在武昌酿成大规模兵变。1920年12月，湖北宜昌发生兵变。1921年6月4日，宜昌兵变士兵一个团开到武昌，发动武昌兵变。8日凌晨，兵变士兵2 200人会集阅马场，割断电话局总线，砸坏电灯公司机器，使全城一片漆黑，随后，在武昌开始大肆烧杀抢掠。城内外枪声四起，火光烛天。

这一次武昌省城骇人听闻的兵变，公私财产损失数千万元，57人被打死，300余户房屋被焚。不仅省议会、省长署，乃至王占元的督军署也遭到袭击。8日当晚，兵变士兵一千七八百人被诱缴械押至孝感毙杀。

兵变造成武汉社会的动乱，也充分暴露了王占元统治的残暴。兵变也给湖北自治运动以口实，以"驱王"为目标的湖北自治运动再度高涨。王占元在走投无路时，于1921年8月10日通电辞职。此前北京政府早已任命吴佩孚为两湖巡阅使，萧耀南为湖北督军。北洋军阀武人专政所致的这种动乱政局，粉碎了中国资产阶级革命派的"西方共和国"的旧梦，昭示着辛亥革命的失败和旧民主主义革命的终结。残酷的现实迫使人们寻找新的革命道路。

（二）"五四"怒潮的江城

1919年发端于北京的五四运动是一场彻底的反帝反封建的爱国运动，中国工人阶级以崭新的姿态登上中国政治舞台，揭开了新民主主义革命的序幕。"五四"前夕，武汉人民也密切关注"巴黎和会"的动态，当北京五四运动爆发时，巨大的革命洪流在武汉开始涌动。

位于武昌粮道街的中华大学是此次革命风暴的始发地。在此之前，中华大学中学部主任恽代英、武昌高师学生陈潭秋、中华大学学生林育南、武昌高级商校学生李求实、勺庭中学学生李书渠等武汉学界的先进分子，早就酝酿在"五七"国耻纪念日中采取行动。1919年5月7日，武汉各机关、学校放假一天，以示不忘国耻。这天，中华大学则召开运动会，以发扬尚武精神，振扬国威。会上，学生们发表演说，散发由恽代英与林育南写下的《四年五月七日之事》的传单，运动会上人声鼎沸。这时，北京学生南下的代表到来，向大家介绍了北京五四运动情况，更加激发了大家的爱国热情。于是，运动会在第二天便演变成了声援北京学生爱国行动的群众集会。在青年学生爱国精神的感召下，武昌商界开展了抵制外货、提倡国货的运动，工人们也开始行动起来。

武汉青年学生的爱国行动遭到了北洋政府的残酷镇压。6月1日，武汉各大中学校门口军警林立。武昌各街市，巡警遍布，交通几乎中断。当学生冲出学校、沿途演讲时，遭到巡警的追阻、殴击、逮捕，最后造成十几人受伤、几十人被捕。这就是轰动全国的"六一"惨案。反动派的倒行逆施并没有使武汉人民屈服，相反，武汉各阶层、各社会团体也都群起响应，以各种方式表示支持，学、商、工的"三罢"斗争，使运动规模进一步扩大，五四运动在武汉迅猛地展开。

在五四运动之后，宣传马克思主义的一些进步的、革命的刊物陆续创办，给武汉地区的文化带来了一派生机。由恽代英等主办的《互助》在1920年10月创刊，此外他们还编有《我们的》等刊物。这些刊物有较明确的政治态度，是武汉地区探讨社会改造的园地，也是研究社会主义学说的早期阵地。这一时期，恽代英、黄负生、刘子通、李书渠等还创办了反映和支持学生运动、工人运动、妇女解放运动的《武汉星期评论》（后来接受了武汉共产党早期组织的领导）。李汉俊、林育南、董必武、陈潭秋、钱亦石、夏之栩都曾在刊物上发表过文章。这一刊物在传播马克思主义方面发挥了重要作用，1923年停刊。

武汉的"五四"怒潮既是对北京五四运动的声援，也是武汉人民反帝反封建斗争的自然爆发。

二、早期的中共组织

随着十月革命影响的扩大和新文化运动的深入，五四运动前后武汉地区形成了一支为数不多，却锐气方新的具有初步共产主义思想的知识分子队伍。董必武、陈潭秋、恽代英、李汉俊（图5-1）等就是他们的代表。

图5-1　左起：董必武、陈潭秋、恽代英、李汉俊

（一）武汉共产党早期组织

1920年秋，武汉共产党早期组织成立会议在武昌抚院街（今民主路）97号董必武、张眉宣寓所召开。董必武、陈潭秋、包惠僧、张眉宣、郑凯卿等参加了会议，包惠僧被推选为临时书记。与会者通过刘芬的报告了解了上海共产党早期组织成立的经过及组织状况，讨论了中国共产党纲领草案，并制定了组织生活制度。组织的机关部设在武昌多

公祠 5 号（图 5 - 2），以刘芬律师事务所做掩护。

图 5 - 2　1920 年，武汉共产党早期组织秘密机关旧址——武昌多公祠 5 号（图片来源：湖北日报网）

　　武汉共产党早期组织建立后，开展了学习马克思主义的活动，每周开会一次，由参加者轮流作读书报告。所读的书籍有《共产党宣言》《〈资本论〉浅说》《马克思传略》、考茨基著的《唯物史观》、李季译的《社会主义史》等，还有《新青年》《共产党》等进步刊物，以及利群书社经营的书刊。

　　1920 年秋，董必武、陈潭秋、恽代英、林育南、黄负生、刘子通、施洋等人还建立了一个公开的马克思学说研究会。研究会每两周召开一次，研究各种理论和实际问题。在武汉共产党早期组织领导下，以武汉中学为基地，学生们筹建了社会主义青年团。武汉地区大中学校有 20 多人入团，并与上海、北京等地团组织取得了联系。

　　为了推动工人运动的发展，武汉共产党早期组织对武汉工人的状况进行了调查，写成《武昌五局工人状况》《汉口苦力状况》两篇调查报告，发表在《新青年》上。包惠僧写的《武汉劳工状况及其活动》发表于上海《民国日报》副刊上。武汉共产党早期组织还具体指导了人力车工人的罢工。

　　武汉共产党早期组织的建立是武汉地区革命发展史上的重大事件，它使马克思主义传播到武汉，并开始和武汉地区工人运动结合，是武汉地区先进分子长期以来探索救国救民真理，最终迈向无产阶级革命道路的标志。1921 年 7 月，中国共产党"一大"召开，董必武、陈潭秋作为武汉共产党早期的代表，赴上海参加会议。中国共产党成立后，武汉共产党早期组织就结束了她的历史使命。

（二）中共武汉工委和中共武汉区委

　　1921 年 8 月，中国共产党在武汉的机构——中共武汉工作委员会成立。中共武汉工作委员会由包惠僧任书记，董必武、陈潭秋（负责宣传）为委员。机关设在武昌黄土坡下街 27 号（今武昌首义路省民主党派大楼附近）。

随后不久中共武汉工作委员会改为武汉地区执行委员会，在执行委员会下面又建立了武昌、汉阳、江岸、徐家棚等几个小组。到 1922 年春夏之交，武汉地区有党员 50 多人。此后，武汉地区的党组织又改建为中共武汉区委，区委还派党员到湖北各州县建立县委、特支、支部和小组。

中共武汉区委还在武汉中学、共进中学、崇实中学、湖北女子师范和武昌高师附小等学校中建立社会主义青年团，把一大批优秀青年团聚在党的周围，成为一支充满革命活力的青年先锋队。

到 1920 年，湖北产业工人已达 30 万人，且大部分集中在武汉。武汉地区党的组织建立后，把推动工人运动作为首要的任务。1921 年 10 月劳动组合书记部长江支部（地点在武昌黄土坡 16 号）成立，由包惠僧兼任书记，并派李书渠到徐家棚开展工运。李在武昌徐家棚办起了粤汉铁路工人补习学校（亦称俱乐部）。在党的领导下，武汉工人运动蓬勃兴起，展示出新的局面。

全国性的党组织未正式建立前，武汉共产党早期组织成员就发动了 1920 年的粤汉铁路工人大罢工、1921 年的汉口人力车工人罢工；中国共产党成立后，又领导了 1922 年的粤汉铁路工人第二次罢工和英美烟厂罢工，在罢工斗争中，建立和发展了工会组织。同时，中共党组织还领导了 1921 年、1922 年的两次湖北女师学潮，赶走了封建顽固势力在教育战线的代表女师校长王式玉。

三、京汉铁路工人大罢工

（一）罢工爆发

京汉铁路工人大罢工是中国工人阶级在中国共产党领导下的第一次有组织的政治斗争，其主要目的是争取工人阶级的政治权利。李大钊、陈潭秋、林育南、邓中夏、项英、李求实等党的著名活动家领导了这次罢工运动。

1923 年年初，京汉铁路工人在郑州成立京汉铁路总工会，遭到军阀吴佩孚的禁止和镇压。为抗议军阀暴行，争取政治权利，京汉铁路总工会决定从 2 月 4 日起举行全线大罢工。为了便于领导罢工运动，2 月 3 日京汉铁路总工会从郑州迁到汉口江岸办公。在党的领导和发动下，江岸工人罢工的怒潮像火山熔岩般爆发了。江岸机车修理厂的工人拉响了罢工的第一声汽笛。

罢工开始后，党及时委派陈潭秋、项英等负责武汉方面的工人运动工作。在党的领导下，武汉各工团、学校纷纷组织慰问队，支持罢工的铁路工人。学校还发起同情罢课。2 月 5 日，武汉工团赴江岸慰问代表达 2 000 多人，参加慰问大会工人 1 万多人。会后，人们举行了愤怒的大示威，从江岸出发，闯过日、德、法、英租界，最后到江边一码头，沿途有成千上万的市民加入游行队伍。

（二）"二七"惨案

京汉铁路工人大罢工引起了帝国主义和反动军阀的恐慌。驻北京的外国公使团要求北洋军阀政府武力镇压工人。1923 年 2 月 5 日，京汉铁路局局长赵继贤发出布告，限工人 12 小时内复工。工人奋起反抗,于 2 月 6 日举行了大游行。军阀吴佩孚在帝国主义支持下调动两万多军警镇压罢工工人,制造了震惊中外的"二七"惨案。

2 月 7 日下午,在萧耀南的指使下,汉口镇守使署参谋长张厚生带兵包围江岸工会,进行围捕。当晚,京汉铁路总工会江岸分会执行委员会委员长、共产党员林祥谦(图 5 - 3)被敌人逮捕。虽遭严刑拷问,林祥谦仍大呼:"我们的头可断,工是不上的!"视死如归,最后英勇牺牲。

武汉工团联合会法律顾问、被誉为"劳工律师"的共产党员施洋(图 5 - 3)也遭到逮捕,被解送武昌陆军监狱,旋即被杀害。在汉口江岸"二七"惨案中,30 多人遇难,200 多人受伤,数十人被捕。与此同时,北京长辛店、郑州等地的工人也惨遭敌人镇压杀害。

惨案发生后,中国共产党发表告工人阶级与国民书,号召工人阶级和全国人民团结起来,打倒压迫和残杀工人的军阀,为工人阶级和全国人民自由而战。

图 5 - 3 左起:林祥谦、施洋

四、遗址遗迹

(一)中华全国总工会暨湖北省总工会旧址

中华全国总工会暨湖北省总工会旧址位于汉口友益街 16 号。1926 年 10 月 10 日湖北省总工会在汉口成立后,设机关于左楼。1927 年 3 月中华全国总工会从广州迁到武汉后,设机关于右楼。苏兆征、李立三、刘少奇、邓中夏、项英、林育南、许白昊等工会领导人在此办公,这里一度成为领导全国工人运动的中心。大革命失败后,湖北省总工会转入地下,中华全国总工会迁至上海。旧址为两幢西式楼房,其属砖混结构的法式建筑,坐南朝北,有院落,总占地面积为 1 507 平方米。右楼为三层,占地面积 340 平方米,原系军阀吴佩孚部将陈汉卿的私寓,北伐军攻占汉口后被国民政府没收。左楼为二层,占地面积 450 平方米,原为药业资本家叶开泰的产业。1959 年武汉市人民政府筹建纪念馆,复原有原湖北省总工会的宣传部、组织部、会客室、课室和刘少奇办公室,辟有工运史料陈列室,1963 年对内展出,"文化大革命"中被迫撤销。现有建筑为武汉市文化局机关所在地，基本保持完好，左楼增修一层。1981年湖北省人民政府公布中华全国总工会暨湖北省总工会旧址为省级文物保护单位。

（二）施洋烈士陵园

施洋（1889—1923年），湖北省竹山县人，1922年在汉口加入中国共产党，为京汉铁路总工会法律顾问。1923年2月7日晚，施洋被反动军警逮捕，2月15日凌晨，敌人将施洋押赴刑场。施洋牺牲时年仅34岁。

施洋烈士陵园位于武昌洪山南麓。陵园坐北朝南，主体由三部分组成。陵园的大门是坐落在台阶上巨大的石牌坊，穿过牌楼，是一个瞻仰广场，红砂石的施洋烈士塑像巍然耸立在广场中央，石座正面镌刻有董必武悼念烈士的诗篇："二七工仇血史留，吴萧遗臭万千秋。律师应仗人间义，身殉名存烈士俦。"塑像后面是反映"二七"大罢工的浮雕。沿着依山就势筑成的青石磴道来到烈士墓，墓前有高5米的纪念碑（图5-4），正面刻有"施洋烈士纪念碑"七个大字，纪念碑的左、右两翼，分别记录着烈士生平事略和"二七"惨案经过。纪念碑后面就是施洋烈士墓。1953年，因扩建马路，原来位于洪山脚下的烈士墓被迁至山腰并修成现在的陵墓。该墓四周矮垣环绕，松柏拱卫，呈现出一片肃穆宁静的气氛。施洋烈士陵园于1956年被确定为湖北省重点文物保护单位。

图5-4　施洋烈士纪念碑

（三）"二七"纪念馆

为纪念1923年京汉铁路大罢工及"二七"惨案，1956年武汉市人民政府在林祥谦、施洋等烈士牺牲的江岸地区相继修建了武汉"二七"纪念馆和"二七"烈士纪念碑（图5-5）。"二七"纪念馆位于汉口解放大道下段徐州新村街口，坐西朝东，占地面积2.75万平方米，建筑面积约为1.27万平方米，是湖北省重点文物保护单位。1963年对外开放。1987年新馆建成开放。这是一座二层楼的建筑，面积3600平方米，周围繁花簇拥，青松环抱，瑰伟壮观。武汉"二七"纪念馆的馆名为 1986 年胡耀邦同志所题写。纪念馆被中共中央宣传部命名为"全国爱国主义教育示范基地"。

纪念馆前的"二七"烈士纪念碑用花岗石砌成，碑身为圭形方锥体，置于束腰石座之上，主碑高 23.27 米，寓意 1923 年 2 月 7 日这一历史时刻。碑正面镌刻有毛泽东手书"二七烈士纪念碑"七字。碑顶是大鹏飞轮雕塑，碑座正面为锻铜汽笛，碑两侧是高 3.1 米、长各 15 米的弧形雕塑群，艺术再现了武汉各工团声援罢工和赤手空拳的铁路工人与全副武装的反动军警英勇搏斗的壮烈场面。碑后座刻有碑文，记述了"二七"罢工斗争中的英雄事迹。

纪念馆周围还有京汉铁路总工会旧址（汉口解放大道 2185 号）、林祥谦烈士就义的江岸车站等纪念地。

图 5-5　武汉"二七"烈士纪念碑

第二节　大革命中枢

1924 年国共实现第一次合作，1926 年国民革命军誓师北伐。北伐军进入武汉后，揭开了武汉近代历史中最光辉的一页，随着 1927 年年初国民政府迁汉，武汉成了当时全国革命的中心。中共中央首脑机关也逐步移往武汉，并领导武汉人民取得了收回英租界等斗争的胜利。然而，蒋介石等国民党右派相继发动的"四一二""七一五"反革命政变葬送了大好的革命形势，武汉也与全国一样陷入白色恐怖之中，武汉地区的革命力量遭受重创。1927 年中共中央在汉口召开的"八七会议"，给困境中的中国革命带来了转机。

一、北伐铁军攻克武昌

辛亥革命失败后，在中国共产党帮助下，孙中山改组了国民党，实行"联俄、联共、扶助农工"三大政策，实现了国共第一次合作。在此基础上，1926 年国民革命军举行北伐。

1926 年 5 月 20 日，国民革命军以叶挺独立团为先锋，进入湖南，揭开北伐序幕。7 月 9 日，国民革命军正式在广州誓师北伐，全军约 10 万人，分东、西两路出击，西路军以唐生智为前敌总指挥，辖第四军、第六军、第七军、第八军，共 6 万余人。北伐军 7 月 12 日攻占长沙后，沿武长铁路北击武汉，一路势如破竹，相继攻克岳州、汀泗桥（今咸宁市境内）、贺胜桥（今江夏区境内），于 8 月 31 日进抵武昌城下。直系军阀吴佩孚调集重兵防守武汉，并依仗武昌城墙与北伐军鏖战。

8 月 31 日，北伐军向守城敌军发动进攻，揭开了武昌攻城战的序幕。此战以北伐军受挫而退。其后北伐军又多次攻城，但均未成功，于是决定对武昌城进行围困，伺机再攻。

在进攻武昌的同时，北伐军亦开始了对汉阳、汉口的进攻。9月6日，北伐军攻克汉阳；7日，攻占汉口。吴佩孚在汉阳、汉口被攻占时北逃，令其部将第八师师长刘玉春与湖北军务督办陈嘉谟一起"死守武昌"，等待援军。武昌城中有第三师、第八师、第十七混成旅及吴佩孚卫队近2万人，又有坚城可恃，北伐军一时未能攻下。

攻克汉阳、汉口后，北伐军再发起武昌攻城战。在爬城中浴血奋战的是叶挺独立团。9月8日晚上，第一营在营长曹渊带领下乘夜色朦胧突进到通湘门下，并竖起4架长梯，登上城墙，和敌人在城垛上展开肉搏战。因敌人凭城固守，火力倾泻，爬城勇士伤亡很大，营长曹渊壮烈牺牲。

强攻再次受挫，北伐军遂在实行封锁围困的同时，以飞机轰炸城内战略目标，组织工兵对城墙进行爆破，对困守的敌人展开政治攻势，印制传单，由飞机撒在武昌城内，瓦解敌军，号召人民起来支援革命军。

被围的武昌城，断绝了粮食和副食品的来源，饮水也很困难，十几万居民生计陷入困境，饥困交迫的广大市民坚决要求城中守军放人出城谋食。经守军与北伐军谈判，10月3—6日，双方开放汉阳门，共放出妇孺38 000多人。

10月10日凌晨2时，北伐军发动总攻。各路奋勇抢登，相继从保安门、中和门、小便门攻入城内，再由保安门、望山门、文昌门、平湖门等处搜索前进。至早晨7时半许，北伐军占领武昌全城，生俘敌酋刘玉春、陈嘉谟。

武昌攻城战，历时41天，以北伐军全胜而结束。总计俘敌万余人，其中军官740名，缴获大炮18门、步枪7 183支、机枪16挺以及堆积如山的弹药物资。

二、国民政府迁汉

北伐军进入武汉后，揭开了武汉近代历史中最光辉的一页，武汉成为全国革命的中心。全国革命形势也由于武汉被攻克形成一个转折。

形势的发展要求国民政府内迁，以指导国民革命。1926年11月，国民党中央政治委员会正式决定迁都武汉。随之，国民政府财政部、外交部、交通部陆续迁往武汉办公。12月初，国民政府代主席谭延闿、国民党中央宣传部长顾孟余、中央委员何香凝、国民党中央代主席张静江、国民党中央委员吴玉章（共产党员）以及宋庆龄、徐谦、孙科、宋子文、鲍罗廷相继抵汉。12月11日，汉口各界30万人在济生三马路举行欢迎大会。1927年元旦，国民政府正式在武汉办公，外交、财政、交通、司法四部开始行使职权。

实际上，对临时建都武汉问题，一场严重的斗争曾发生过。原先蒋介石是力主迁都武汉的，但当武汉成为革命中心，工农运动蓬勃发展，而蒋介石的嫡系和实力集结在江西战场上时，他又迅速改变主意，硬要迁都南昌，以便把国民政府和国民党中央控制在自己手中。最终他的阴谋被挫败。

1927年3月10—17日，国民党二届三中全会在汉口南洋大楼举行，会议讨论通过了《统一党的领导机关案》《统一革命势力案》《农民问题案》《国民革命军总司令条例案》《国民政府增设各部案》等几十个决议。

会上决定国民党中央实行常委制，中央军事委员会采用主席团制，从而取消了蒋介石的最高党职和最高军职；规定国民革命军总司令为军事委员会委员之一，总政治部改属于军事委员会。军官任免和出征动员令，须经军事委员会讨论，提交国民党中央通过，再交总司令执行。此举对蒋介石的权力做了很大限制，是反对国民党右派斗争的胜利。

3月24日，国民政府委员在武昌举行就职典礼。一个在反对蒋介石独裁中产生的武汉国民政府正式宣告成立。这个国共合作的政府的成立是全国人民要求民主，反对独裁，扩大党权的政治成果。

国民政府迁都武汉后，将武昌、汉口、汉阳三镇合组为京兆区，定名武汉，作为临时首都。武汉三镇虽地理毗连，政治、经济、文化息息相通，但向来各有隶属，至此，三镇在行政区划上正式统一为一市。

为了整顿市容，扩展市区，同时鉴于北伐军攻武昌城曾遇到其高大城墙的阻挡，国民政府下令拆除了除中和门以外的其他武昌城楼和城墙。

三、中共中央机关迁汉

为适应革命形势的发展，中共中央首脑机关也逐步移往武汉。中国共产党力量的加强，是武汉成为全国革命中心的原因，也是武汉成为全国革命中心的表现。

1926年12月，中共中央在汉口召开特别会议后不久，党中央决定从各地抽调干部来武汉并决定成立武汉中央分局，代行中央职权，负责与武汉国民政府联系并参与领导。1927年4月，陈独秀到武汉，中共中央机关全部从上海迁至武汉。中共中央秘书厅（图5-6）设于汉口四民街61号、62号（今胜利街165~169号），现为全国重点文物保护单位。2016年9月30日，武汉中共中央机关旧址等3座老建筑组成的武汉中共中央机关旧址纪念馆开馆。

图5-6 中共中央秘书厅旧址

1927年年初，中国共产党所领导的中华全国总工会从广州迁到武汉。湖北、武汉地区的工人运动迅猛向前发展。到1927年6月，湖北全省工人达80万左右，加入工会组织的有50多万人。

在大革命的大好形势下，中国共产党和武汉国民政府领导武汉人民群众进行了夺回英租界的英勇斗争。1927年1月1—3日，武汉各界庆祝国民政府迁鄂和北伐胜利，各党部、各人民团体及中央军事政治学校组织了讲演队到各处重要地段讲演。3日下午3时，宣传员数人在江汉关前面的空地讲演之际，英租界当局调来大批武装水兵登陆，向听讲演的群众挑衅，刺死1人，刺伤10余人。事件发生后，武汉各界连日集会，反对英国侵略者的暴行。1月5日，在李立三的指挥下，武汉30万民众参加了在汉口召开的"追悼一三死难同胞大会"，大会通过八项议案，并通电全国。会后，示威群众冒着瓢泼大雨举行游行，占领了英租界。在全国人民的英勇斗争和国际舆论的压力下，英帝国主义终于在 2 月 19 日、20 日，相继与武汉国民政府签字，交还中国汉口、九江两地租界。这是中国近代史上取得的第一次反帝斗争的胜利。

作为革命中心的武汉，也是全省、全国农民运动的中枢。1927 年 3 月 7 日，位于武昌红巷 13 号的中央农民运动讲习所正式开学。中央农民运动讲习所是以国民党名义举办，由毛泽东实际负责的。他们中许多人后来到农村组织革命暴动，长期从事农运工作。

四、血雨腥风笼江城

（一）宁汉对峙

正当革命运动高涨时，蒋介石加紧勾结大地主、大资产阶级，策划了上海"四一二"反革命政变。蒋介石的反革命行径遭到了包括武汉人民在内的全国人民的一致反对和坚决斗争。

1927 年 4 月 13 日，武汉国民党中央执行委员会致电蒋介石、白崇禧，追查对上海工人纠察队缴械的责任。这是对"四一二"反革命政变所做出的最早的反应。17 日武汉国民政府发布武汉国民党中央常委扩大会，决定开除蒋介石党籍，免去其本兼各职的命令，还"着全体将士及革命民众团体拿解中央，按反革命罪条例惩治"。但是，蒋介石倚仗其实力，于 4 月 18 日在南京又建立了一个国民政府，自任主席，并通过"清党"等反革命决议。中国政坛此时出现了宁、汉两个国民政府的对峙局面。

22 日，武汉国民党中央执行委员、国民政府委员等联名发表《讨蒋通电》。武汉国民政府主席汪精卫在武汉以左派的面目出现，大叫"革命的向左边来"，显示出一种和蒋介石截然不同的姿态。

蒋介石一方面对武汉发动"政治攻势"，另一方面策动武汉国民政府军内部叛乱，同时，帝国主义也积极相助，对武汉进行经济封锁、破坏，施加经济压力。英国、日本在武汉的企业大都关闭，一些原属官办的企业相继停产，大批工人无工可上，全市失业工人达 20 万人之多。而武汉地区由于党政机关团体和军队增加，财政支出猛增。又由于蒋介石先后盘踞东南，使湘、赣、苏、皖的物资无法运到武汉，广东及东南各省也拒绝向武汉政府上缴税收。因而导致武汉物价成倍上涨，动摇了武汉政府的经济基础，加剧了武汉革命形势的逆转。

（二）"七一五"政变

"四一二"反革命政变虽给胜利发展的北伐形势造成了巨大的阻力，但在武汉国民政府政治、军事威力所及的湘、鄂、赣地区，工农运动仍呈持续高涨之势。

在中国革命形式出现逆转的关头，中国共产党领导人陈独秀却犯了右倾机会主义错误。6 月 30 日，在陈独秀的主持下，党中央在武昌召开扩大会议，通过了《国共两党关系决议案》十一条。至此，陈独秀右倾机会主义发展到了顶点。这个极端错误的决议案，导致革命航船驶入断潢绝港，许多同志挽救革命的努力均被断送了。

与此同时，汪精卫真右派的本质也很快暴露出来。7 月 9 日，汪精卫主持召开武汉国民党中央执行委员会扩大会议，议决限制共产党在国民党党内的活动，取缔共产党在国民革命军中宣传共产主义。7 月 14 日，汪精卫召开国民党政治委员会主席团秘密会议，布置"分共"计划，决议"对于违反主义政策之言论行动的共产党员予以制裁"。这些反革命措施遭到了国民党内左派宋庆龄、何香凝、邓演达的反对。7月15日，虽遭到以宋庆龄为代表的国民党左派的坚决反对，汪精卫仍悍然召集武汉国民党中央常务委员会扩大会议，即"分共"会议，提出"宁可枉杀千人，不可使一人漏网"的血腥口号，对共产党人和工农群众进行大肆屠杀。中华全国总工会、湖北省总工会等革命团体均被封闭。仅国民党汉口市党部，就有共产党员、革命群众100多人被杀害。数日内，武汉被杀者达数千人。湖北各地也是一片白色恐怖。顿时，武汉变成了人间地狱，轰轰烈烈的大革命至此完全失败。

（三）国民党在武汉的反动统治

1927年8月7日，中共中央在汉口召开紧急会议，总结了大革命失败的经验教训，纠正了陈独秀右倾机会主义错误，提出了实行土地革命和武装反抗国民党反动派的总方针。这就是在中国共产党历史上具有重大转折意义的"八七"会议。

在会议精神指引下，中共湖北省委领导了全省秋收起义、武汉总同盟罢工及年关暴动等革命斗争，但由于受到"八七"会议以来滋长的"左"倾盲动主义的影响，武汉地区的革命力量再遭重创。

在武汉地区残杀革命者的是在"七一五"之后相继上台的湘系、桂系军阀。从1927年11月到1929年4月，桂系胡宗铎、陶钧统治湖北约一年半的这段时间，是武汉历史上最黑暗、最恐怖的岁月。长江两岸到处是杀人的枪声，武汉沉浸在腥风血雨之中。胡宗铎、陶钧以法西斯手段7次破坏共产党组织，两次掀起白色恐怖高潮，总计所杀达万人。被杀者有10多岁未涉世的少年，也有80多岁的白发老人。胡宗铎、陶钧也承认杀了"一代人"。

1927年与1928年之交，中共湖北省委秘密组织年关暴动，但事机败露，胡宗铎、陶钧兽性大发，大肆搜捕革命者。国共合作时期的湖北省政府教育科长李汉俊、财政科长詹大悲避居日本租界，仍未能幸免于难，于1927年12月17日被害于汉口济生三马路。

1928年2月8日，因叛徒出卖，省委委员夏明翰在汉口被捕。3月30日，在汉口市区的余记里空场上夏明翰惨遭杀害。就义前他给人们留下了一首气贯长虹、千秋传颂的壮丽诗章："砍头不要紧，只要主义真。杀了夏明翰，还有后来人。"3月20日，因叛徒宋若林出卖，当时担任党地下机关刊物《长江》主编的向警予在汉口法租界被捕，5月1日被枪杀在汉口余记里空场上。

1928年7—8月，敌人掀起第二次白色恐怖高潮，党的组织又一次遭到严重破坏。省委负责人之一沈一平被捕后告密，使许多革命同志惨遭杀害。当时被残杀的共产党人和革命志士达800余人之多。

蒋桂战争后，蒋介石击败桂系，夺取两湖，1929年4月任命何成浚为湖北省主席。何成浚是蒋介石从嫡系中打出的一张治鄂大牌。

蒋、冯、阎大战结束后，在混战中捞足了油水的何成浚发现，"家园"已经起火，湖北广大农村红旗招展，"打土豪、分田地"的烈火已烧到自己脚下。蒋介石此时全力"进剿"江西的中央红军，何成浚则在湖北进攻红军。同时，他又指挥军警宪特，在武汉抓捕共产党人，进行残酷屠杀。1930年，湖北省委负责人何恐等16人在汉口和记蛋厂附近的马路上被杀害。

1931年日本帝国主义制造"九一八"事变，全中国燃起了炽热的抗日烈火。遭受

1931年水淹汉口大劫难的武汉人民，在大水过后就掀起抗日的巨澜，学生游行、工人罢工、商人抵制日货。当1935年北京爆发"一二·九"运动时，武汉也形成声势浩大的学运浪潮。

经历了西安事变，特别是"七七"事变后，国共再次实现合作，共同抗日。武汉在1938年再度成为全国的政治、军事、文化中心。

五、遗址遗迹

（一）中央农民运动讲习所

中央农民运动讲习所（图5-7）是大革命时期国共两党合作创办的培养农民运动干部的学校。其旧址位于武汉市武昌区红巷（原簧巷）13号，原为张之洞于1904年创办的北路小学堂，1927年中央农民运动讲习所设于此地。旧址坐北朝南，由四栋砖木结构的房屋组成，中间有一个大操场，占地面积12 850平方米，是武汉市现存的唯一保存完好的晚清学宫式建筑。中央农民运动讲习所1927年3月开学，有来自全国17省的学员800余人，学员同年6月毕业，大多数被委任为农民协会特派员，深入农村开展农民运动。

图5-7　武昌中央农民运动讲习所旧址

距中央农民运动讲习所不远处的都府堤41号，是1927年上半年毛泽东在武汉从事革命活动时的旧居。旧居坐东朝西，砖木结构，面积436平方米，是一栋典型的晚清江南风格民宅。毛泽东在这里完成了他的光辉著作——《湖南农民运动考察报告》。当时与他同住在这里的有他的夫人杨开慧及其3个儿子。蔡和森、彭湃、夏明翰、毛泽民、毛泽覃、罗哲等共产党人也先后在这里居住过。

1958年中共湖北省委决定复原旧址纪念馆。同年12月，周恩来题写了"毛泽东同志主办的中央农民运动讲习所旧址"馆标。1963年纪念馆正式开放。1982年中央农民运动讲习所被列为湖北省文物保护单位，2001年由国务院公布为全国重点文物保护单位。

（二）中共"五大"会址暨陈潭秋革命活动旧址

中共"五大"会址（图5-8）暨陈潭秋革命活动旧址位于武昌都府堤20号，原为武昌高师附小，1927年改为武昌第一小学。旧址始建于1918年，砖木结构，临街，为一栋占地面积673平方米、坐西朝东的二层楼房，作为办公室和宿舍。大门在楼房中间，门内右侧有呈马蹄形三排八间教学用的平房。左侧的大操场占地3000余平方米，场边原来的晴雨操场约有200平方米。此旧址1956年被列为湖北省省级文物保护单位。

图5-8 中国共产党第五次全国代表大会旧址

"四一二"反革命政变后中国革命处于危急关头，为纠正陈独秀的右倾机会主义错误，决定党的重大方针政策，1927年4月27日，中国共产党第五次全国代表大会在此地召开（举行开幕式，之后大会在汉口黄陂会馆继续举行）。然而，"五大"却没有承担起挽救革命的任务。同年5月10日，中国共产主义青年团"四大"亦在此召开。

湖北地区党组织负责人陈潭秋从1922年秋至1927年夏在此居住，以教书为掩护从事革命活动，这里一度成为湖北革命运动的指挥机关。

1983年，旧址楼房大修，在二楼建立"陈潭秋烈士纪念馆"，纪念馆同年9月对外开放。同时开放的还有中共"五大"史料陈列。

（三）"八七"会议会址纪念馆

"八七"会议旧址位于汉口鄱阳街139号（原俄国租界三教街41号），旧址为1920年修建的一幢坐西朝东、砖混结构的西式三层楼公寓（时称怡和新房）中的一个门栋，面积约523平方米。会址是武汉国民政府农民运动苏联顾问夫妇的住室。1978年旧址按原貌维修，同年8月7日辟为纪念馆（图5-9），对外开放。1980年邓小平为纪念馆题写馆名。1982年国务院公布该纪念馆为全国重点文物保护单位。纪念馆一楼是有关"八七"会议的史料和文物陈列，二楼是会场的复原陈列。

图 5-9　"八七"会议纪念馆

　　1927 年 8 月 7 日，中共中央在二楼后房召开紧急会议。瞿秋白主持会议，李维汉为执行主席，毛泽东、邓中夏、蔡和森等 21 位代表出席会议并作重要发言。共产国际代表罗明那兹等参加会议。会议总结了大革命失败的经验教训，彻底纠正和结束了陈独秀的右倾机会主义路线，确定了土地革命和武装反抗国民党反动派的总方针，是大革命失败到土地革命兴起的历史转折关头的一次重要会议。

　　（四）向警予烈士墓

　　向警予（1895—1928 年），湖南溆浦县人，1922 年加入中国共产党，是中国共产党早期著名的妇女运动领袖之一。1927 年 4 月向警予从莫斯科回国后到武汉从事革命工作，1928 年 3 月 24 日由于叛徒出卖被捕，1928 年 5 月 1 日英勇就义于汉口余记里空场（现武汉市警予中学所在地）。

　　向警予烈士墓位于龟山西边山顶的苍松翠柏之中。向警予牺牲以后，其遗体先葬于汉阳古琴台对面的六角亭，后迁于扁担山烈士陵园。1978 年，烈士墓移建于龟山西麓。邓小平同志亲笔题写了"向警予烈士之墓"。在黑色大理石的墓座上塑有向警予烈士的坐像（图 5-10）。向警予烈士墓于 1981 年由湖北省人民政府公布为省级文物保护单位。

图 5-10　位于武汉龟山的向警予烈士纪念园

（五）武汉国民政府旧址

武汉国民政府旧址即南洋大楼（图 5 – 11），位于汉口中山大道 708 号。南洋大楼是一幢六层的水泥钢筋结构建筑，由爱国华侨简氏兄弟于 1917 年投资兴建，1921 年落成，为当时武汉地区屈指可数的高大豪华建筑之一。1959 年武汉市人民委员会公布南洋大楼为市级文物保护单位。

图 5 – 11　武汉国民政府旧址

1926 年 10 月，北伐军攻克武汉后，国民政府决定从广州迁汉。同年 12 月，大多数国民党中央领导人到达武汉，选定南洋大楼为办公地址，正是在这里，国民政府做出了收回汉口、九江英租界的决定；1927 年 3 月，在这里召开国民党二届三中全会，会后改组的国民政府仍设于此；3 月下旬，国民政府迁至武昌湖北督军署（今武昌造船厂内）。

1986 年，南洋大楼三楼辟为武汉国民政府旧址纪念馆，1989 年元旦对外开放。1996 年 11 月 20 日，该馆被国务院公布为全国重点文物保护单位。

第三节　武汉会战

正如郭沫若在《洪波曲》中所说："武汉三镇，自北伐以来，在刀光剑影之下，已经窒息了整整十年。"在抗战初期，"沉睡了十年的武汉似乎又在渐渐地恢复到它在北伐时代的气息了"[1]。周恩来在为《新华日报》撰写的社论中指出："武汉是中华民国的诞生地，是大革命北伐时代的最高峰，现在又是全中华民族抗战的中心。"[2] 从 1937 年年底到 1938 年秋，武汉成为全国抗战的中心。

---

① 皮明庥，陈钧，李怀军. 武汉会战　三镇解放 [J]. 学习与实践，2005（10）：39 – 44.
② 武汉会战（1938 年 6 月 11 日至 10 月 25 日）[EB/OL].（2005 – 05 – 31）[2022 – 05 – 25]. http://www.southcn.com/news/china/china04/fkdejp/zdzy/200505310611.htm.

一、国共携手抗日

（一）国民参议会

1937 年 12 月 13 日，日军攻陷南京，制造了惨绝人寰的南京大屠杀。早在 11 月 20 日，国民党政府就宣布迁都重庆，政府机关先迁到武汉，这时武汉便成为国民政府的临时陪都。"八一三"淞沪抗战爆发后，全国掀起抗战热潮，国民政府抗日态度也趋向积极。蒋介石来到武汉，在武汉大学（此时该校已迁往四川乐山）举办了军官训练团。但这时，汪精卫已谋求与日本妥协，蒋介石也企图通过德国的斡旋而乞和，但没有成功。在节节进逼的日寇面前，蒋介石被迫继续抗战。

第五战区副司令长官兼第三集团军总司令韩复榘见敌就退，不予抵抗日军，1938 年 1 月，蒋介石将其逮捕并在汉口处决。与此同时，还有 43 名抗战不力的将领，国民党政府和军事委员会在武汉公布判决，其中死刑 8 人，处分 35 人。蒋介石借机既实现了排除异己的用心，也达到了整饬军纪、加强抗战决心的目的。

1938 年 3 月 29 日至 4 月 1 日，为应对抗战局面，国民党在武昌举行临时全国代表大会。大会制定了《抗战建国纲领》，并发表了《中国国民党临时全国代表大会宣言》，这标志着国民党在"七七"事变后政治上的进步和政策上的转变。大会有它的积极作用，但这种进步也是有限度的，《抗战建国纲领》中没有提出坚决将日本帝国主义驱逐出中国的主张，也没有提出召开国民大会、制定宪法、组织有抗日党派参加的政府、释放政治犯等，至于允许集会结社等许诺，也仅是一纸空文。

1938 年 4 月，国民政府决定设立国民参政会。毛泽东、董必武、秦邦宪、吴玉章、林伯渠、邓颖超、陈绍禹（王明）等共产党参政员于 7 月 5 日发表了《我们对国民参政会的意见》，提出动员各方面力量保卫大武汉，要求改革征兵制度，改善人民生活，普遍发动群众，保障人民权利。7 月 6 日，国民参政会首次会议在武汉举行。

（二）八路军办事处

在国共第二次合作共同抗日的政治形势下，1937 年 10 月，中国共产党在汉口成立了八路军驻武汉办事处（简称"八办"）。12 月，南京梅园新村的八路军办事处工作人员分批撤入武汉，并入武汉"八办"。

1937 年 12 月，中共中央政治局决定成立中共中央长江局。当月中旬，"八办"内设立长江局机关，陈绍禹任长江局书记，周恩来任副书记兼统战、军事部长。长江局承担指导南方和大后方各省党的工作，以及代表中共中央向国民党及其他党派进行统战工作等任务。

"八办"在附近的太和街，设立了新四军驻汉办事处和招待所。按照中共中央关于新四军军部暂驻武汉的意见，叶挺、项英先后到达武汉，在汉口太和街 26 号（今胜利街 332 ~ 352 号）筹建新四军军部。12 月，新四军军部在汉口成立，叶挺任军长，项英任政委。1938 年 1 月新四军军部移驻南昌后其驻汉办事处工作由"八办"代为处理。

在周恩来、叶剑英等的领导下，三个办事处实际上是一个机构，对外一律以"八办"名义进行工作，成为中共在南方的联络中枢。1938 年 10 月 25 日，"八办"撤往重庆。

"八办"是中国共产党在国统区实施党的抗战路线、领导抗日斗争的领导机构，在军界、政界、文化界和工人、学生中做了大量工作。武汉"八办"的公开工作是每月八路军军饷、军械、被服等的领取及转运，同时收转国际友人、华侨捐献的款项，接待各党各派各团体人士及其进步青年以及国际友人、爱国华侨，帮助他们到达延安等地。1938 年 5—8 月，通过"八办"输送到延安的青年就达 800 多人。

当时，世界各国爱好和平的人民纷纷以各种形式支持中国抗战，"八办"起到了桥梁作用。加拿大著名医生、国际主义者白求恩从国外经武汉于 1938 年春到达延安。印度大夫柯棣华于 1938 年 9 月率医疗队到达武汉，随后冲破国民党阻拦到达延安。斯诺（美国记者和作家）、斯特朗（美国记者）、史沫特莱（美国记者、作家和社会活动家）、路易·艾黎（新西兰社会活动家）、伊文斯（荷兰导演）等，也都是经由中共代表和"八办"的接待、介绍，来到武汉或从武汉进入延安等地，参加中国人民的抗日斗争。斯诺在 1938 年春夏与路易·艾黎在武汉成立工业合作促进会，建立战时合作社，组织难民自救，支持游击战争，并在菲律宾及南洋华侨中募集到 100 余万元捐款。史沫特莱在武汉组织"国际慰问团"，带着两卡车药物到山西慰问八路军。

为了宣传党的政治主张，1937 年 12 月 11 日和 1938 年 1 月 11 日，中共中央机关刊物《群众》周刊以及中共党报《新华日报》相继在汉口创办。周恩来、董必武和湖北省委还举办了河南鸡公山干部训练班、湖北应城汤池合作事业训练班。先后培训了 400 多人，为革命根据地和新四军第五师培养了大批骨干。

二、武汉大会战

（一）武汉保卫战

武汉位于长江中游，是当时中国第二大城市和内陆的重要交通中心，同时也是对外援助运往内陆的枢纽。日军占领南京后，武汉实际上成为当时全国军事、政治、经济中心和战时首都，日军预期武汉陷落将令中国停止抵抗。1938 年 5 月徐州失守后，日军遂把攻占武汉作为下一个战略目标。抗日正面战场转移到武汉外围地区，围绕着武汉的攻守，中日双方统帅部进行了周密的军事部署。

日本大本营陆军部攻占南京后就开始研究所谓"攻占汉口作战"，计划华北日军沿平汉线南下，京沪地区日军沿长江西进，夹攻武汉。6 月 5 日，日军攻占开封后，准备再占郑州，打通平汉、津浦、陇海三线，为向南进攻武汉做准备。国民政府为阻滞日军前进，施行"以水当兵"的计划，炸开郑州以北花园口黄河大堤，使豫皖 3 000 多平方千米土地成为泽国。于是，日本大本营修改武汉作战计划，决定以主力沿长江西进，进占武汉。6 月 13 日，日本御前会议确定武汉作战方案。同日，日军攻占安庆。18 日，日本大本营下令进行武汉作战准备。日军拟以一部沿大别山北麓推进，从北面包围武汉，进行配合作战；一部沿长江两岸向武汉推进，从东面、南面包围武汉，进行主攻作战；另有海军舰队、航空兵团进行支援作战。

1937年12月13日，南京失守当日，国民政府就决心以确保武汉为核心，军事委员会拟订了保卫武汉作战计划。1938年1月17日，武汉卫戍总司令部正式成立，由陈诚任卫戍总司令。徐州失守后，国民政府军事委员会进一步调整和加强保卫武汉作战的指挥机构及兵力。6月5日，军事委员会在武汉召开会议，决定由蒋介石担任保卫武汉作战的总指挥。6月中旬制订了武汉保卫战计划，将防御重点放在武汉外围，预计作战时间为4~6个月，拟通过对日军有限度地阻滞和消耗，为以重庆为中心的大后方的巩固争取时间。为加强长江以南防务，6月14日国民政府军事委员会编组第九战区，以陈诚为司令长官兼武汉卫戍总司令。

5月徐州失守后，国民政府军事委员会调整部署，利用大别山、鄱阳湖和长江两岸地区有利地形，组织防御，保卫武汉。江北防务由第五战区负责，江南防务由第九战区负责。另为防备华北日军南下，以第一战区在平汉铁路郑州至信阳段以西地区防御；为防备日军经浙赣铁路（杭州—株洲）向粤汉铁路（广州—武昌）迂回，第三战区在安徽芜湖、安庆间的长江南岸和江西南昌以东地区防御。武汉卫戍部队负责武汉核心阵地的防御。

在紧锣密鼓的准备中，抗战时期正面战场上规模最大的，以武汉为中心，以河南、安徽、湖南、江西为广阔外围的"武汉会战"一触即发。6月11日，日本海军当局通告驻汉口各国领事，称溯江进攻武汉的作战已经开始。6月13日，日军占领安庆，同日占领桐城。安庆作战拉开了武汉会战的序幕。

"保卫大武汉"的战斗首先是在武汉的天空打响的。1937年12月，日本侵占南京后，溯长江西犯。翌年春，日军航空兵开始重点对武汉地区空军基地进行连续大规模空袭，企图摧毁其空中抵抗力量。当时，力量弱小的中国空军的飞机集中在汉口、南昌机场。1937年年底，数百架苏制飞机运抵武汉，苏联空军志愿队也成批抵达武汉，这在一定程度上增加了中国争夺制空权的力量。中国空军在苏联空军志愿队配合下，英勇抗击，1938年2—5月多次与日军展开空战，其中规模较大的有三次。

1938年2月18日中午，38架日机向武汉飞来。驻防汉口王家墩机场的中国空军第四大队29架战机升空迎击，击落敌机12架，己方损失飞机4架，大队长李桂丹、中队长吕基淳和队员巴清正、王怡、李鹏翔殉国。"二一八空战"是武汉抗战时期的首次空中大捷。2月21日，武汉举行空战祝捷大会（图5-12），公祭牺牲烈士，会后有2万多人参加大游行。

日军为庆祝4月29日的"天长节"（日本天皇裕仁的生日），计划出动39架飞机轰炸武汉。中国空军于几天前获悉这一重要情报，提前进行了作战部署。是日，中国空军和苏联志愿空军出动2个大队67架战机实行截击。经过30多分钟的激烈空战，击落日机21架，自损战机12架。少尉飞行员陈怀民烈士向敌机撞击，血洒武汉蓝天。"四二九空战"不仅是武汉抗战期间，而且是全国十四年抗战时期最激烈的一次空战。

图5-12 武汉民众庆祝空军胜利游行

日军遭此惨败后，5月31日，日军再次派出54架飞机进犯武汉，中国空军和苏联空军志愿队在汉口北方上空采用合围攻击的方法截击日机，30分钟的战斗击毁敌机14架，是为"五三一空战"。此外，为了打击日军气焰，5月19日下午，中国空军第十四队队长徐焕升、副队长佟彦博分别驾驶"马丁式"飞机，搭载20万张传单，从汉口王家墩机场起飞。这两架飞机一路奔袭，向日本长崎、福冈、久留米、佐贺等主要城市散发传单，号召日本人民不要为军阀侵略战争卖命，然后，安全返回祖国。这次对日本本土不耗一颗弹、不流一滴血的"空袭"行动被称为"人道飞行"，在国际上产生了巨大反响。

前后5个月的作战，中国空军和苏联空军志愿队紧密配合，取得了很大的战绩。因力量悬殊，6月中旬以后，武汉的制空权完全被日军夺取，但中国空军仍不断以主力出击轰炸长江上的日舰艇以及芜湖等地日军机场，并继续抗击日军对武汉的空袭，直到主动放弃武汉。

（二）武汉沦陷

日本大本营于1938年7月初对参加会战的日军重新调整部署：第二军4个师团以合肥为集中地，向大别山北麓前进；第十一军5个半师团以九江为集中地，沿长江两岸前进；另以4个师团占领、坚守湖口下游；航空兵团负责空袭。

1938年8月20日，已在合肥集结的日军第二军下达作战命令，决定兵分两路，北路沿淮河南岸直取信阳，南路沿大别山北麓西进直插武汉。北路日军虽在占领安徽六安后，向河南开始推进，10月12日攻占信阳，但沿途遭到中国军队的顽强抵抗，伤亡惨重。10月16日，日军从信阳南下，沿平汉线西侧进击武汉，但又在桐柏山一带遇到中国军队阻击，直至武汉沦陷后，日军才打出桐柏山向孝感推进。南路日军在险峻的大别山遭到中国军队巧妙顽强的阻击，于10月25日才突破大别山占领麻城。在中国第五战区军队顽强阻击下，日军第二军未能直接参加攻占武汉的作战，从而延长了武汉会战（图5-13）的时间。

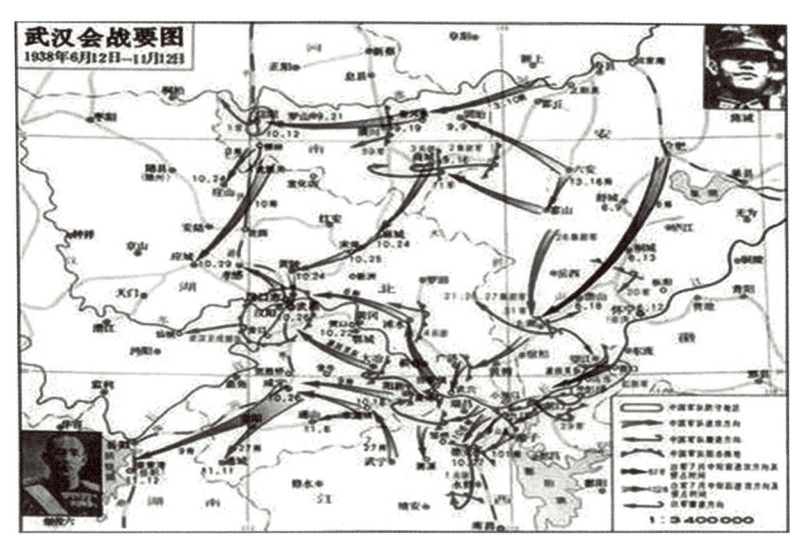

图 5-13　武汉会战形势

长江沿岸的战斗比大别山一线更为激烈。8 月上旬，日军在九江集结兵力。在北岸，日军于 1938 年 8 月 30 日进攻广济，与中国守军激战一周，9 月 6 日攻占县城梅川。日军遂向县城西南的田家镇要塞推进，遭到中国守军的拼死抵抗。9 月 29 日，在日军飞机和大炮的猛烈轰炸下，田家镇防御工事被摧毁，田家镇失陷，鄂东再无险可守。在南岸，日军于 1938 年 9 月 14 日占领马头镇要塞。接着，中国军队与日军在富池口血战，日军最后通过施放毒气，攻陷富池口。此后日军继续向西推进，10 月 27 日占领贺胜桥以南的桃林镇。长江北岸的日军在得到补充后，长驱直入，攻占蕲春、浠水、新洲，10 月 24 日攻占黄陂。

当日军沿长江向武汉进逼的时候，中、日军队在庐山南北也打得难解难分。中国守军顽强抗击，给日军以沉重打击。庐山、德安地区的战斗，直至武汉沦陷后才告一段落。

与此同时，日军为了策应武汉大会战，并切断中国同国际的联络，1938 年 10 月 12 日在广东南海大亚湾登陆，21 日占领广州，切断了粤汉铁路。

至 1938 年 10 月 24 日，日军已对武汉形成了东、北、南三面包围的态势。在这种情况下，武汉已经很难坚守，死守武汉已无战略意义，于是中国军队决定于 10 月 25 日撤出武汉。24 日晚，作为战时最高统帅的蒋介石乘飞机离开武汉之前下达了"将凡有可能被敌军利用之虞的设施均予以破坏"的"焦土抗战"的命令，致使武汉整整燃烧了两天。25 日，日军从黄陂向汉口推进，当晚都城联队由汉口东北角侵入市区，至 27 日全部占领汉口。26 日晨，日军波田支队于大堤口、武胜门各码头登陆，占领武昌。27 日，武昌、汉口日军渡江占领汉阳。

至此，历时四个多月的武汉大会战宣告结束。1938 年 10 月 31 日，蒋介石发布《武汉撤守告全国军民书》，称"抗战军事胜负之关键不在于武汉一地之得失，而在保持我继续抗战持久之力"。

抗战初期发生在武汉外围的这次大规模战役，是十四年抗战中，中、日双方投入兵力最多、时间最长、规模最大的一次会战。日军前后投入的作战兵力达 35 万余众（是时，日本全国陆军的总兵力约 90 万人），中国参战的部队则更达 130 个师，100 多万人，战事沿长江一线展开，扩展到大别山山麓、赣北南浔铁路以及武汉近郊，纵横数千里。日军虽然达到了攻占武汉的战略目的，但付出了死伤 20 余万人的代价。中国军队虽然被迫弃守武汉，但大大消耗了日军有生力量，为巩固大后方争取了宝贵时间，在此期间完成了工业、金融和文化教育机构的西迁，为坚持长期抗战保存了国力，也迫使日本从战略进攻转为战略相持。

（三）武汉大会战的特点

1938 年的武汉事实上已成为战时首都，是全国抗日运动的中心。国共两党和全国各党派、各阶层、各民族爱国同胞及海外侨胞会集在这里，在抗日民族统一战线的旗帜下众志成城，团结抗战，浴血奋战，共赴国难，彻底粉碎了日军"三个月灭亡中国"的速胜图谋，战争态势也由此发生了根本性改变。

武汉大会战具有三大特点[1]：一是战区面积大，卷入人数多，实为历史罕见。从 1937 年年底到 1939 年上半年，在大约一年半的时间内，中、日两方近 4 亿人卷入，这个数字约相当于欧洲的总人口，作战区域涉及 12 个省 300 多万平方千米的土地，这个面积约相当于半个欧洲。这样的战争规模在当时世界上是独一无二的。二是参战军队多，作战范围广。在当时的主要战场，中国参战的军队达 100 多万人，日军集结了 35 万多兵力。武汉抗战时期国共合作抗日，正面战场与敌后战场互相支持配合，歼灭消耗了日军大量有生力量。此外，还有外围战场，中国共产党领导的八路军转战华北，与日军作战 1 000 余次，深入敌后的新四军，大量消灭了敌人有生力量。三是战事异常激烈，双方伤亡大。武汉大会战惨烈程度在反法西斯战争中十分罕见，双方军队伤亡在 130 万人左右，中国伤亡将军以上的达 10 多人，日军将校级军官近百人阵亡。日军违背《日内瓦议定书》，在战争中施放毒气达 375 次之多。由于战争侵害，在不到一年的时间内，中国平民死亡近 100 万人。

武汉大会战时期的中国是世界反法西斯战争早期的主战场，抗击和牵制了日军主力，把日军主力牢牢固定在中国战场上动弹不得，打破了日军的侵略计划，使其不得不放弃武力进攻苏联的所谓"北进"计划，推迟了"南进"计划，这对于世界反法西斯战争的进程起到了重要的影响。毋庸置疑，武汉大会战是 1938 年世界反法西斯战争的中心。武汉大会战不仅是中华民族对外抗敌史上辉煌的一页，也是武汉城市史上辉煌的一页。

三、武汉受降

（一）新四军五师在武汉外围的抗战

新四军第五师是以湖北地区中共组织领导的抗日游击武装为基础建立的一支抗日军队。武汉沦陷后，新四军第五师长期在武汉外围坚持敌后抗日游击战争。

1939 年 5 月、6 月，中共先后派李先念、陈少敏率部从豫南进入鄂中开展游击战争。1939 年 12 月，成立鄂豫边区党委，1940 年 1 月，鄂东、鄂中、豫南三地中共领导的抗日武装整编为新四军豫鄂挺进纵队。1941 年皖南事变后，新四军重建军部，豫鄂挺进纵队

---

① 唐卫彬，余国庆，万后德. 武汉抗战：史实击破"西方中心论"[J]. 环球，2005（17）：76.

改编为新四军第五师，李先念任师长、政委陈少敏，下辖3个旅和3个纵队。新四军第五师活跃于华中，威慑着武汉。到1943年，整个鄂豫边区（豫鄂边区）所辖地区，由1941年的十几个县扩大到1943年的51个县，总人口达1 020余万人，主力军、地方军则发展到4万人，不仅活动于武汉外围，而且也进入武汉近郊。江汉地区与鄂中、鄂南连成一片。各地互相策应，从而实现了对日伪盘踞的武汉的战略包围。

根据中日战局发展，1944年8月八路军4 000多人组成国民革命军第十八集团军第一游击支队，王震任司令员，王首道任政治委员，执行南下任务。1945年1月27日，南下支队到达豫鄂边区领导机关所在地大悟山地区，进一步加强了第五师和边区的领导力量与作战力量。不久，南下支队与第五师张体学所部向湘鄂赣边境挺进，其活动扩展至武汉郊区。

在武汉沦陷后的七年抗战中，新四军第五师孤悬敌后，抗击了15万日军和8万伪军，对日伪军作战1 260次，歼灭日伪军43 770人，主力部队发展到5万余人，创建了鄂豫边区抗日根据地，解放了1 300多万人口，从战略上配合了华北、华东敌后战场，有力地配合了正面战场，成为华中抗战的中流砥柱。1945年第五师开始战略反攻，最终迎来了抗战的最后胜利。

（二）中山公园受降

1945年8月15日，日本宣布投降。日本投降前后，蒋介石一方面命令日伪军不得向八路军、新四军投降，要长期在武汉外围作战的新四军第五师"原地驻防待命"；另一方面，急调龟缩在大后方的国民党军队出山抢占大城市和交通要道，并进攻解放区。

1945年8月中旬，国民政府指定孙蔚如为第六战区受降主官，接收武汉等地区。8月23日，国民党第六战区部队向武汉进发。第六战区前进指挥所主任谢士炎少将于30日先期从恩施乘运输机飞武汉，开始办理受降工作。9月16日，王敬久的第十集团军进入武汉市区。17日，第六战区司令长官孙蔚如等乘船抵汉，在汉口上智中学设立第六战区司令长官部。9月18日，第六战区受降大会在汉口中山公园受降堂内举行。第六战区司令长官孙蔚如、副司令长官郭忏、武汉地区总受降官王敬玖、湖北省政府主席王东原以及美军军官等各界代表88人出席。下午3时许，孙蔚如接受了日军第六方面军司令长官冈部直三郎所部21万侵华日军的投降。冈部直三郎在受降书上签字。

至10月6日，武汉地区伪军改编后全部纳入国民党军队建制，变身"国军"。国民党军还从日伪手中得到了大量装备，这些都成为他们行将发动全面内战的武器。

四、武汉抗战遗址遗迹

（一）八路军武汉办事处旧址

抗日战争初期，中国共产党在国民党临时首都武汉建立了公开的办事机构——八路军办事处和新四军办事处，但实际上中共中央代表团是中国共产党在国民党统治区领导和联络的中枢。

1937年10月，八路军武汉办事处（图5-14）在汉口安仁里1号成立，12月办事处迁现旧址，中共中央代表团（对内为中共中央长江局）也在这里办公。1938年元月下旬，原设在附近的新四军军部迁往南昌后，由八路军武汉办事处代办新四军驻汉办事处的一切工作。

图 5 - 14　八路军武汉办事处旧址

八路军武汉办事处旧址位于武汉市江岸区长春街 57 号（原日租界中街 89 号），原为日商大石洋行，是一幢砖混结构的日式建筑，建筑面积 2 252.6 平方米。1944 年日军占领期间原建筑被美国飞机炸毁，1978 年重新修复旧址，建立八路军武汉办事处旧址纪念馆，1979 年正式对外开放。叶剑英为纪念馆题写馆名。旧址被列为湖北省省级文物保护单位。

纪念馆设有复原陈列和辅助陈列。复原陈列有周恩来、董必武、叶剑英等领导人的办公室、卧室，以及其他办公用房。辅助陈列有《武汉抗战》和《孩子剧团》等展览。同时，还对外放映抗战初期的资料影片。

（二）苏联空军志愿队烈士墓

位于武汉市汉口解放公园内的苏联空军志愿队烈士墓，长眠着为支援中国人民抗日战争而英勇献身的苏联空军志愿队 15 位国际主义战士。

1938 年的武汉空战，苏联空军志愿队牺牲了 100 多人。当时国民政府把能够收集到的烈士骸骨都葬在位于汉口中山大道陈怀民路的万国公墓中。1956 年武汉市政府在解放公园建立苏联空军烈士墓（图 5 - 15），将 15 位苏军烈士的遗骸从万国公墓里分离出来，迁到解放公园立碑安葬。

烈士墓左倚朝梅岭，右靠夕桂山，墓地面积 1 万多平方米。整个墓地都是依照苏联的习俗建立的，如纪念碑是方锥形，墓台是长方形，等等。墓碑碑座四面镌刻着中、苏两国国徽浮雕，烈士墓碑大约高 8 米，占地 1 平方米，碑身正面刻着"苏联空军志愿队烈士墓"十个大字，碑身背面用中、俄两种文字

图 5 - 15　苏联空军志愿队烈士墓

铭刻着"中国人民抗日战争中牺牲的苏联空军志愿队烈士永垂不朽"。与纪念碑相对的是淡青色的花岗石墓台，墓台长约32米，高3米，正面嵌15位烈士墓表，左、右置的记事碑，分别用中文和俄文镌刻。碑前宽阔的墓道两旁松柏成行、繁花似锦，使陵园景色愈加庄严瑰丽。

（三）中山舰

中山舰（图5-16）是以孙中山先生名字命名的中国近现代史上的一代名舰。中山舰原名"永丰舰"，1910年由清政府向日本订购，1913年被编入北洋政府海军，1925年3月，孙中山先生去世后，为纪念中山先生易名中山舰。

中山舰虽然吨位不大，却历经"护国运动""护法运动""孙中山广州蒙难事件""中山舰事件"和"武汉保卫战"五大历史事件，以它特有的历史而成为一代名舰。1938年10月24日，在武汉大会战中，中山舰与日军飞机激战75分钟后，在今天的武汉市江夏区长江金口水域被日机炸沉，舰长萨斯俊等25人阵亡。

图5-16 修复后的中山舰

中山舰是中国近现代史，特别是国民革命史上重要的历史见证物。1997年中山舰在武汉被整体打捞出水。2001年12月，中山舰的修复保护工程竣工。修复后的中山舰恢复了1925年时的历史原貌，保留了被敌机炸沉时的历史痕迹。2008年5月，中山舰被迁移至中山舰博物馆舰体陈列馆。

中山舰博物馆位于武汉市江夏区金口街中山舰路特1号，距武汉市中心城区25千米，总建筑面积约为11 000平方米。整个中山舰旅游区由中山舰博物馆核心区、武汉抗战纪念园、胜利广场与和平家园等部分构成。主体建筑由舰体陈列馆和辅助陈列馆两幢相连建筑构成，舰体陈列馆采用全钢结构，外形如同一艘战舰。与其相连的辅助陈列馆，外形为三角形，馆内辟有三大基本陈列——《中山舰复原陈列》《一代名舰——中山舰史迹陈列》及《中山舰出水文物精品陈列》。2011年博物馆正式对外开放。

武汉抗战纪念园区内的牛头山山顶耸立着中山舰遇难者纪念碑，25根剑直指南天的雕塑柱组成的纪念碑，象征着英勇迎战日本飞机而不幸阵亡的25名中山舰战士。

（四）国民政府第六战区"受降堂"旧址

1945年8月15日，日本政府宣布无条件投降。1945年9月18日下午3时许，第六战区司令长官孙蔚如上将代表国民政府在武汉举行第六战区受降仪式，接受日军第六方面军司令官冈部直三郎所部21万人的投降。

国民政府第六战区受降堂旧址（图5-17）位于汉口中山公园内西北角，是一座平顶厅堂式的横列建筑，长34米，宽12米，面积约400平方米。旧址原为建于1942年的张公祠，1945年9月第六战区在此举行受降仪式后，更名为"受降堂"。

122

图5-17 国民政府第六战区"受降堂"旧址

受降堂旁竖有一块高1.30米、宽0.345~0.395米的汉白玉受降纪念碑。碑上面刻有国民政府第六战区司令长官孙蔚如题写的碑文:"中华民国三十四年九月十八日,蔚如奉命接受日本第六方面军司令官冈部直三郎大将率属二十一万签降于此——第六战区司令官孙蔚如题。"这块珍贵的石碑现陈列于受降堂。

2000年武汉市文物部门将受降堂按原貌修复一新。受降堂内会场布置一如往昔,正中摆设着一个铺有白色台布的长桌,大厅正中挂着孙中山遗像,两旁是中、苏、英、美等反法西斯国家的国旗。2000年9月18日受降堂正式对市民开放,2002年被批准为省级文物保护单位。

(五) 国民政府军事委员会政治部第三厅旧址

国民政府军事委员会政治部第三厅旧址位于武昌县华林武汉市第十四中学内,房屋坐北朝南,背后紧靠凤凰山,原为湖广总督林则徐兴建的丰备仓遗址。1903—1907年,张之洞先后在此创办东路高等小学堂、文普通中学堂,1912年为湖北省城第一中学堂。三厅当时的用房大多已毁,仅存砖木结构二层楼房一幢,为当年工作人员住房。

1938年4月1日,国民政府军事委员会政治部第三厅在武昌县华林组建成立,由政治部副部长周恩来直接领导,厅长郭沫若。第三厅主管宣传,下设三处九科,胡愈、田寿昌(田汉)、范寿康分任处长,冯乃超、洪深、史东山、光未然、冼星海、徐悲鸿、张曙等著名文化人分别担任科员。第三厅编制300人,加上附属的4个抗敌宣传队、10个抗敌演剧队、1个孩子剧团、1个漫画宣传队、1个电影制片厂、5个电影放映队,以及勤杂人员和警卫人员等,总计达3 500多人。

第三厅人才济济,从厅长到科员几乎都是当时中国文化界的名流巨子,时人盛称其为"名流内阁"。第三厅所会集的这批全国思想文化界知名人士,组成了领导抗日救亡文化宣传活动的坚强阵容,使许多宣传抗日救亡的群众活动得以公开地、有领导地、有计划地进行。

第四节　武汉新生

一、反对美蒋统治的运动

1946年12月，北平发生美国士兵强奸北京大学女学生事件，激起了全国人民的无比愤慨。以北平学生为先导，全国范围的学生抗暴运动很快形成。中共武汉地下党组织在武汉积极开展"第二条战线"的斗争，发动学生运动、工人运动，掀起反对美蒋统治的风暴。

（一）反对美蒋统治的学生运动

1947年1月5日，武汉大学教授电呈国民党行政院、教育部，声援北大教授提出的严惩美方犯罪士兵等正义要求。1月15日，武汉大中学校学生在武昌东厂口集合，举行反对美军暴行的游行示威。这一游行示威，同时揭开了武汉"反饥饿、反内战、反迫害"学生运动的序幕。

1947年5月20日，京、沪、苏、杭学生6 000余人在南京举行联合示威游行，遭到国民党军警残暴镇压，造成震惊全国的"五二○"惨案。5月22日，武汉各高校举行"反饥饿、反内战、反迫害"的示威游行，声援南京学生。当天清晨，武大学生进入武昌城向省政府请愿，引起了当局的极大恐慌。5月31日深夜，1 000多名军警宪特将武汉大学四面包围，然后闯入学生宿舍，进行大搜捕。大批学生被军警强行带走，学校的教授们也不能幸免。其他同学见状，义愤填膺地大声抗议："我们犯了什么罪！"突然，珞珈山上响起了密集的枪声，埋伏在周围的军警用机枪、步枪等武器向毫无防备的学生开始了血腥屠杀，手无寸铁的大批学生顿时倒在血泊之中，黄鸣岗、陈如丰、王志德三位同学惨死。

"一人倒下去，千万人会站起来！"震惊全国的武汉大学"六一"惨案发生后，武汉大学师生不顾敌人的暴力威逼，举行各种追悼烈士的活动，发表了为死难者复仇的决议。6月23日武汉大学追悼会上，南京校友送来了哀挽，武汉三镇大中学校都派代表执绋送丧，并绕游行一周。

（二）反对美蒋统治的工人运动

在学生运动高涨之时，武汉中共地下党组织深入工厂，策划和发动工人运动。1947年9月初，国民党军政部联合后勤总司令部被服厂（位于硚口，简称被服厂）贴出布告，要求全厂职工在10月底完成计划和追加任务，并允诺每个职工发40万元奖金。但任务完成后，厂方却不兑现承诺，引起了工人的强烈不满。工人们毅然举行罢工，冲出厂门，到"武汉行辕"请愿，但未获结果。次日，工人又整队集合，准备再次前往行辕请愿，但在厂门口遭到武装厂警和特务镇压，工人蔡绍仪、丁海泉被当场打死，十几个工人被打伤。这就是震惊全市的"一一·七"血案。

血案发生后，全厂8 000多名工人宣布总停工，各车间也成立了"一一·七"血案支援委员会。11月12日，召开了有外厂工人参加的万人追悼大会。为平息工潮，联勤总部从南京派专员来厂进行调停，工人代表提出"杀人抵命，枪毙凶手""厂长撤换查办"等

8 项严正要求。在全厂工人和社会舆论的强大压力下，特派员被迫同意工人要求，撤去徐福海厂长职务，当众逮捕了厂警队头目钱汉章、戴续林等，并将他们押至灵堂前跪下请罪。同时，答应发给工人奖金，对死者家属进行抚恤。这场斗争，以工人的最后胜利而宣告结束。

这场斗争后，武汉人民"反饥饿、反迫害"斗争进一步扩展。三十兵工厂、一纱、海军工厂相继罢工，江岸车辆厂工人发起要棉衣的斗争，武汉泥木工人也组织罢工。斗争一浪接一浪。在斗争过程中，党在三十兵工厂、一纱、汽车修配厂、鄂南电力公司等先后建立起自己的组织。

中华人民共和国成立前夕武汉轰轰烈烈的工人运动，是武汉工人阶级在中国共产党领导下，直接起来参加埋葬蒋家王朝的历史性行动。

（三）反搬迁、反破坏

1949 年 4 月 21 日，毛泽东主席、朱德总司令向中国人民解放军发布向全国进军令，渡江战役开始。人民解放军很快突破长江天险。4 月 23 日中国人民解放军占领南京之后，势如破竹，解放武汉已指日可待。为了配合中国人民解放军做好接管武汉工作，4 月 29 日，中共武汉地下市委通过了《为保卫城市度过青黄不接，进入接管而斗争》的报告，把工作中心转移到准备接管和反迁移、反破坏方面来。党组织发出秘密传单，发动群众团体，联络各界人士，揭露敌人的破坏阴谋。中共地下党组织工人、市民、学生，反对敌人的搬迁和破坏，进行护厂、护校斗争。

当时在中共地下党领导和影响下，武昌还成立了自卫大队，下辖 3 个中队、9 个分队、27 个小队、1 个救护医疗队，共 3 000 多人。每个中队配有 100 多支步枪，按地段进行值勤。自卫大队为保护武汉社会财产和公用设施的安全，为保护人民生命财产和社会秩序的安定，为迎接武汉的解放做出了重要的贡献。

二、武汉解放

（一）张轸金口起义

中国人民解放军渡江战役开始后，国民党在武汉的统治已经朝不保夕。国民党战略顾问委员会主任、华中军政长官白崇禧见大势已去，决定南撤。

1949 年 5 月 8 日，武汉警备司令部宣布，武汉进入战时状态，实行军事管制，军队开始南撤。之后，华中"剿总"的各级官员，携带家眷和大量财物，抢登火车、汽车，纷纷南逃。15 日下午，白崇禧乘专机离开武汉去湖南，最后留守在武汉的第五十八军随后撤离。至午夜，武汉三镇进入了黎明前的"真空"时期。

就在白崇禧南逃的当天，华中"剿总"副总司令、第十九兵团司令、河南省政府主席张轸率第一二七军一个师、第一二八军三个师，共 2 万多人，在武昌金口、贺胜桥一带起义。张轸在第一次国内革命时期就受到共产党员林伯渠的影响，抗战时与八路军驻第五战区长官部代表朱瑞、唐天际又有接触，后到重庆，又结识了周恩来、叶剑英。1948 年淮海战役开始前，张轸请民主人士李世璋与华东地区共产党组织取得联系，并向中共中央反映了要求和打算。中国共产党还派出专人与张轸联络。

1949 年 3 月，张轸率部南下武汉，继续相机起义；5 月初，在得知白崇禧决定弃守武汉的计划后，张轸决定在第七军撤走后实行起义，并秘密争取与鲁道源的第五十八军一起行动。鲁道源拒绝，并向广州顾祝同告密。5月14日，白崇禧从广州回汉，约张轸至武昌，出示顾祝同拍来的电报："据密报，张轸勾结共匪，图谋叛变，请将其师长以上军官拘押送广，从严法办，所部就地解散。"面对白崇禧的质问，张轸镇定自若，白崇禧半信半疑，于是命他电话通知所部师以上军官第二天上午10点都来武昌开会。张轸表示服从命令，同时请求允许到第十九兵团驻汉办事处去一趟。待白崇禧同意后，张轸直奔金口鲍汝沣师部，下车后即通知各师师长召开紧急会议，决定立即宣布起义。

起义后不久，中国人民解放军第四野战军邓子恢副政委、毛泽东主席、朱德总司令均来电慰问、欢迎张轸的起义归来。张轸起义成功，分散了白崇禧的南逃军力，也配合了武汉的解放。

（二）武汉的新生

1949年5月15日，国民党第五十八军全部撤走后，武汉进入"真空"时期。武汉地下党已在事先发动并组织群众，通过工人护厂队、纠察队、自卫大队以及武汉临时救济委员会等，维护社会治安。全市警察上岗，消防队上街，由工人和学生组成的自卫队、纠察队巡逻大街小巷，分段值勤，水、电等公用设施都派专人保护。

当天深夜，武汉119万人民（汉口84.6万人，武昌、汉阳34.4万人）以急切和兴奋的心情，盼待中国人民解放军进城。在彻夜灯光下，人们纷纷书写标语，制作彩旗，缝制红旗，迎接着自己解放的盛大节日。

16日清晨，武汉各界代表人士乘车到滠口，迎接中国人民解放军。下午3时，中国人民解放军第四野战军第一一八师的一个先遣营正式进入汉口。该营由举着"天亮了"三字横幅的学生队伍为先导，由黄浦路经中山大道进入汉口市中心（图5-18）。6时许，邓岳师长亲率第一一八师开进市区。

图5-18　解放军行进在汉口中山大道上

汉口市万人空巷，夹道欢呼。中山大道被挤得水泄不通，红绿彩纸漫天飞舞。口号声、鼓掌声、欢呼声、鞭炮声汇成了欢腾的激流。正如邓岳师长后来所说："三十多年前，武汉人民倾城出动欢迎解放军的热烈场面，我至今仍然历历在目，久久不忘。……部队进入了市区，到处呈现出一幅幅激动人心的画面……像过盛大的节日一样。"[①]

17日清晨，汉阳工人代表驾驶几十辆汽车，出城迎接解放军。下午，江汉军区独立一旅1万多人在旅长李人林、政委齐勇率领下从蔡甸整装出发，经十里铺，由邓家岭进入汉阳，受到汉阳人民盛况空前的热烈欢迎。

武昌方面，16日傍晚，武汉临时救济委员会和自卫大队在黄鹤楼上竖起一面红旗，作为欢迎中国人民解放军进入武昌的信号。17日下午2时半，刚进占汉阳不久的独立一旅，派一部渡江到武昌维持秩序。5时左右，中国人民解放军第四野战军先遣兵团第一五三师从葛店出发，沿武冶公路进入武昌市区，武昌人民倾城出动，载歌载舞欢迎大军入城。

整个武汉三镇解放了，武汉回到了人民的手中。5月20日，中共湖北省委、省人民政府和湖北省军区宣告成立，李先念任省委书记、省人民政府主席和省军区司令员兼政治委员。5月22日，武汉市军事管制委员会成立，谭政为主任，陶铸为副主任。5月24日，武汉市人民政府成立。同日，发布第一号布告，宣布划前汉口市、武昌市和汉阳城区所辖地区成立武汉市人民政府，吴德峰为市长。5月25日，中共武汉市委员会正式成立，张平化为市委书记。新生的武汉在中国共产党领导下揭开了历史上最新、最灿烂的篇章……

革命战争年代，中国共产党领导人长期在武汉领导革命斗争，从"五四"到北伐，从"二七"到抗日、反蒋，每一个时期，无不留有他们的历史印记；社会主义建设时期，他们一如既往地关注武汉的"成长"，从毛泽东长江里的劈波斩浪，东湖边的夜以继日，到邓小平武昌站指点改革开放的江山，共和国领导人的足迹遍及武汉三镇，在他们的关怀下，武汉正在中部崛起的航道上扬帆起航。

武汉历史久远、地理形胜，不仅是一个商业重镇、工业航母，而且是一个革命大都会，尤其是在新民主主义革命的旅途中，它饱经沧桑，状态巍峨，时而沉吟，时而怒吼！武汉，华夏之中坚！武汉，历史之见证！武汉，未来之无量！

三、遗址遗迹

（一）武汉大学"六一"惨案纪念亭

1947年6月1日，国民党军警千余人突然包围武汉大学，搜捕进步教授和学生，并开枪打死三名学生，制造了震惊全国的"六一"惨案。6月4日，武汉大学"六一"惨案善后委员会召开联席会议，决定在校内建筑一座纪念亭，以作永久之纪念。

位于武汉大学教四门前的"六一"惨案纪念亭（图5-19）建于1947年11月。亭高约7米，上部攒尖顶为木质结构的六角飞檐，下部六根用水泥筑成的朱红圆柱支撑，蕴含着六月之意。亭中立有一块石制纪念碑，碑身高1.46米，宽约0.58米，碑阴刻有"死难

[①] 邓岳. 挥师南下　解放武汉 [J]. 武汉文史资料，2009（4）：20-22.

三生传", 简要介绍了三烈士的生平及死难经过。1983 年被武汉市人民政府列为市级文物保护单位。

图 5 - 19　武汉大学 "六一" 惨案纪念亭

（二）武汉国际渡江节

中华人民共和国成立后, 毛泽东几乎每年都要到武汉来。居住时间短则一月, 长则半年。毛泽东对武汉情有独钟, 除了历史原因之外, 万里长江是个重要的因素。

1956 年 5 月 31 日毛泽东第一次在武汉畅游长江, 挥笔写下了雄浑壮丽的名篇《水调歌头·游泳》, 留下了 "万里长江横渡, 极目楚天舒" "不管风吹浪打, 胜似闲庭信步" 等脍炙人口的名句。1956—1966 年的 11 年间, 毛泽东实际畅游长江 40 多次, 其中 17 次是在武汉。

在位于汉口江滩公园内、江滩防洪纪念碑正对面的武汉横渡长江博物馆的一侧伫立着一艘编号为 66 - 716 的快艇, 1966 年 7 月 16 日毛泽东最后一次畅游长江后登上的正是这艘快艇, 快艇也因此更名为 "716 艇"。2013 年 12 月 26 日毛泽东诞辰 120 周年之际, "716 艇" 光荣退出现役。

武汉横渡长江活动历史悠久, 久负盛名, 1934 年开始就举行过横渡长江活动。1956 年, 毛泽东在武汉畅游长江后, 武汉横渡长江活动因之闻名于世。1958—1984 年, 武汉人民共举行 25 届畅游长江活动。1992 年畅游长江活动重新恢复, 截至 2017 年总届次已达 43 届。如今, "武汉国际渡江节" 已成为武汉具有强烈吸引力的旅游项目, 当来自中国和世界的游泳高手跃入大江、劈波斩浪时, 武汉便展示了自己向世界开放的博大情怀。搏击长江已成为武汉的一道风景。

（三）梅岭一号

掩映在密林丛中的梅岭位于东湖西畔的东湖宾馆内, 这里是临湖的一块高地, 早春, 梅花竞相开放, 因此有了 "梅岭" 这个美丽的名字。整个建筑群由三栋别具中国传统风格的砖石建筑组成，被分别命名为梅岭一号、梅岭二号、梅岭三号。梅岭一号（图5-20）是一排平房，是毛泽东在武汉时的起居之所，主要包括会议室、办公室及卧室，还有一个内庭院，庭院内古木蔽日、曲径通幽。梅岭二号是中办领导及警卫人员的住处。梅岭三号是活动场所，可以用来举行大规模的会议、接见来宾。

图5-20　东湖宾馆梅岭一号

梅岭一号是毛泽东晚年工作和生活过的居所，被他称为"白云黄鹤的地方"。20世纪50年代，毛泽东每次来武汉，都是住在东湖宾馆的南山甲所，先后下榻15次。从1960年梅岭一号建成到1974年的14年间，毛泽东每到武汉，必定住在东湖宾馆的梅岭一号，下榻29次之多。除了北京中南海，武汉东湖宾馆是毛泽东居住时间最长的地方。东湖宾馆也由此享有了"湖北中南海"的美誉。

毛泽东在东湖宾馆处理党和国家大事，接见外国首脑，纵论天下大事。毛泽东在这里运筹帷幄做出重大决策，在这里他接见过蒙哥马利等外宾，在这里写下了《水调歌头·游泳》。1974年10月4日，毛主席在梅岭一号让机要秘书拨通北京的电话，提议由邓小平出任国务院第一副总理，这是毛泽东在武汉做出的最后一个关系国计民生的重大决定。

许多其他国家领导人也在梅岭留下了足迹。1967年10月，周恩来总理在梅岭礼堂会见阿尔巴尼亚人民议会代表团。1974年12月，邓小平作为国家副总理陪同毛泽东一起在梅岭一号接见外宾。1980年7月，邓小平还曾下榻东湖宾馆梅岭一号。李先念、江泽民以及胡锦涛也都曾来东湖梅岭居住或参观过。

1993年年初，梅岭揭开了其神秘的面纱，正式对外开放。现在，这里已经成为人们缅怀毛泽东晚年经历、了解中国当代历史的一处游览胜地。

（四）武汉防洪纪念碑

1969年，武汉市政府为纪念1954年武汉战胜特大洪水，在汉口滨江公园江堤上兴建了武汉防洪纪念碑。

武汉防洪纪念碑面向大江，占地面积 1 160 平方米，台基高 4.9 米，正面与两侧设宽大台阶，四周围以护栏保护。碑身高 37 米，碑顶立有直径 1.8 米的五角红星，下饰红绸、葵花簇拥天安门图案。碑身正面镶嵌的乳白色大理石上有毛泽东的亲笔题词："庆祝武汉人民战胜了一九五四年的洪水，还要准备战胜今后可能发生的同样严重的洪水。"题词上部红瓷砖上还嵌有毛泽东头像。基座正面镌刻有毛泽东诗词《水调歌头·游泳》，左、右侧面为武汉人民抗洪抢险大型浮雕，浮雕造型生动，气势雄伟。

第六章

惟楚有材

民族之昌盛，教育为基础。文艺复兴，推动了欧洲工业文明；明治维新，促成了日本近代文明。几千年的华夏文明，有赖于孔子的办学和后起的科举……

近代中国，闭关锁国，落后挨打，最早睁眼看世界的先贤们，首先注重的是民智之开启，师夷长技以制夷。湖北的教育，武汉的教育，张之洞督鄂功莫大焉。

科教兴国，科教兴市。现在的武汉，是为"大学之城"，科研机构林立，各类人才层出不穷。惟楚有材，江城荟萃！

第一节　教育勃兴

在中国数千年历史发展史上，教育始终占有重要地位，书院在教育史长河中则一度是滔滔主流，是一种独特的文化新现象和极具特色的一种制度。武汉的书院在我国历史上产生过影响，问津书院是孔子的遗址，至今保留完好。

汉口开埠，列强在对武汉经济进行搜掠的同时，西方文明随之楔入，武汉的科教文化被注入新的活力。湖北的教育，武汉的教育，张之洞督鄂功莫大焉。

百年大计，教育为本，改革开放后，武汉在全国率先确立了"科教兴市"的基本市策，确定将教育事业放在优先发展的战略位置，武汉教育步入了发展的快车道。

一、古代书院

早在殷商时期，盘龙城里就已出现与政治、军事、生活结合在一起的教育文化。先秦时期，以屈原为代表的楚文化崛起，它以其独有的魅力，至今仍影响着江汉平原、华夏大地。

官学、私学、书院是中国古代最重要的教育组织形式。据《民国湖北通志》记载，湖北学校教育大致始于宋庆历年间。书院是私学发展的高级形式，它是一种不是官学但有官学成分，不是私学但与私学有内在联系的独特的教育制度。它萌芽于唐，兴盛于宋，延续于元，普及于明清，改制于清末，延绵 1 000 余年，是集教育、学术、藏书于一体的文化教育机构。武汉地区最早的书院号称凤栖山书院，由南宋理学家朱熹的得意弟子黄干在汉阳凤栖山所建。之后，在历代王朝尊孔崇儒的文教政策下，武汉书院如雨后春笋般发展起来，有的还在我国历史上产生过重大影响。

问津书院（图 6-1）坐落于武汉市新洲区旧街孔子河畔，它是湖北省唯一的孔子遗迹，也是武汉市乃至湖北省保存最好的古代书院之一。

元初，元朝统治者为了巩固其统治，派人招揽亡宋的硕学名儒入朝为官，以笼络人心。曾任南宋湖广儒学提举的龙仁夫，接到元朝的授官令后避不赴任，而是隐居在黄州黄冈县西北的孔子山麓，于其居室立院讲学，时称"孔子山庙学"，也称"龙仁夫书院"。龙仁夫特邀江西名儒吴澄，楚黄名士吴应澍、董敬中等往来会讲，问津讲学之风由此大开。清代翰林陈大章"往事麟洲迹久讹，讲堂犹系宋山河。凭将一掬西台泪，洒作千秋正气歌"① 一诗就讲述了龙仁夫讲学书院的史实。

图 6-1 问津书院

在孔子山麓不远的孔子河畔有一所孔庙,相传为春秋时孔子周游列国,自卫使楚,使其弟子子路问津之处。为纪念此事,西汉淮南王刘安在此修建孔庙(问津书院前身),召集儒士在此讲学、著书立说。后来,随着历代帝王对孔子的尊崇封赐,孔庙受到历朝地方官吏和儒士们的推崇保护。其间,由于战乱,孔庙几度被毁。明代儒士萧继忠《过问津河》中的"雾暗秦碑涩,云生汉殿荒"②,就是对孔庙兴衰的真实写照。元末明初战乱不断,孔庙几经毁损,地方官绅便将孔庙和书院合宫而建,取子路问津意,将其命名为问津书院。龙仁夫被尊为问津书院的开山鼻祖。

元、明两代,问津书院文风鼎盛,名儒云集,发展十分迅猛。曹端、胡居仁、陈献章、王守仁、湛若水、耿定向,东林学者邹元标、顾宪成、高攀龙等一大批名儒学者相继到问津书院讲学,使问津书院声播海内、名噪一时,成为当时可与白鹿洞、鹅湖、东林、首善等相媲美的书院。

清代,问津书院逐步为地方官绅所控制,成为官方科考取士的场所,培养了为数甚多的举人、进士、名儒和政要。楚黄学士儒生在此论道讲学、会课、会考。清康熙年间湖广提学副使蒋永修在"书院碑序"中写道:"惟楚有材,雄长天下,独黄为之冠"③;清乾隆楚北大儒学者陈诗云:"惟楚有材,黄郡实当其半。"由此可见楚黄问津书院当时的教学实力和辉煌业绩。"惟楚有材"在问津书院得到了充分的印证。

二、张之洞与武汉近代教育

汉口开埠,列强在对武汉经济进行搜掠的同时,西方文明随之楔入,武汉的科教文化被注入新的活力。1889 年,被时人誉为"第一通晓学务之人"的张之洞出任湖广总督,

① 李森林. 江黄学府:问津学院 [M]. 香港:香港天马图书有限公司,2002:223.
② 李森林. 江黄学府:问津学院 [M]. 香港:香港天马图书有限公司,2002:209.
③ 李森林. 江黄学府:问津学院 [M]. 香港:香港天马图书有限公司,2002:280.

17 年多的督鄂期间，他以"中学为体、西学为用"思想为指导，积极推动教育改革与创新，使武汉的教育事业呈现出生机勃勃、蒸蒸日上的局面。张之洞自作的《学堂歌》称"湖北省、二百堂，武汉学生五千强；派出洋、学外邦，各省官费数湖广；湖北省，秉众长，四百余人东西洋"，形象地概括了当年武汉教育界的盛况，武汉一度成为当时全国教育改革的中心区、模范区。

（一）改造书院

张之洞认为"中国不贫于才，而贫于人才"，因此把兴学育才作为立国强本的重大举措。张之洞在鄂期间，先后创办了经心①、两湖②等书院。其中，两湖书院不仅与江汉书院③、经心书院并称为武汉三大书院，还与广东的广雅书院并称为清末两大书院。

张之洞按照近代学堂的模式对所创办的书院进行了全面改造。首先，他废弃腐朽无用的八股时文，大力提倡经世致用的学风。其次，改进管理体制、课程设置和教学方法。以两湖书院为例，他将该书院的课程，由原来的经学、史学、理学、文学、经济学、算学，改为经学、史学、地质学、算学四门，每门各设分教，按照班级授课。课余兼习兵法、体操。改造后的两湖书院初具新式学堂的雏形，为国家培养了一大批学有所长的新式人才，如革命家唐才常、傅慈祥、黄兴、田桐，军政名流张知本、刘邦骥、夏寿康，学者王葆心、黄侃等，在全国产生了很大反响，各地书院纷纷仿效，相继改为学堂。1901 年，清政府实行新政，谕令各省所有书院，在省城的一律改为大学堂，在各府及直隶州的均改为中学堂，各州县的均改为小学堂，并多设蒙养学堂。湖北省 67 个州县的所有书院全部改设为学堂。次年，两湖书院改名为两湖大学堂，成为一所包含文、理、法三科的综合性高等学堂，这是书院由传统教育向近代教育转化迈出的重要步伐。

（二）广开学堂

张之洞在大力兴办洋务的过程中，充分认识到了近代型人才的缺乏和人才培养的极其重要性，在对传统书院进行改造的同时，相继创办了各式专业学堂。张之洞主导创办的新式学堂有算学学堂、矿务学堂、自强学堂、湖北武备学堂、湖北农务学堂、湖北工艺学堂、湖北师范学堂、两湖总师范学堂、女子师范学堂等。张之洞重视学前教育，在武昌阁马场创办的湖北幼稚园是湖北也是中国第一所幼稚园，开我国幼儿教育的先河，对全国幼儿教育产生了极大的影响。张之洞还很重视中小学教育，认为小学是培养人才之源，中学是文武百事之基。他创办的五路高等小学堂、文普通中学堂、第二普通中学（实科），培养了诸如李四光、王世杰、宋教仁、田桐、董必武、石瑛、查光佛等对近代中国有影响的毕业生。

辛亥革命前夕，武汉三镇官立各级各类学堂共有 128 所，包含蒙养院、小学堂、中学堂和高等学堂，有师范学堂、女子师范学堂，以及农、工、商、测绘、矿业、铁路等各类实业学堂，规模之大，门类之齐，为国内少有。武汉逐步形成了包括幼儿教育、小学教育、中学教育、高等教育在内的教育体系，同时建构了普通教育、实业教育、师范教育、军事警察教育等门类齐全的武汉近代教育体制。

---

① 经心书院院址在武昌三道街文昌阁。
② 两湖书院院址在今武昌实验小学、武汉音乐学院、市四十五中及湖北省人民医院一带。
③ 江汉书院院址在武昌忠孝门巡道岭（今武汉中学处）。

（三）选派留学生

随着国内新式学堂的陆续兴办，知识界对西学的渴求更加迫切，留学教育被提上议事日程。对于留学教育的重要性，张之洞在《劝学篇》中做了专门论述，"出洋一年，胜于读西书五年"，"入外国学堂一年，胜于中国学堂三年"。他还以日本、俄国等国领导层人物出国留学、归国后实行变法，使国家由弱变强的历史，来进一步论证留学的必要性。自1896年起，张之洞开始选派大批湖北青年远赴日本与欧美留学，人数居于各省前列。据1907年统计，全国留日学生共有5 400多名，其中湖北学生1 360余名，约占全国总数的四分之一，湖北留学生数量"甲天下"。为了加强留学教育管理，张之洞还制定了《约束留学生章程》和《奖励留学毕业生章程》等，其中关于留日学生毕业并取得文凭者，给予相应官位的规定，极大地激发了武汉留学生的热情。

大批派出留学生推动了武汉人才的生长，武汉地区涌现出一大批政治、军事、文教、科技等方面的精英人物，他们在教育、文化、思想乃至社会风俗方面对武汉地区产生了广泛而深远的影响。

（四）推行新学制

随着新式教育的发展，原有封建学制已经完全不能适应现实的需要，亟待有一套新学制与之相适应。1898年，张之洞派姚锡光等人到日本考察日本学制，为制定新的教育制度提供借鉴。同年，他在撰写《劝学篇》时强调"各省、各道、各府、各州县皆宜有学。京师省会为大学堂、道府为中学堂、州县为小学堂。中小学以备升入大学堂之选"，初步设计了新教育制度的轮廓。1902年10月，经过一年多的筹划，张之洞向朝廷呈奏了《筹定学堂规模次第兴办折》，全面规划了湖北地区新式学堂设立的计划。在这个计划中，学校体系分学前、初等、中等和高等4个纵向发展序列，以循序渐进之法，造就专门全才。同时，又广泛设立农、工、商、路、矿等各类实业专门学堂，以速成之法，造就应用型人才。另外，设师范学堂，培养各类学校师资。张之洞所规划的湖北地区新学制体系宏图是清末第一个省级学制革新蓝图。1904年，张之洞实际主持的我国第一个学制——《癸卯学制》颁行全国，它为武汉新式教育的发展带来了深刻的影响。

（五）建立教育行政管理机构

清末以前，全国并无统一的管学组织，也没有专管学校的官员，科举考试时，会试和殿试分别由礼部和皇帝主持。随着新式教育的出现，这种粗疏的教育行政体制已经不能满足现实的需要。于是，清政府在19世纪末先后设立了官书局、京师大学堂、学部代管全国学务。

张之洞督鄂期间，为了加强对新式学堂的管理，于1902年在湖北设立学务处，统一管理全省学务，"所有省城及各府州县大中小学堂暨民间私设学堂以及出洋游学各生统归学务处随时稽查考核"。起初，学务处分文学堂和武学堂，分别委派武昌知府梁鼎芬和候补知府黄以霖为文学堂、武学堂总提调。总提调下设总办、坐办、委员、参方等官。1904年，学务处又进一步扩充机构，下辖审订、普通、专门、实业、游学、会计六科。审订科，负责审订各学堂教科书及各种图书仪器，检查私家撰述及刊布有关学务之书籍、报刊等；普通科，负责普通学校如优级师范、初级师范、高等、中等、初等各学堂事务；专门科，负责专门学堂，如仕学院、医学堂、武高等各学堂事务；实业科，负责实业学堂，如农、工、商各项实业学堂事务；游学科，负责留学生的派遣和考察；会计科，负责后勤事务。湖北学务处为近代中国第一个地方教育管理组织，是现代省级教育局的雏形。

三、现代教育城

中华人民共和国成立后，武汉市教育事业蓬勃发展，尤其是改革开放后，武汉在全国率先确立了"科教兴市"的基本市策，确定将教育事业放在优先发展的战略位置，武汉教育步入了事业发展的快车道。截至 2020 年，武汉地区共有各级各类教育机构 3 090 个，在校学生约 287.65 万人，教职工约 23.78 万人[①]。1993 年，国家统计局会同国家有关部门和权威机构共同组成的"中国城市经济发展水平评价中心"公布了综合实力排在前五十位的城市，武汉的科教综合实力位居全国第三，此后，这一排名基本没有变过。

（一）学前教育

1979 年全国托幼工作会议后，武汉幼教工作贯彻"恢复、发展、整顿、提高"的方针，幼教事业得到了稳步发展。1989 年，武汉启动"示范幼儿园"建设。截至 2016 年年底武汉省级示范幼儿园有 27 所，市级示范幼儿园有 32 所。1996 年，武汉各级政府成立了学前教育工作领导小组，专门负责研究解决武汉学前教育事业发展中的政策和重大问题，组织实施学前教育的总体规划，使武汉的幼儿教育得到了重大发展。2000 年后，武汉幼儿教育明确确立了"素质教育从娃娃抓起"的教育思想和"以游戏为基本活动，寓教育于各项活动之中"的教育原则，使武汉的幼儿教育质量得到了显著提升。截至 2020 年，武汉地区共有幼儿园 1 850 所，在园幼儿数 357 320 名，教职工 56 223 人。

（二）中小学教育

1985 年《关于教育体制改革的决定》颁布，基础教育的管理权限下放，实行"地方负责、分级管理"的原则，使地方各级政府的办学积极性空前提高。1986 年《中华人民共和国义务教育法》的颁布，使基础教育走上法治化的轨道。武汉在认真贯彻落实这些法律法规的过程中，将普及九年制义务教育视为基础教育工作的"重中之重"。1992—1995 年武汉市教委相继制定了《关于进一步实施义务教育的意见》《关于实施九年义务教育若干问题的决定》等法规，建立了义务教育普及程度及教育质量年度考核统计申报制度、义务教育通知入学制度、义务教育完成证书制度和辍学学生报告制度，以及对有特殊经济困难的适龄儿童、少年接受义务教育实行资助的制度。这些法规和制度的逐步实施，使"普九"达标工作得到了有力推进。1997 年武汉义务教育"四率"（入学率、辍学率、完成率、毕业率）10 项指标均达到国家标准，在全国处于领先地位。2000 年后，武汉启动了"防流控辍工程""加强薄弱学校建设工程"和"优质高中建设工程"，有力地推进了武汉市基础教育的均衡发展。

武汉历经了 10 年时间使九年义务教育基本实现全免费，从 2006 年春季开始，武汉对

---

① 2020 年武汉地区各级各类教育机构基本情况表［EB/OL］.（2021 - 03 - 18）［2022 - 05 - 25］. http：//jyj. wuhan. gov. cn/zfxxgk/fdzdgknr/tjxx/202103/t20210318_1653192. shtml.

农村义务教育阶段学生免收学杂费；2008 年春季开始，武汉对农村义务教育阶段学生免课本费和住宿费；2008 年秋季开始，武汉对城市义务教育阶段学生免交学杂费；2016 年武汉所有小学、初中的学生享受免费教科书。在 10 年里，低保等贫困家庭子女接受义务教育均提前享受了"双免"政策。从 2017 年春季学期开始，武汉统一对城乡义务教育学生（含民办学校学生）免除学杂费、免费提供教科书，有约 45 万名学生受益。

素质教育是提升国民素质的需要，是实施"科教兴市"的战略需要，也是打造武汉教育品牌的需要。武汉在全面贯彻《中国教育改革和发展纲要》和原国家教委《关于当前积极推进中小学实施素质教育的若干意见》的过程中，通过推行基础教育课程改革、考试评价制度改革、"创新素质实践行"等有力措施，使武汉的素质教育改革取得了令人瞩目的成就，中小学"创新素质实践行"成为武汉素质教育的品牌，一批国家级和省级课改实验区正在稳步推进，武汉以改革课堂教学为中心，全面推进素质教育而取得的成果，在全国产生了重大影响，并逐步形成了具有武汉教育特色的素质教育模式。

截至 2020 年，武汉共有小学 611 所，在校学生 654 455 人，教职工 34 203 人；普通初中 290 所，在校学生 243 818 人，专任教师 21 314 人；普通高中 94 所，在校学生 119 598 人，教职工 42 666 人。2017 年年初中毕业生就读华中师范大学第一附属中学、湖北省武昌实验中学（图 6 - 2）等省市优质高中的比例约为 46%。

图 6 - 2 武昌实验中学里的"惟楚有材"牌楼

（三）高等教育

武汉高校云集，有普通高校 84 所，其中部委所属院校 8 所（包含国家发展和改革委员会所属的 1 所），地方普通高校 24 所，高职高专 52 所。武汉所拥有的大学数量、在校大学生人数在世界城市中也是屈指可数的。武汉地区因有武汉大学（图 6 - 3）、华中科技大学、华中师范大学、中国地质大学、中南财经政法大学、武汉理工大学、华中农业大学等一批部委重点大学，教育总体实力位居全国前列，仅次于北京、上海。武汉高校办学实力雄厚，名师荟萃，英才云集。

截至 2020 年，武汉在校大学生超过 123 万人，教职工 9.6 万人，武汉高等教育进入普及化阶段。

2017年9月，教育部、财政部、国家发展改革委印发《关于公布世界一流大学和一流学科建设高校及建设学科名单的通知》公布世界一流大学和一流学科（简称"双一流"）建设高校及建设学科名单。在公布的42所一流大学建设高校中，武汉地区的武汉大学和华中科技大学为其中一流大学A类高校。在公布的95所一流学科建设高校中，武汉地区的7所高校共29个学科入围一流学科，其中，武汉大学10个、华中科技大学8个、华中农业大学5个、中国地质大学和华中师范大学各2个、中南财经政法大学及武汉理工大学各1个。

图6-3　武汉大学校门

（四）中等职业教育

武汉的职业教育具有良好的历史基础。在大力发展中等职业教育的过程中，武汉坚持以服务为宗旨，以改革为动力，以经济与社会为导向，通过优化学校布局结构、优化职业教育专业结构、开展学分制试点工作、加大招生改革力度、探索多元化的办学模式等措施，使武汉的职业教育呈现出良好的发展势头，建立了一批规模较大、质量较高、特色比较鲜明的重点职业学校。其中，国家级重点职校16所，省部级重点职校13所，市级重点职校7所，为武汉经济社会发展培养了高素质的应用型人才，武汉中等职业教育的实力和水平在全国处于领先水平。截至2020年中等职业教育教育机构数125个，在校生数99 022人，教职工数8 331人。

（五）成人教育

成人教育是提高成人人口素质的重要途径。截至2020年，武汉成人高校教育机构数7个，在校生数167 466人，教职工数637人。在农村，武汉成人教育以扫盲教育与实用技术培训为主。经过几十年的努力，武汉农村的扫盲工作和技术培训均取得了显著成效，扫盲工作不仅通过了国家验收，还为提高农民素质，促进农民发家致富起到了积极作用。在城镇，成人教育以继续教育、岗位培训为主。武汉成人教育每年完成职工全员培训任务，总数达 200 多万人次。近年来，在终身教育理念的推动下，武汉积极创建学习型城市，社区教育受到重视，武汉依托武汉开放大学，构建了以武汉市社区教育学院为龙头，以社区教育学院为骨干，以街（乡镇）社区学校及居（村）委会教学点为基础的社区教育网络，为广大市民创设了良好的学习环境。硚口区、青山区相继被教育部确定为首批全国社区教育示范区，江岸、新洲、武昌也陆续跻身全国社区教育实验区行列。武汉的成人教育正在形成独具特色的教育品牌。

<h2 style="text-align:center">第二节　科技繁荣</h2>

早在春秋战国时期，武汉地区就出现了水平较高的科学文化。东汉到明代，武汉一直拥有较大规模的造船设施和比较发达的造船技术。进入近代，汉口被迫开埠，近代科学技术逐步兴起。特别是张之洞督鄂，在汉开实业、办洋务、练新军、创新学、举新政，武汉迅速成为科学技术发达的先进区域。这一段时期，武汉云集了一大批在科学技术领域卓有建树的知名专家学者，他们对传播近代西方科技、促进武汉科技事业发展做出了重大贡献。

中华人民共和国成立后，高等院校、大型企业和科研机构聚集江城，它们围绕国民经济进行科技攻关和技术革新，使武汉地区的新兴科学技术迅速得到发展。1978 年全国科学技术大会后，科技工作受到空前重视，武汉科技实力得到进一步提升。1987 年，武汉率先在全国确立"科教兴市"的基本市策，并制定了众多配套政策法规，使武汉地区的科技事业进入加速起飞阶段。1998 年，武汉跨入全国"科教兴市"先进行列。2005 年，中国社会科学院发布的《2005 年中国城市竞争力报告》显示，武汉的科技竞争力综合排名位列全国第三，仅次于北京、上海。2016 年，中国社会科学院发布的《2016 年中国城市竞争力报告》显示，武汉的知识城市竞争力进入前十强。知识城市间"马太效应"凸显，科研经费支出排名前十的城市占总支出的 37.88%，专利指数的 61.25% 集中在前十强城市，高科技进出口总额的 80% 都集中在前十强城市。武汉正以它强大的科技实力推动着城市经济社会的快速发展。

一、科研设计机构

科学技术是第一生产力，作为科技活动的主要承载者，科研设计机构是国家重要的战略科技力量，在国家创新体系中发挥着至关重要的引领作用。一个地区科研设计机构的多寡、实力的强弱，成为衡量该地区科技实力的重要指标。武汉地区科研设计机构从新中国成立前仅有 10 多家，发展到 2013 年已有 700 多家，并且实力雄厚，设备完善，在不同领域不断取得重大科技成果。

这些科研设计机构，从执行部门来看，主要由科研院所、高等院校、大中型企业三大单位组成，具有科技、人才、科技资源聚集三大优势。科研院所中，中国科学院武汉分院所属的 7 个研究所，学科涵盖生物学、地学、物理学、化学、技术科学等领域，是高水平的国家级重点基础理论与应用研究所；国务院有关部、委所属的武汉研究所（院），主要开展机械、冶金、铁路、船舶、通信、航运、水利电力、建筑、油料作物、医药、地震、勘察等领域的应用工作，综合实力强，是武汉地区应用科学技术研究的重要骨干力量。高等院校所属科研机构中，武汉大学、华中科技大学、武汉理工大学、中国地质大学（武汉）、华中农业大学等院校云集了一大批科学家和大师，从事学科基础理论及应用研究工作，实力雄厚、设备齐全、辐射面广，是武汉地区科学技术研究的重要骨干科研单位。大中型企业所属科研机构中，武汉钢铁（集团）公司、武汉重型机床集团有限公司等企业围绕企业发展需要，不断进行科学研究和技术革新，在提高产品质量、降低成本、节约能源、设备利用率和劳动生产率等方面，取得了良好的经济效益和社会效益，是武汉地区科学技术研究的生力军。

这些科研设计机构，从学科门类来看，门类设置齐全，在原国家科委对全国科研专业门类分类统计的 39 个门类中，武汉地区占有 35 个门类，标志着武汉已成为多学科、综合性的重要科研基地。其中，武汉地区在生物学、物理学、化学、数学、地球科学等基础科学研究方面，在冶金、机械、桥梁、水利、电力、海河航运等应用科学技术领域，在光纤通信、生物工程、激光、计算机、新材料等高新技术领域，都展现出雄厚的科研实力，不少科研机构面向全国或华中地区，成为所在行业或系统的专业研究中心。

依托这些科研设计单位，武汉还不断建立和完善了科技创新体系，该体系包括以下三大部分。

（一）国家级开放实验室和重点实验室

国家级开放实验室和重点实验室以开放和应用研究为主。武汉有国家级实验室 159 个，国家级重点实验室 20 个，国家工程实验室 3 个。是除北京、上海等地外，国家级重点实验室最为集中的地区之一。华中科技大学、武汉大学国家级重点实验室的数量位居全国高校前茅，充分展现了武汉高等院校的科研实力。

（二）高新技术成果推广、示范基地

高新技术成果推广、示范基地由国家 863 计划成果产业化基地和国家级工业实验基地构成。国家 863 计划成果产业化基地和国家级工业实验基地是我国为了迎接世界高技术领域挑战，提高综合国力，改善我国高技术研究和发展水平，加速高新技术成果产业化的重要举措。武汉现有的国家 863 计划成果产业化基地有武汉华软软件股份有限公司成果产业化基地、武汉烽火通信科技股份有限公司成果产业化基地、武汉华中数控股份有限公司成果产业化基地、湖北省化学研究院成果产业化基地、湖北电动车汽车成果产业化基地、华中科技大学科技园成果产业化基地等。火炬计划成果产业化基地有武汉光电子信息技术产业化基地（武汉·中国光谷）、湖北软件产业基地、生物技术与新医药产业化基地、武汉新材料产业基地等。另外，还有国家光电子产业基地、国家中药现代化科技产业（湖北）基地、武汉青山国家环保科技产业基地、国家大学科技园等。这些基地的建立加快了武汉地区高新技术产业化的步伐，推动了武汉产业结构的调整，对同类产业起到了良好的辐射和带动作用。

（三）行业或企业技术开发体系

行业或企业技术开发体系由国家级和市级技术开发中心、工程中心构成。为建立和

完善高新技术创新体系，促进科技资源优化配置和结构调整，武汉依托大专院校、科研院校和大型企业在各自技术领域的科技优势，组建了一批国家级、省级及市级技术开发中心或工程中心。

1. 工程（技术）研究中心

工程（技术）研究中心是国家科技发展计划的重要组成部分，主要依托于行业、领域科技实力雄厚的重点科研机构、科技型企业或高校，拥有国内一流的工程技术研究开发、设计和试验的专业人才队伍，具有较完备的工程技术综合配套试验条件，能够提供多种综合性服务，与相关企业紧密联系，同时具有自我良性循环发展机制的科研开发实体。

1992 年国家发改委批准第一家国家光纤通信技术工程研究中心，该中心依托武汉邮电科学研究院，目前，武汉地区拥有国家级工程（技术）研究中心 28 家。1993 年湖北省科技厅批准第一家湖北省生物材料工程技术研究中心，该中心依托武汉理工大学，目前，武汉地区拥有湖北省工程（技术）研究中心 238 家、武汉市工程（技术）研究中心名录 128 家。

2. 产业技术创新战略联盟

2008 年，为深入贯彻落实党的十七大和全国科技大会精神，实施《国家中长期科学和技术发展规划纲要（2006—2020 年)》原科技部等六部门联合发布了《关于推动产业技术创新战略联盟构建的指导意见》。产业技术创新战略联盟是由大学、企业、科研机构或其他组织机构，以企业的发展需求和各方的共同利益为基础，以提升产业技术创新能力为目标，以具有法律约束力的契约为保障，形成的联合开发、优势互补、利益共享、风险共担的技术创新合作组织。

武汉地区拥有国家级产业技术创新战略联盟 7 家；省级产业技术创新战略联盟 35 家；武汉市产业技术创新战略联盟 25 家。

此外，武汉地区还拥有工业技术研究院，它们是武汉市政府和大学合作共建，如：武汉光电工业技术研究院、武汉智能装备工业技术研究院、武汉导航与位置服务工业技术研究院、武汉新能源汽车工业技术研究院、武汉新能源研究院、武汉生物技术研究院。

武汉地区拥有国家级企业技术中心 30 家；省级企业技术中心 153 家；武汉市企业研究开发中心 264 家。

这些科研设计机构围绕国家或武汉战略发展的需要，对有广泛应用价值的关键技术、亟须解决的技术课题进行科技攻关，已经成为高新技术创新体系的重要平台和载体。

二、科技人才

人是生产力中最为活跃的因素，21 世纪的竞争，说到底是科技人才，特别是高层次科技人才的竞争，谁拥有掌握先进科学技术的高层次人才，谁就能在激烈的竞争中取得战略主动地位。自 1864 年英国人史密斯在汉口创办普爱医院，其本人成为武汉第一个欧洲西医医生以来，武汉地区科学技术和各类教育不断兴起、发展，为武汉输送和培育了大量的科技人才。

一个有竞争力和活力的城市必然有一大批有竞争力和活力的产业和企业，而有竞争力和活力的产业和企业则是需要有大量高素质的各类人才。高素质人才才是城市持续竞争优势的源泉。武汉科技人才涉及的领域广泛，在物理、化学、数学、生物学及地学等基础理论领域，在冶金、机械、水利、电力、桥梁工程、船舶、测绘、建筑设计等工程技术领域，在光纤通信、生物工程、计算机软件、激光技术等高新技术领域，在医药卫生、农业等领域展现出雄厚的科技实力，涌现出一大批做出过重大贡献且享有盛誉的科学家、学者。

院士，在我国通常是指中国科学院院士和中国工程院院士（"两院"院士），他们是我国科学技术和工程技术界的杰出代表，院士还是科学技术界的最高学术称号。一个地区所拥有的院士数量可以从侧面反映一个地区的科技创新能力和学术水平，截至 2017 年，武汉地区共有"两院"院士 68 名，其中，中国科学院院士 32 名，中国工程院院士 37 名，其中 1 名为双院士（图 6 -4）。院士们分别在国家和地方的重大工程、重大科研项目中领衔担纲，为经济社会的发展作出了卓越的贡献。

图 6 -4　中国科学院院士、中国工程院院士，摄影测量与遥感学家，武汉大学教授李德仁

除院士外，武汉地区还涌现出一大批国家级有突出贡献的中青年专家、学者，如岩体土力学专家袁建新、国内最早从事电离层研究的学者之一梁百先、金属物理学家周如松、工程热物理专家马毓义、物理学家韦宝锷等，他们也为武汉地区的经济社会发展做出了突出的贡献。

目前，仅光谷已聚集 3 000 多个海内外人才团队、269 名国家"千人计划"专家、133 名省"百人计划"专家。高端人才中，70% 以上具有海外工作或留学背景。

2016 年湖北省从 758 万技能人才中遴选出 50 名"楚天名匠"，他们中包括中国最高技能荣誉的"中华技能大奖"的获得者，也有全国劳动模范、享受政府津贴的技能专家；50 人主要分布在七大领域，分别为数控加工、电子电工、机械制造 、交通运输、工程测

142

量、民间工艺、生活服务等。其中，高级技师 47 名，占比 94%，最年轻的"楚天名匠"仅 33 岁。

为吸引高技能人才，武汉市连续出台了《关于实施技能兴汉工程的意见》《武汉市拓宽技能人才成长通道实施办法》《武汉市高技能人才引进工作实施办法》3 个政策性文件，首次从户籍、事业单位招考、人才流动等六大方面鼓励技能人才成长。

为加快建设现代化、国际化、生态化大武汉，全面开启复兴大武汉新征程提供人才支撑和智力支持，武汉市 2017 年还启动实施"百万大学生留汉创业就业计划"。正式公布涵盖安居落户、促进就业、支持创业、高效服务等领域的 9 项政策措施，支持大学生留汉创业就业，确保实现"5 年留住 100 万大学生"目标。

三、科技成果

武汉科技资源十分丰富，雄厚的科技实力孕育了丰硕的科技成果。这些科技成果普遍具有较高水平，特别是电子信息、生物工程与新医药、新材料、光机电一体化等高新技术领域，许多项目达到或接近世界先进水平，有的还填补了国内空白，获得了国家、省、市科技界的一系列奖励。武汉无论是在国家级还是在省、市各级科技奖项中，其科技成果获奖数均名列前茅，充分展现了武汉科教界的雄厚实力。

（一）电子信息技术

武汉邮电科学研究院早在 20 世纪 70 年代就开始了光纤通信研究，并取得了一系列重大成果。该所研制的我国第一根每千米衰耗只有 4 分贝的光导纤维，填补了国内空白。该所实施的第一个实用化系统工程——武汉 8 兆比特/秒光缆市话跨江通信工程（俗称"八二工程"），是我国首次把光纤技术用于通信领域，标志着我国开始走进数字通信时代。该所研发的 G 655 大有效面积光纤，实现了 8×10 千兆比特/秒波分复用 400 千米无误传播，达到世界领先水平。该所提出的 4 个标准（互联网与光纤网适配技术标准、以太网和千兆以太网在光缆网上运行的提案、城域网多业务环方案、以太网和 4 兆以太网在光缆网上运行提案），被国际电信联盟接受为国际标准，这些标准的通过填补了我国在世界电信界提出标准的空白，标志着中国人已经掌握了 IP 核心技术并正式介入正常的国际对话渠道。长飞光纤光缆公司的光纤、光缆生产能力居全国首位，成为国家一级干线光缆最大的供应商，其产品出口到欧美等世界各国，国际市场占有率已达 10%，位居世界第五。1998 年，武汉本地网电话号码升至 8 位，成为继北京、上海、广州、天津、重庆之后第 6 个本地网电话号码升至 8 位的城市，标志着武汉的整体通信能力已跻身世界先进水平，武汉已成为我国最大的通信枢纽之一。2013 年，烽火通信在国际上首创"TS – SEED 光纤技术体系，解决了我国"预制棒工艺"短板，突破了高速拉丝的五大技术难关，为我国生产低成本高品质光纤产品扫除了障碍。

中国地质大学（武汉）自主研发的地学图件彩色地图编辑出版系统 MAPCAD，首次在微机上实现大幅面全开彩色地图的输入、编辑出版全过程，是中国第一套可实际应用的地图出版软件系统，该成果的问世使我国的地学机助制图进入世界先进行列。原武汉测绘科技大学的南极测绘科学技术和 3S 系统，武汉科技大学研制的 WMS－1 型远洋船舶轮机仿真训练器，709 所研制的我国第一台军用加固 32 位全容错微机系统，武汉核动力所开发的我国第一台核电厂仿真分析机，还有中国科学院岩土力学所研制的 RMT 系列岩土力学试验系统，都代表了我国在该技术领域的最高水平。

（二）生物工程与新医药

同济医科大学（现华中科技大学同济医学院）附属同济医院研制的"人工体外培育牛黄"，获国家中药一类新药证书，该成果无论是工艺技术还是国家 I 类新药本身均属世界首创，是国家级重大科技成果。华中农业大学发现波里马雄性不育细胞质，并进行优质杂交研究，选育出一批优质杂交油菜，被国际公认为第一个有实用价值的油菜雄性不育系，并被广泛用于育种实践。该成果 1996 年获国家科技进步奖一等奖。湖北省农业科学院 Bt 研究开发中心研制的 Bt 杀虫剂，其研究、生产和推广应用均在亚洲称雄，达到国际先进水平，武汉大学针对 Bt 固体发酵研发的生产新工艺获得国家专利。中国科学院水生生物研究所在全球首次实现体细胞克隆鱼，并培育出世界上第一批快速生长的转基因鱼，这些研究拓展了鱼类育种研究的新领域，标志着我国在该领域的研究达到世界领先水平。武汉市农业科学院建成我国第一个水生蔬菜资源圃，即"国家种质武汉水生蔬菜资源圃"，它为保存我国水生生物资源，实施城乡"菜篮子"工程发挥了重要作用，被专家赞誉为"国内首创、国际罕见"。华中农业大学培育的转基因耐储藏番茄是我国第一个通过基因安全审定和作物审定，并获准投放市场的转基因农产品。中国科学院武汉植物研究所建成目前世界上保存猕猴桃种质资源涵盖量最大、遗传资源最为丰富的种质基因库。武汉生物制品研究所首次研制成功 4 种新型人用狂犬病疫苗，填补了我国防治狂犬病的一项空白，达到国际先进水平，同时该所还研制出全国第一个生物抗癌制剂"康赛宁"。2014 年，国家首次批准使用的第二代基因测序诊断产品在武汉问世。

（三）光机电一体化

在激光技术方面，华中工学院（现华中科技大学）是最早进行激光技术研究的单位之一。它的"薄材叠层、选择性激光烧结快速成形技术及系统"等多项技术填补了国内空白，其重大成果有精密激光测距仪、二氧化碳激光打孔机、二氧化碳激光手术刀、激光准直仪、激光流速仪等。在它的辐射带动下，周边催生出一批激光企业，如华工科技、楚天激光、团结激光等。这些企业在激光加工技术及其设备、激光加工工艺等领域的研究和开发处于国内领先地位。2001 年，原国家计委、科技部批准依托东湖高新技术开发区建设中国光电子信息产业基地，即"武汉·中国光谷"。如今，"武汉·中国光谷"已经形成光纤通信、激光技术、生物工程、新材料、微电子技术五大产业基地。

中国科学院武汉物理数学所研制的 PBR－II 型高性能铷激射器原子频率标准，是世界上最先实现实用化的军用频标，该项成果先后获国防科学技术重大成果奖一等奖和国家科学进步奖一等奖。武汉高压研究所研制出国内容量最大、输出电压最高的工频试验变压器装置。武汉重型机床厂研制的我国首台数控落地镗铣床，填补了我国重型机床生产的空白；该厂研制的数控立式车床是全国重型立式车床中规格最大的设备，标志着我国数据立式车床制造水平进入世界先进行列。海军工程大学研制的舰船供电系统及推进方式，使我国在多相发电机整流供电系统的理论与设计技术等方面处于国际领先地位，该项成果荣获国家科技进步奖一等奖。华中科技大学、湖北机床厂等单位研制出世界上第一台适用于全身各部位肿瘤治疗的全身伽玛刀，带来了巨大的经济效益和社会效益，该成果荣获国家科技进步奖二等奖。2013 年，武汉光谷科威晶公司在国内首创的磁悬浮激光器诞生并投产。2014 年，武汉光电国家实验室（筹）在国内首次捕获高分辨率全脑三维图谱，且开始走向产业化。

（四）新材料领域

武汉钢铁（集团）公司（现中国宝武钢铁集团有限公司全资子公司武汉钢铁有限公司）研发的复吹转炉溅渣护炉的工艺和装备维护的系统技术，在全球首次提出利用"炉渣金属透气蘑菇头"保护底吹供气元件，创造了复吹转炉 22 766 炉的世界纪录，成功解决了复合吹炼与高炉龄同步的世界难题。武钢在国内率先实施全连铸，建成国内唯一能生产热水器内胆用钢板的生产线，其大型成套工程用钢的研究及应用技术等成果均达到国际先进或国际领先水平。武汉市机械工艺所在全国最先采用金属衬陶瓷型水冷密封工艺，研制出铸模具钢，还在全国首创了高耐磨金铸铁。中船重工七一二研究所成功研制出我国第一台 1 000 千瓦高温超导电动机，标志着我国已经具备兆瓦级高温超导电机设计、制造能力，成为国际上少数几个掌握高温超导电机关键技术的国家之一。长江水利水电科学研究院、华新水泥厂等单位试制成功具有国际先进水平的低热微膨胀水泥，填补了我国水泥品种的一项空白。该成果获国家发明奖二等奖，20 多年来没有新的产品可以替代它。中国地质大学（武汉）研制的 5 种新型硬质合金钎头，结束了我国依靠进口和仿制的历史，达到国际先进水平，其科研团体负责起草的硬质合金钎头标准成为国家标准。2011 年，武汉大学张俐娜教授的"天然高分子改性材料及应用"项目获世界化学大奖安塞姆·佩恩奖。

（五）大型工程与装备

由长江水利委员会等单位勘测、设计的三峡工程是我国第一座具有防洪、发电、通航综合效益的大型水利枢纽工程，也是世界上最大的水利枢纽工程。它的建立使长江的水利资源得到了充分利用，使长江的水利和航运得到明显改善，取得了明显的经济效益，是我国水电建设史上具有划时代意义的大事。该项工程的科技成果有数十项达到国内或国际先进水平，有一批科技成果获得了国家级及相应省部级科技奖励。中铁大桥局以设计、建造大型、特大型桥梁享誉国内外，该局已建成武汉长江大桥、南京长江大桥、九江长江大桥、芜湖长江大桥、武汉长江二桥、武汉天兴兴洲大桥等国内外 800 多座大桥，创造了多项全国和世界新纪录，数次获得国家科技进步奖最高奖项，是国际十大桥梁承包商之一。目前，以中铁大桥局、武钢为代表的武汉桥梁产业已发展成为武汉的优势和特色产业，打造"武汉·中国桥梁之都"已经成为武汉继"武汉·中国光谷"之后的又一宏伟目标。原铁道部第四勘察设计院、中隧集团等单位勘测、设计、施工的武汉长江隧道是中国长江上第一条交通过江隧道，被誉为"万里长江第一隧"，它至少突破了 5 项"世界级"难题，创造了 5 个"国内第一"技术，它的成功修建大大提升了我国水下盾构隧道建造技术水平，标志着我国在这一领域已达到国际领先水平。原铁道部第四勘测设计院参与组织设计、施工的大瑶山双线铁路隧道达到世界先进水平，工程成果获国家科技进步奖特等奖。武汉锅炉股份有限公司自行设计生产出全国最大的碱回收锅炉。武昌造船厂建成了世界上最大的水电闸门——三峡水利枢纽（图6-5）永久船闸和浮式检修门，还建造了国内最大的绞吸式挖泥机和我国第一套大深度船用饱和潜水系统。其制造的深水工作船，达到国际海洋工程装备的最高水平。武汉重型机床厂成功试制出我国第一台60吨强力旋压机，这是国内首台专门生产导弹封头、壳体的重大技术设备。武重联手全球行业排名第一的德国海瑞克，武汉船机联手日本隧道设备株式会社，研发生产盾构机，使武汉铁路机车制造重新晋级铁路机车"第一方阵"。武汉船用机械有限责任公司研发国内最大起重吨位海洋平台起重机，顺利通过国际认证。武桥重工集团股份有限公司研制了国内最大、功能最全的海上打桩机械。武汉国家高端船舶及海洋工程装备高新技术产业化基地获得科技部授牌，表明武汉在该领域拥有相当基础和竞争力。

此外，在创新科技方面，武汉的双燃料汽车、数控技术、激光加工技术等一大批高新科技成果，CAD/CAM/CIMS等一大批重大共性技术的推广应用，大幅度提高了武汉的制造业技术水平。微生物农药、集约化养殖、转基因动植物培育等促进了武汉农业步上新台阶。器官移植、显微外科、超声波造影诊断等技术大大提高了武汉医疗水平，使武汉的医学技术步入国内先进行列。工业和城市污水处理、烟气脱硫技术、环境友好材料、"三网合一"示范工程等重大项目的实施，提高了第三产业的技术含量，改善了人们的生活环境。

图6-5 三峡水利枢纽

四、科技创新服务体系

各类中介机构和服务机构构成了科技创新体系的服务系统。从专业领域可以分为技术交易机构、技术及项目评估机构、企业技术的孵化机构、金融及风险投资机构、财务及法律咨询机构等。

（一）科技企业孵化器

科技企业孵化器也称高新技术创业服务中心，是以促进科技成果转化、培养高新技术企业和企业家为宗旨的科技创业服务机构，是国家创新体系的重要组成部分。

早在 1987 年，武汉就在全国率先创办了第一家科技企业孵化器——武汉东湖新技术创业中心，为创业者发展高新技术提供各种技术支持和服务。2000 年，武汉在全国大中城市中率先出台第一个扶持科技企业孵化器的政策文件——《武汉市人民政府办公厅关于加快高新技术创业服务中心的建设与发展步伐的通知》。2002 年，科技部批准武汉为全国首家科技企业孵化器建设试点城市，批准洪山、青山、武昌、硚口 4 家创业服务中心为国家级创业服务中心。20 余年来，武汉的科技企业孵化器发展迅速，其服务功能也由单纯的物业管理服务拓展到管理咨询、投融资策划、网络、培训、通信等多个领域。2011 年，武汉国家级孵化器有 15 家，在孵面积 53 万平方米，在孵企业超 1 415 家，其数量、质量和总体规模都在全国处于领先地位。凯迪电力、三特索道、楚天激光、凡谷电子、银泰科技、多普达等一大批科技企业或科技企业家从中毕业，并成长为国内著名的企业或企业家，有力地推动了区域经济发展。

如今，武汉科技企业孵化器已经成为武汉科技工作的一个重要品牌和区域创新体系的重要组成部分，它为促进科技成果转化、培养创新型企业和企业家奠定了坚实的平台，为武汉经济社会的发展和科技进步做出了巨大贡献。

（二）技术市场

技术市场萌芽于 20 世纪 80 年代，是我国科技和经济体制改革的产物。早在 1981 年，武汉人民政府就批准成立了我国第一家技术市场服务机构——"武汉市科学技术服务公司"，举办了全国首次技术交流会，由此拉开了武汉地区开拓技术市场的序幕。1984 年，全国第一家技术市场——"武汉技术市场"正式挂牌成立，武汉地区 124 家大专院校、科研院所、大中型企业成为会员单位。40 多年来，武汉技术市场始终注重自身建设，创造了许多的"第一"，如先后三次立法，率先出台技术交易优惠政策和市场管理的地方性法规；第一次把技术经纪人队伍建设写进党代会的主报告；第一次为科技人员（自然人）授予技术研发单位资格；第一次为技术交易进行"科技保险"；等等。武汉技术市场的成交额一路攀升，由最初的 0.94 亿元发展到 2016 年的 504.21 亿元，始终位于全国省会城市前列。目前，武汉技术市场已发展成为我国中部最大的技术交易中心，为我国技术市场的发展、科技成果的转化、科学技术的繁荣做出了重要贡献。

（三）科技金融服务

2016 年 7 月，为落实央行等九部委《武汉城市圈科技金融改革创新专项方案》，武汉金融信息服务平台试运行，该平台由中国人民银行武汉分行营业管理部组建，为金融服务提供有效信息参考。

2016 年 11 月，武汉市金融工作局与全球四大会计师事务所之一的普华永道合作，发布了全国首个科技金融指数——"武汉科技金融指数"[①]。该指数表明，武汉科技企业创

---

① 全国首个科技金融指数在汉发布 [EB/OL]．（2016 - 11 - 29）[2022 - 05 - 25]. http：//www. most. gov. cn/dfkj/hub/zxdt/201611/t20161128_129229. html.

新能力和产出效率出色，人才储备、单位研发投入以及技术服务市场活跃度等名列前茅。

"武汉科技金融指数"选取北京、上海与深圳作为对标城市，综合科技金融发展环境、人才、科技创新、金融资本4大核心要素以及科技金融现状，设立了6个一级指标39项二级指标。在全部二级指标中，高新技术产业单位产出效率、国家级重点科研项目集聚、科技企业孵化器密度以及人才配套保障资源和质量4项指标，武汉排名第一，另有10项指标位列第二。但在高新企业数量、股权投资基金机构数量和资本规模等指标上，武汉有较大差距。武汉科技金融起步相对较晚，但呈现出基础强、发展快、潜力大、后劲足的特点。

2017年，武汉地区拥有创业投资机构724家，如湖北银丰天睿资产管理有限公司、湖北长江银丰新兴产业投资基金合伙企业（有限合伙）等；武汉科技金融分（支）行18家，如建设银行光谷支行、汉口银行科技金融服务中心等；武汉科技担保公司13家，如武汉高新技术产业投资担保有限公司、湖北光谷高薪技术投资担保有限公司等；科技创业投资引导基金参股子基金31家，如武汉红土创新创业投资有限公司、武汉科技创业天使投资基金合伙企业（有限合伙）等。

科技创新服务体系营造了良好的创新创业生态环境，为实现大众创业、万众创新，为进一步提升武汉科技创新创业能力提供了优质服务。

除此之外，武汉还拥有大学生创业特区，如：武汉东湖新技术创业中心、武汉留学生创业园71个特区、武汉市众创空间61个、"创谷"13家。

五、专利管理

专利管理是指专利管理人员，在有关单位和部门的配合下，为了促进专利创造、运用、管理和保护，而形成的一套保障专利合法权益的制度执行以及经营活动。1985年武汉在全国率先成立第一家局级规格的"武汉市专利管理局"，开展专利管理业务工作。次年，武汉地区的专利申请量就达到329件，在全国7个计划单列城市中位居第二。1998年武汉被批准为全国专利工作试点城市，正是因为武汉专利工作创建了良好的基础与条件，才使得武汉地区的专利申请量及专利授权量均处于全国前列。2001年，武汉市专利管理局更名为武汉市知识产权局。自1998年来，武汉市连续三次被国家知识产权局确定为全国专利试点城市和知识产权示范创建市，国家知识产权局还先后多次转发武汉市知识产权局有关文件，向全国推广武汉专利工作的先进经验。2015年，设立武汉市科学技术局，为市人民政府工作部门，市知识产权局职责划入市科学技术局，2017年，武汉成立全国首个科技成果转化局，深化科技成果转化体制改革，充分激发武汉创新发展活力。

2016年受理专利申请44 826件，授予专利权22 967件，其中，授予发明专利6 514件。每万人发明专利拥有量23.05件。

截至2016年年底武汉地区有专利代理服务机构54家、"526工程"全国专利保护重点联系基地4个。武汉知识产权维权援助中心成员单位26家，如武汉开元知识产权代理有限公司、武汉楚天专利事务所、湖北今天律师事务所等。知识产权研究机构含国家、省、市知识产权研究机构8所。

第三节 江城名家

武汉是历史文化名城、科技教育重镇，其深厚的文化积淀，孕育和培养了一批批经纬之才，凝聚和吸纳了一群群贤达之士，他们在这里施展才能、实现抱负、尽展风流，使武汉成为一座英才并起、名家辈出之都。

本节所罗列的人才主要是在科技、教育、文化方面具有开宗立派的宗师级人物，或在所涉领域取得重大成就或产生了全国性影响的著名人物，或是为各界所广泛认可的知名人物，不包括政治、军事、工商实业、宗教等方面的人物。就时间而言，由于武汉不同于六大古都，她的崛起和繁荣主要始于近代，因此人物的选辑亦着重于近现代。

一、人文科学类

（一）图书馆学之父——沈祖荣

沈祖荣（1883—1977年）（图6-6），字绍期，湖北宜昌人。宣统二年（1910年）毕业于武昌文华大学，1914年赴美攻读图书馆学，获得哥伦比亚大学理学学士学位，成为中国第一个获得图书馆学学士学位的人。1917年归国，与美国人韦棣华一起创办了我国第一个图书馆教育机构——文华图书科。1920年，协助韦棣华创办文华图书馆学专科学校，任教授、校长兼文华图书馆馆长，中华图书馆协会董事、理事。1929年文华图书馆学专科学校改组为私立武昌文华图书馆学专科学校，沈祖荣继续担任校长。抗日战争爆发后，他率师生迁移到四川璧山（现属重庆），抗战胜利后复校回武昌。中华人民共和国成立后，该校并入武汉大学，成为武汉大学图书馆学专修科。之后，以该科为基础成立了武汉大学图书馆学系，该系现为武汉大学信息管理学院的一部分。沈祖荣

图6-6 沈祖荣

毕生从事图书馆学教育，参与创办中国第一所图书馆学专科学校并任校长数十年，将西方图书馆管理方法应用于教学，实行馆学合一和图书馆开架借阅，为图书馆学教育的发展奠定了坚实基础，被誉为中国"图书馆教育之父"和中国20世纪图书馆学宗师。

（二）"伶界大王"——谭鑫培

谭鑫培（1847—1917年）（图6-7），名金福，湖北江夏（今武汉市）人。幼年随父谭志道（老旦演员）进北京，入金奎科班学老生，因其父有叫天之称，故其艺名为"小叫天"。因变声期"倒仓"，谭鑫培改演武生，得到程长庚的器重和精心栽培，嗓音恢复后，改唱文武老生。在长期的艺术实践中，他虚心向前辈名家及同辈中杰出者学习，汲取程长庚、余三胜所代表的徽、汉两大流派的精华，融会王九龄、张二奎、卢胜奎等前辈老生唱法之精粹，汲取青衣、花脸及曲艺中京韵大鼓、单弦牌子曲等唱法之精华，以独具特色的"云遮月"的嗓音，创造了圆润柔美、巧俏多变的新风格，世称"谭派"，被列为

图 6-7　谭鑫培

"同光十三绝"之一。谭鑫培每次演出，必定轰动京城。无论是皇宫贵族还是市井百姓，都在"满城争说叫天儿"。光绪十六年（1890年），谭鑫培被选入升平署为内廷供奉，授四品官衔，人称"谭贝勒"。1905年，他主演的《定军山》被拍成电影，标志着中国电影的诞生。谭鑫培一生塑造了众多的艺术形象，代表剧目有《定军山》《阳平关》《南阳关》《太平桥》《战长沙》《当锏卖马》《桑园寄子》《碰碑》等。在一百多年的中国京剧史上，仅有谭鑫培和梅兰芳两位获得"伶界大王"的美誉。后人谭小培、谭富英、谭元寿、谭曾孝、谭正岩，数代献身于京剧艺术，皆为大师名家，谭门成为戏曲界少见的绵延七代的梨园世家。

（三）方志大家——王葆心

王葆心（1868—1944年）（图6-10），字季芗，号晦堂，湖北罗田县人。自幼读书勤奋，学习优异，曾在武昌两湖书院深造。王葆心1903年在汉阳晴川书院担任院长时考取举人（第三名），赴礼部任职；民国后，历任湖南书报局总纂、北京图书馆总纂；1923年返汉，先后任湖北国学馆馆长、武昌高等师范学校及武汉大学教授、湖北省通志馆馆长。王葆心一生治学严谨，著书立说，涉及领域颇为广泛，对经学、史学、文学、方志学等均有研究，遗著达170余种。其代表作有《历朝经学变迁史》《史学诸表》《晚唐诗研究》《方志学发微》等。其中成就最大的是方志学，对于其著作《方志学发微》，方志界给予了很高的评价，张春霆称之为"集方志学之大成"，闻惕生称之为"旧时代方志遗产的总结，新时代方志革新的萌芽"，该书一经问世，便成为方志界的指导性文献。

图 6-8　王葆心

（四）新儒家代表人物——熊十力

熊十力（1885—1968年）（图6-9），字子真，晚年号漆园老人，湖北黄冈（今团风）县人。幼时在家随兄读书，14岁从军，1905年考入湖北陆军特别小学堂，在校期间，加入日知会、同盟会湖北分会等反清革命团体。他在武昌首义后参加光复黄州，后赴武昌，被任命为湖北军政府参谋。1917年追随孙中山参加"护法运动"，运动失败后，毅然弃政从文，先后在北京大学、武昌大学等校教书。熊十力毕生致力于学术研究，他融会儒释思想，发挥《周易》、宋明理学和佛教法相唯识之学，提出"新唯识论"，在哲学界轰动一时，蔡元培、章太炎、马一浮等大家对其评价甚高，蔡元培更称熊十力为两千年来以哲学家立场阐扬佛学最精深之第一人。熊十力著作甚丰，代表作有《新唯识论》《原儒》《体用论》《明心篇》《佛家名相通释》《乾坤衍》《十力语要》等。其学说影响深远，在哲学界自成一体，"熊学"研究一直是海内外中国

图 6-9　熊十力

哲学研究的重要领域。《大英百科全书》称"熊十力与冯友兰为中国当代哲学之杰出人物"。他的学生遍及海峡两岸，如唐君毅、牟宗三、徐复观等。其著作和思想不仅在中国，而且在欧美、东亚诸国越来越受研究者的重视。

（五）国学大师——黄侃、闻一多

图 6 - 10　黄侃

黄侃（1886—1935 年）（图 6 - 10），字季刚、季子，晚自号量守居士，湖北蕲春人，生于成都。家学渊源深厚，远祖黄庭坚以诗词书法闻名于世，其父黄云鹄官至清廷二品大员，也是当时著名的经学家和散文家。黄侃自幼聪颖过人，17 岁时考入武昌文普通中学堂，成为该校第一期学生，与宋教仁、董必武等为同窗好友；因经常讨论时政，宣传革命，被学校开除；后来，在张之洞的资助下留学日本，结识孙中山、黄兴、章太炎等革命义士。章太炎对黄侃极为赏识，教其文字、声韵之学。1910 年，黄侃回国参与发动辛亥革命，他的时评文章《大乱者，救中国之良药也》成为引发辛亥武昌首义的导火索。首义时，他与詹大悲、何海鸣等人参加光复汉口，失败后，退出政治舞台，转攻教育和学术。1914—1935 年，黄侃曾先后在北京大学、武昌高师、北京师范大学、东北大学、中央大学任教。黄侃治学勤奋，精益求精、博采众长，批判地继承了自汉唐至乾嘉以来的国学研究成果，在语言文字学、经学、哲学、史学、文学诸方面都有卓越成就，并与章太炎一道形成独树一帜的章黄之学，其中，成就最大的是对语言文字学的研究。黄侃一生著作甚丰，重要著述有《音略》《说文略说》《尔雅略说》《集韵声类表》《文心雕龙札记》《日知录校记》《黄侃论杂著》等数十种。

图 6 - 11　闻一多

闻一多（1899—1946 年）（图 6 - 11），原名亦多，湖北浠水人，出生于书香世家；1912 年考入北京清华学校；1922 年留学美国，接受西洋美术教育，其间对新文学特别是新诗产生了浓厚的兴趣。1923—1928 年，闻一多出版了《红烛》和《死水》两本诗集，奠定了他在中国文学史特别是中国新诗史上的崇高地位，成为"五四"以来中国格律诗派的主要代表。1928 年，闻一多受邀参与筹备武汉大学，出任首任文学院院长，并被校务会议推荐为课程委员会委员长。他在武汉大学期间，为学校的发展做出了巨大努力。学科建设方面，他根据时代发展的需要对课程设置进行了改革；师资队伍建设方面，聘请了大量欧美留学生作为授课老师；校园文化方面，他为武汉大学设计了校徽，并将新校址落驾山改名为富有诗意的"珞珈山"，街道口老校门上的"国立武汉大学"六个苍劲大字也出自他手。在武汉大学，闻一多还潜心中国传统文化研究，发表了论文《庄子》、长篇考证文字《杜少陵年谱会笺》等以及译诗《从十二方的风穴里》《山花》等成果。1943 年以后，由于痛恨国民党政府的独裁和腐败，闻一多积极参加民主斗争。1946 年 7 月 15 日，闻一多被国民党暗杀。闻一多是一位英雄的民主斗士，是一位学贯中西、博古通今的大家，他对我国传统文化的继承和发展做出了卓越的贡献，在中国现代学术思想史上占有重要地位。

（六）法学界泰斗——周鲠生、韩德培

周鲠生（1889—1971年）（图6-12），湖南长沙人。自幼聪颖，文思敏捷，13岁以文章名列榜首考取秀才。1906年，周鲠生考取湖北官费留学生，赴日本早稻田大学攻读政治、法律、经济等学科；1913年后，先后赴英国爱丁堡大学、法国巴黎大学深造，分别取得政治学硕士学位和国际法学博士学位，回国后，先后在北京大学、东南大学担任教授兼政治系主任；1928年，参与筹建国立武汉大学，一年后，担任该校教授兼政治系主任。1945年，他开始担任武汉大学校长。为了使学校得到发展，一方面，他积极领导学校恢复因战争受到影响的部分院系，建立和完善学科建制；另一方面，他摒除宗派之别，广揽人才。仅1945年到中华人民共和

图6-12 周鲠生

国成立初，应聘武汉大学教授的美国留学生就达50多人，一时武大学者荟萃、人才济济，很快成为一所拥有文、理、法、农、医的著名综合性大学。周鲠生传道授业，桃李满天下，曾任国际法学会会长的王铁崖教授，著名国际法学家端木正、梁西均出自其门下。周鲠生以法为利器，参与起草了我国第一部宪法，还协助周恩来总理完善了著名的和平共处五项原则。周鲠生毕生从事国际法的教育和研究，著述丰富，成就卓然，主要著作有《国际法大纲》《现代国际法问题》《国际法》等。其中，《国际法》是我国第一部系统、权威的国际法著作，是当代中国国际法学的奠基之作。

图6-13 韩德培

韩德培（1911—2009年）（图6-13），江苏如皋县人。自幼聪慧过人，成绩优异。他1930年考入浙江大学史政系，后因学校合并，转入南京中央大学；1939年，考取中英庚款留英公费生；1940年改赴加拿大多伦多大学研究国际私法，获硕士学位；1942年，转入美国哈佛大学法学院，研究国际私法、国际公法、法理学，因成绩特别优异，与另外两名中国学生张培刚、吴于廑被同学戏称为"哈佛三剑客"。1945年，韩德培应武汉大学校长周鲠生的邀请到该校任教，并成为当时武大法律系最年轻的教授。次年，他开始担任法律系主任工作。在他的努力下，武汉大学法律系很快走到了法学教育界的前列。1980年，武汉大学建立了全国高校中第一个国际法研究所，1981年又建立了迄今为止我国乃至亚洲第一个也是整个亚太地区最大的环境法研究所。如今，两个研究所不仅是教育部人文社会科学重点研究基地，而且所涵盖的学科都是国家级重点学科。韩德培学识精深，成就卓越，造诣最深的是国际私法领域，他创造性地提出了"一机两翼"的大国际私法理论，开创了中国国际私法学科。韩德培提携后学，弟子遍布国内各著名法学院校。

（七）古文献学家——张舜徽、朱祖延

张舜徽（1911—1992年）（图6-14），湖南沅江县人。出生于书香世家，自幼由父亲授业，后又寻师访友，得到多方指教，从小到大，走的是自学之路。张舜徽在华中师范大学执教40年之久，曾任中国历史文献研究会会长，是中国第一位历史文献学博士生导师。他一生治学范围十分广博，在文史哲等学术领域均有创见，但一以贯之且成就最大的是文献学研究，其主要著作有《中国文献学》《广校雠略》《中国古代史籍校读法》《清人文集别录》等，对中国文献学的发展产生了深远的影响，特别是《中国文献学》一书，构建了中国文献学这一学科的体系、思想与方法，是中国文献学学科的奠基之作。

图6-14 张舜徽

朱祖延（1922—2011年）（图6-15），江苏宝应县人，1947年毕业于中央大学中国文学系。中华人民共和国成立后，历任武汉师范学院副教授、教授、中文系主任，湖北大学教授、中文系主任，古籍研究所所长，湖北省语言学会第一届副理事长，中国修辞学会第一届副会长等。朱祖延在古籍目录学和古汉语修辞学方面成就突出，著有《北魏佚书考》《古汉语修辞例话》等书，其中《北魏佚书考》被认为是一部开我国断代辑佚书先例的学术专著。他主编的《汉语成语大词典》《尔雅诂林》均获国家级图书奖。2010年，中共湖北省委授予朱祖延首批"荆楚社科名家"称号。

图6-15 朱祖延

（八）中国古代史学家——唐长孺

唐长孺（1911—1994年）（图6-16），江苏吴江县人。毕业于上海大同大学文科，先后在浙江南浔中学、上海圣玛丽亚女子中学、上海光华大学任教。1944年受聘于武汉大学，任史学科副教授，此后50年均在该校执教。唐长孺治学严谨，实事求是，在魏晋隋唐史研究领域卓有建树，著有《魏晋南北朝史论丛》《唐书兵志笺正》《魏晋南北朝史论丛续篇》等专著，被史学界誉为继陈寅恪之后"最为杰出的中国中古史巨擘"。唐长孺潜心学术，晚年历时十载，点校了"北朝四史"（《魏书》《周书》《北齐书》《北史》）。校本出来后，被海内外学术界视为古籍整理的"优秀成果和范本"，他由此享有"南唐北王"之誉（"北王"指已故山东大学王仲荦教授）。唐长孺注重敦煌吐鲁番文书的整理与研究，主编了《吐鲁番出土文书》（1～10册），为开创吐鲁番学这一新学科做出了不可磨灭的贡献。他注重学术梯队建设，先后创办了魏晋南北朝隋唐史研究室、中国三至九世纪研究所，在他的主持和不懈努力下，武汉大学中国三至九世纪研究所成为国内外研究魏晋

图6-16 唐长孺

南北朝隋唐史的重要机构之一。

（九）世界历史学家——吴于廑

吴于廑（1913—1993年）（图6-17），原名吴保安，安徽休宁县人。东吴大学毕业，先后获哈佛大学文学硕士学位和哲学博士学位。1947年，哈佛大学毕业，应武汉大学周鲠生校长的邀请，他毅然放弃了美国的优厚待遇，回到武大历史系任教，并担任系主任一职。在此后近半个世纪的时间里，吴于廑以其渊博的学识，锐意进取、精益求精的治

图6-17 吴于廑

学态度，为我国世界史学科建设做出了一系列开创性的贡献。他主编了《世界通史》《世界通史参考资料》《世界历史名著选》等一套完备的世界史系列教材，正式建立起我国的世界史学科。这些教材出版后，成为我国高校世界史学科的通用教材，培育了一代又一代历史学者。除编纂系统教材以外，他还致力于世界史发展的新领域，相继发表了《世界历史上的游牧世界与农耕世界》《世界历史上的农本与重商》《历史上农耕世界对工业世界的孕育》等一系列论文，还为《大百科全书·外国历史卷》撰写了"世界历史"这一概括性很强的总条目。在撰写"世界历史"时，他运用整体世界史观对世界历史的发展进行了宏观勾勒，在我国世界学史学家中引起了强烈的反响，被誉为"世界历史新理论在我国的兴起"。

（十）发展经济学之父——张培刚

张培刚（1913—2011年）（图6-18），湖北黄安（今红安）县人。他1930年进入武汉大学经济系学习；毕业后，进入中央研究院农业研究所，从事农村经济研究工作；1940年考取清华庚款美国哈佛留学生，获博士学位。他的博士学位论文《农业与工业化》首次从历史和理论上比较系统地探讨了农业国工业化问题，被认为是发展经济学最早、最系统的著作，该著作还获得了哈佛大学1946—1947年度最佳论文奖和"威尔士"奖。哈佛威尔士奖是诺贝尔奖增设经济学奖之前全世界经济学领域的最高权威奖项。张培刚作为"发展经济学的创始人"，是首个站到世界经济学最高舞台

图6-18 张培刚

的华人，其名字被编入英国剑桥《国际知识分子名人录》第七卷。博士毕业后，张培刚应武汉大学校长周鲠生的邀请，回到该校任教，同时还介绍来一批毕业于哈佛大学的优秀华人专家，如吴于廑、刘涤源、周新民、刘绪贻等，这对壮大武汉乃至国内的学术力量影响极大。张培刚的主要著作有《微观经济学的产生和发展》《中国粮食经济》（合著）、《新发展经济学》《发展经济学教程》《农业与工业化》（上中下合卷）等。

（十一）《安徒生童话》译者——叶君健

叶君健（1914—1999年）（图6-19），湖北黄安（今红安）县人。1932年考入武汉大学外语系，专攻外国文学。大学时代自学世界语，并用世界语创作了一部小说——

《被遗忘的人们》，该书在国际世界语文学史上占有一席之地。中华人民共和国成立后，他先后在对外文委及《中国文学》《中国翻译》杂志社工作，曾任中国翻译协会、中国笔会副会长，世界文化理事会"达·芬奇文艺奖"评议员。其主要著作有小说集《叶君健童话集》《开垦者的命运》《土地三部曲》等。叶君健是我国为数不多的能阅读七八种外语，并能用其中的语言进行文学创作的作家。20 世纪 40 年代，叶君健多次到安徒生的故乡考察，并开始学习丹麦语，进而翻译了 160 万字的全本《安徒生童话》，成为第一个从丹麦文直接翻译并系统、全面地介绍安徒生童话的中国人。1988 年，丹麦女王为表彰叶君健在翻译和介绍安徒生童话上的突出成就，特授予他"丹麦国旗骑士勋章"（这项荣誉极少授予外国人），叶君健成为全世界《安徒生童话》众多译者中唯一获此殊荣的人。

图 6 – 19　叶君健

图 6 – 20　田长霖

（十二）美国一流大学的首位亚裔校长——田长霖

田长霖（1935—2002 年）（图 6 – 20），湖北武汉市人。中华人民共和国成立前，田长霖举家迁入台湾省。1951 年，他考入台湾大学机械系。大学毕业后，他先后赴美路易维尔大学、普林斯顿大学深造，分别取得硕士学位和博士学位；博士毕业后，在加州大学柏克莱分校任职，他由助理教授到教授，由系主任到副校长，成为加州大学柏克莱分校 122 年来，乃至美国有史以来第一位由华人和亚裔担任的美国一流大学校长。在他的励精图治下，柏克莱分校逐渐步入巅峰时期。在忙于校务的同时，他积极进行教学与科研，在热辐射方面依旧保持着雄厚的实力，赢得了热物理奖、创新奖、航空航天奖等一系列桂冠。

（十三）辛亥革命史专家——章开沅

章开沅（1926—2021 年）（图 6 – 21），浙江吴兴县人，南京金陵大学毕业，后长期执教于华中师范大学，是享誉国际的中国辛亥革命史研究会、华中师范大学中国近代史研究所和中国教会大学史研究中心的创办人和领导人。章开沅主要从事辛亥革命研究，兼及中国资产阶级、中国近代文化史研究，近年则致力于中外近代化比较研究。章开沅著述甚丰，主要著作有《辛亥革命史》（三卷本，与林增平合作主编）、《辛亥革命与近代社会》《辛亥革命史续编》《开拓者的足迹——张謇传稿》等，大量专著和论文被翻译成外文，在海内外学界引起广泛影响。章开沅注重培养人才，章门弟子满

图 6 – 21　章开沅

天下，他的很多学生成长为全国各高等院校的学术领军人物。

（十四）思想文化史传家——冯天瑜

冯天瑜（1942— ）（图6-22），湖北红安人。毕业于武汉师范学院生物系，长期在湖北大学从事教学研究工作，现为武汉大学历史系教授。冯天瑜从史学入手长期从事思想文化史研究，为建立和发展湖北大学、武汉大学中国文化史学科做出了突出贡献，主要著作有《上古神话纵横谈》《明清文化史散论》《中华文化史》《中华元典精神》《张之洞评传》《辛亥武昌首义史》《封建论》等，这些成果曾获中国图书奖、教育部人文社会科学优秀成果奖、湖北省政府人文社会科学优秀成果奖等。冯天瑜现任武汉大学中国传统文化研究中心主任，兼任中国史学会副会长、

图6-22　冯天瑜

湖北省地方志副总纂、湖北省社会科学联合会学术委员会副主任、武汉大学学术委员会副主任。1986年他被国家科委授予"国家有突出贡献的中青年专家"称号。1992年剑桥国际传记中心向他颁发"世界著名知识分子"证书。2010年11月，冯天瑜被中共湖北省委表彰为首批"荆楚社科名家"。

二、自然科学类

（一）铁路之父——詹天佑

詹天佑（1861—1919年）（图6-23），字眷诚，号达朝，祖籍安徽婺源（今属江西），出生于广东南海，幼年异常聪慧，10岁考取清政府首批留美幼童预备班，赴美国康涅狄格州读小学和中学；17岁考入耶鲁大学谢菲尔德理工学院土木工程系铁路专业，获学士学位；回国后赴福州船政局学习海军轮船驾驶，毕业后留该校任教，后又进广东博学馆任教。1888年他被推荐到中国铁路公司，参加关内筑路工程，成为中国第一位铁路工程师。1894年被接纳为英国皇家工程研究会会员。1905—1909年詹天佑被任命为京张铁路（京包线北京至张家口段）总工程师兼会办，负责铁路建设。因为地形极为复杂险

图6-23　詹天佑

要，工程难度世所罕见，外国人压根儿不相信中国人能自己修这条铁路。然而，詹天佑以极大的勇气和超人的智慧，提前两年修成京张铁路，在国内外引起极大轰动。1909年詹天佑任川汉铁路总工程师兼会办，次年任商办粤汉铁路总理兼总工程师，设总公所于汉口；1912年任交通部技监，驻汉口专办铁路事项。在武汉期间，他主持修完了粤汉铁路武（汉）长（沙）段、川汉铁路汉（口）宜（昌）段，并为武汉长江大桥的修建初步选址与规划；编写了《京张铁路工程纪略叙》《京张铁路标准图》以及《新编华美工学字汇》等著作；参与了全国铁路干线的建设规划；筹划了中国第一家交通博物馆；设立了"铁路技术委员会"；推广统一了全国铁路的轨距标准；制定了许多行之

有效的路政议案与铁路管理制度；培养了一大批铁路工程技术人员。他以实际行动践行了"各出所学，各尽所知，使国家富强不受外侮"的人生准则。

（二）地质科学家——李四光

李四光（1889—1971年）（图6-24），字仲揆、福生，湖北黄冈人。他1902年进入武昌第二高等小学读书；1904年留学日本，次年加入中国同盟会，回国后在武昌昙华林湖北中等工业学堂任教；辛亥革命后，先后被湖北军政府委任理财部参议、实业部部长等职；1913年赴英国伯明翰大学攻读地质学。1920年毕业回国，应北京大学蔡元培之聘，出任该校地质系教授兼系主任；1928年，国民政府决定筹建武汉大学，他被任命为新校舍建筑设备委员会委员长，为了寻找校址，亲赴武昌城郊勘察地形，并着手筹集经费、勘测、设计。1936年新校舍建设完毕，昔日"荒凉遍山野，乱石满山冈"的珞珈山成为全国最壮丽的学府建筑。为了打造一流学府，他还聘请周鲠生、李剑农、石瑛等一批国内外知名的专家学者来校任

图6-24 李四光

教。中华人民共和国成立前后，李四光历任北京大学系主任、中央研究院研究所所长、中国科学院副院长、地质部部长、中科院地学部委员、中国科协主席、第二届至第四届全国政协副主席等。李四光毕生从事古生物学、冰川学、地震学和地质力学的研究与教学，是中国地质科学的主要开拓者。他把地质学和力学结合起来，用力学观点揭示各种地质现象，创立了地质力学这一新的交叉学科。李四光一生著作甚多，代表作有《地质力学概论》《中国地质学》《地震地质》《地质力学之基础与方法》《天文、地质、古生物资料摘要》等。其中，《地质力学概论》是李四光40年地质力学理论研究与实践经验的结晶，是中国地质研究的经典著作，是中国地质力学发展史上的一座里程碑。

（三）原生动物学的开拓者——王家楫

157

王家楫（1898—1976年）（图6-25），江苏奉贤县人，出生于书香门第，接受了良好的启蒙教育。1917年，他从南京高等师范农业专修科毕业后，担任国立东南大学附中教员；1922年，担任南京中国科学社生物研究所助理员，师从中国当代生物学泰斗秉志教授。1925年，他首次在中国的刊物上发表了《南京原生动物之研究》，在学术界崭露头角，也标志着中国原生动物学的开端。同年，他考取江苏省公费留学生，赴美国费城宾夕法尼亚大学动物系深造，并获得博士学位。毕业后，王家楫放弃美国优越的工作和生活环境，回国担任南京中国科学社生物研究所教授兼中央大学生物系教授。1934年，王家楫担任国立中央研究院动植物研究所所长，创刊 Sinensia，结束了研究论文只能寄到国外才能发表的历史，同时使研究所与世界29个国家的200多个研究机构、单位建立了广泛的学术交往和业务联系。中华人民共和国成立后，王家楫先后担任中国科学院水生生物所所长、武汉分院副院长，他立足湖北、面向全国，围绕淡水水域及水生生物做了许多卓有成效的研究工作。王家楫在原生动物学

图6-25 王家楫

和无脊椎动物学领域成绩卓著，共发现原生动物 3 个新属、58 个新种、4 个新变种、8 个新亚种，出版了专著《中国淡水轮虫志》。他不仅是中国原生动物学的开拓者，还是中国淡水轮虫学的奠基人。他生前完成论著 39 篇，这些论著在国内外学界影响深远。

（四）鱼类学专家——伍献文

伍献文（1900—1985 年）（图 6-26），浙江瑞安县人。1925 年考入厦门大学动物学系，获理学学士学位；1928 年任南京中央大学生物系助教；1929 年辞去教职赴法留学。留法期间，发表了博士学位论文《中国比目鱼类的形态学、生物学和系统学的研究》，初步确立了他在鱼类学研究中的地位；归国后历任中央研究院国立自然历史博物馆研究员、动植物研究所研究员，中国科学院水生生物研究所副所长、所长，中国科学院武汉分院院长。

图 6-26　伍献文

为了全面开展鱼类研究，他领导科技人员跋山涉水，从全国各地采回大量鱼类标本，在中国科学院水生生物所建立了亚洲规模最大的淡水鱼类标本室。在拥有大量标本的基础上，他开始进行鱼类研究工作。"文化大革命"期间，他仍笔耕不辍，完成了《中国鲤科鱼类志》（上、下卷），该著作不仅是研究中国淡水鱼类的必备文献，也是研究全世界鲤科鱼类的重要资料。进入晚年，伍献文将研究重心放在研究鲤亚目鱼类的系统发育上，发表了《鲤亚目鱼类分科的系统及其科间系统发育的相互关系》，提出了鲤亚目鱼类的一个新的分类系统，为国际生物学界做出了卓越贡献。除了鱼类学的不凡成就，他还广泛涉猎不同种类的动物，并发表了许多有价值的学术论文。他的《中国河蟹志略》《中国之蝎及蝎蛛》都是国内该类动物研究的领先之作。

158

（五）测绘学专家——夏坚白、方俊

夏坚白（1903—1977 年）（图 6-27），江苏常熟人。虽然他家境贫寒，童年仅读了三年私塾和两年小学，但他求知若渴，不放弃一切学习的机会，1925 年以高分考取清华大学工程学系，毕业后，留校当教员。1934 年，他考取第二届中英庚款公费留学生，赴英国伦敦大学帝国学院学习测量。在李四光的帮助下，夏坚白在德国柏林工业大学测量系深造，并取得博士学位，回国后，担任同济大学测量系副教授。1943 年，他受中央测量学校教育长曹谟的邀请，出任该校教授兼教育处长。在这所军事院校里，他求贤若渴，广揽人才，进行了一系列教育教学改革，培养了大量高级测绘人才，使我国的测绘事业迅速步入了正轨。中华人民共和国成立后，

图 6-27　夏坚白

他带头倡议"集中全国高等院校测绘专业及其师资、图书、仪器和设备，创建一所专业齐全的测绘学院"，得到国务院的首肯。之后，以夏坚白为代表的学院筹备委员开始筹建武汉测量制图学院，一所新型的培养高级测绘人才的高等学校在武汉诞生。直至"文化大革命"，夏坚白一直担任该院院长，在学院建设和学院发展上做出了不可磨灭的贡献。

方俊（1904—1998 年）（图 6 - 28），祖籍江苏武进。他出生于书香门第，1919 年考进北京崇德中学，1923—1926 年唐山交通大学土木工程系肄业，之后，相继在天津顺直水利委员会测量队、北平及重庆地质实业部工作。在此期间，方俊完成了我国第一幅用正规方法绘制、完整科学的官方地形图——《中国民国新地图》，被英国权威性《地理杂志》誉为"中国的开天辟地的划时代的工作"。1937 年，受中华文化基金委员会支持，方俊赴德进修，就读于耶拿地震研究所，学习高等大地测量学和物理大地测量学。1938 年年底回国后，方俊先后受聘于重庆中央地质调查所、中央大学土木系、地理研究所、同济大学测量系等单位，主要致力于地图投影及地球重力学研究。中华人民共和国成立后，他亲自领导和组织全国重力测量工作、全国天文重力水准网的布设工作。

图 6 - 28　方俊

在后一项工作中，他创造了以平均重力异常为基础的方格模板计算方法，引起国际大地测量学界的高度重视，苏联和东欧国家纷纷将其编入教科书，正式称之为"方俊方格模板"。1958 年，中国科学院在武汉建立测量制图研究所，方俊担任所长达 25 年之久。在他的带领下，中国科学院测量与地球物理研究所成为全国地球重力和大地测量中心。20 世纪 60 年代，方俊开始致力于人造卫星轨道的地球引力摄动研究，70 年代开始引力场研究，他是我国把地球引力研究和航天飞行弹道学结合的先驱。70 年代后期，他又开始转向固体潮及地球自由振荡研究，并完成了《地球形状》《重力测量学》两本专著。之后，年届八旬的方俊又完成了 65 万字的《固体潮》，这是我国第一部系统论述这门学科的著作。方俊在大地科学领域先后发表论文 70 余篇，其中，5 部著作、4 部译作，内容涉及地图学、地球重力学、固体潮等诸多领域，不愧是具有"经天纬地"之才的学者，他为我国的测绘科学和测绘事业做出了卓越的贡献。

（六）柑橘之父——章文才

章文才（1904—1998 年）（图 6 - 29），浙江杭州人。1922 年他考入金陵大学农学院园艺系，以第一名的优异成绩毕业，并被学校聘为园艺系助教。1931 年，章文才担任由爱国华侨陈嘉庚在厦门创办的集美农林专科学校的果树教员兼校长，培养了不少毕业生，大大推动了当地果树业的发展。1935 年，章文才考取庚款留学名额，赴伦敦大学研究院攻读博士，取得博士学位。中华人民共和国成立后，章文才应武汉大学农学院院长杨显东的邀请，赴该校任园艺系主任、果树学教授；1952 年，任华中农学院教授、园艺系主任。章文才以"农民的呼声，就是对我们的召唤"为诺言，踏遍全国，指导农村、农民发家致富。经他指导过的湖北秭归、赣南信丰等地均成为闻名中外的脐橙之乡。此外，他指导的湖北郧县、宜都、兴山及湖南石门等地也已成为生产蔬果的大型基地。章文才十分重视人才培养，在他 70 余年的教育生涯中，共培养园艺界本科生、研究生 2 000 多名，其中不少学生已成长为院士、"长江学者"和

图 6 - 29　章文才

知名专家。他注重学科建设，创建了我国第一个果树学国家重点学科和我国最早的果树学博士点。他注重科学研究，共出版 6 部著作，发表 70 多篇有价值的学术论文。

（七）气象学专家——涂长望

图 6 - 30 涂长望

涂长望（1906—1962 年）（图 6 - 30），湖北武汉人。1925 年考入华中大学，一年后转入上海沪江大学，师承美国地理学家葛德石；1929 年回武昌博文中学任教；任教期间，考取湖北官费留学生，进入伦敦大学政治经济学院攻读经济地理学，次年转入该校理工学院学习气象学；1933 年，进入英国利物浦大学，攻读地理学专业，并取得博士学位；1934 年，应时任中国气象学会副会长、兼任气象研究所所长竺可桢的邀请，任该所研究员。随后 10 年，涂长望先后在清华大学、浙江大学、南京大学担任教授，为我国气象事业培养了一批优秀人才，如施雅风、叶笃正、谢文炳、毛汉礼、陈述彭等，都是国内外的知名学者。1949 年，涂长望出任中国气象局局长，为发展我国气象事业殚精竭虑，成绩显著，其中最突出的贡献是，开创了中国长期天气预报的研究。他主张将中国天气与世界天气联系起来的理论观点，为我国长期天气预报研究工作的开展和后来长期预报业务的建立指明了方向。

（八）数理国士——李国平

李国平（1910—1996 年）（图 6 - 31），广东丰顺县人。他自小成绩优异，1929 年，考入中山大学数学系，得到赵进义、刘俊贤两位著名教授的栽培。毕业后，李国平担任广西大学数学系讲师，在该校校长的推荐下，赴日本帝国大学做研究生。在此期间，因天赋出众，勤奋努力，成就卓著，李国平被日本数学物理学会接纳为会员。1937 年，李国平回国，担任中山大学数学系教授，成为当时中国大学里最年轻的教授。后经熊庆来先生提名推荐，李国平赴法国巴黎大学庞加莱研究所工作，其间发表了一系列高质量的学术论文，在国际数学界引起轰动，被称为“东方数学奇才”。1940 年，李国平被武汉大学看中，受聘为该校数学系教授。此后 50 余年，他躬耕武汉大学，历任数学系主任、副校长、校务委员会副主任、数学研究所所长等职，为武汉大学的发展做出了重要贡献。李国平毕生治

图 6 - 31 李国平

学不止，硕果累累，撰写学术论文百余篇，出版了《函数论》《数学物理》《系统科学》等专著 20 余部。他是我国函数论研究的主要奠基人，是数学物理与系统工程科学的主要倡导者与领导者，他在半纯函数、整函数、函数逼近值理论、准解析函数、微分方程解析、数学与其他科学技术的交叉研究方面均取得了世界公认的重要成果和学术创新。同时，他还为中国培养了数代优秀的数学人才诸如以蒲保明、王怀柔、路可见等为代表的知名专家学者，以及大批工作在各高等院校和研究单位的中青年学术带头人和科研骨干。

（九）"长江王"——林一山

林一山（1911—2007 年）（图 6-32），山东文登市人，1936 年进入北京师范大学读书。抗日战争后，林一山积极投身抗日救亡运动，历任胶东特委常委、宣传部部长、统战部部长、胶东军区游击司令员等职。1949 年担任长江水利委员会首任主任。在长达 40 多年的治水生涯中，他领导了长江流域综合利用规划工作，领导并指挥了诸如长江三峡工程、南水北调中线工程等大量开创性、建设性的勘测规划设计工作，直接领导了荆江分洪、长江葛洲坝、汉江丹江口、陆水蒲圻等大型水利枢纽工程的建设，为长江三峡工程和南水北调工程培养了一批科技人才。

图 6-32 林一山

图 6-33 裘法祖

（十）医学界名家——裘法祖

裘法祖（1914—2008 年）（图 6-33），浙江杭州人。他自小学习勤奋，成绩优异。18 岁考入上海同济大学预科，22 岁考入德国慕尼黑大学医学院，并取得博士学位。毕业后，他在慕尼黑大学医学院附属许华平医院担任了 7 年医生。抗日战争结束，裘法祖回到祖国，担任同济大学医学院外科主任，立即开展了七八种在当时风险较大、较复杂的手术，并创办了国内第一本医学科普刊物——《大众医学》。1956 年，裘法祖随校迁至武汉，先后担任武汉医学院第二附属医院（后改名同济医科大学附属同济医院）外科主任、副院长兼器官移植研究所所长、院长。裘法祖擅长腹部及基本外科，对脑外科、泌尿外科、矫形外科等造诣精深。他主持创建了我国最早的器官移植机构——同济医科大学器官移植研究所，是我国器官移植事业的开拓者和奠基人之一。同时，他又是我国晚期血吸虫病外科治疗的开创者。裘法祖一贯重视科学研究，是国内最早开展胆总管十二指肠吻合术、肝门解剖与肝切除术、肝移植等大型外科科研专题的负责人之一。他参与起草了《中国脑死亡临床诊断标准》《人体器官移植法》，创办了中国第一本器官移植杂志——《中华器官移植》，创立了"裘法祖外科医学青年基金"。他是中国科学院资深院士、中国著名医学家，是德国"联邦大十字勋章"荣誉制度史上第一位获得勋章的亚洲人。

（十一）地效飞行器之父——李绪鄂

李绪鄂（1928—2001 年）（图 3-34），湖北武汉人。他自幼勤奋好学，1948 年考入清华大学，并于 1952 年以优异的成绩毕业于该校航空系。毕业后，他先后在武汉航空工业学校、北京航校任教，国防部五院、七机部一院、航天工业部、国家科委工作，并担任要职。1988 年，李绪鄂刚调任国家科委副主任时，就开始启动并推行火炬计划，发展中国的高技

图 6-34 李绪鄂

术产业。火炬计划推行的宗旨是以市场为导向，促进高新技术成果商品化、高新技术商品产业化、高新技术产业国际化。在火炬计划的推动下，一大批国家级高新区、软件产业基地、生产力促进中心、科技企业孵化器、大量的科技人才和企业家脱颖而出，为我国高新技术产业的发展开创了业绩。航天事业是李绪鄂一生的追求，在从事航天事业的30多年中，他主持建成了具有世界先进水平、门类齐全的强度与环境实验系统，是我国火箭结构强度与环境工程实验研究专业的奠基者。李绪鄂主持研制成功了我国第一代实用地效飞行器并将其民用化，他被誉为"中国地效飞行器之父"。

（十二）桥梁专家——陈新

陈新（1932—2011 年）（图 6 – 35），江苏无锡人，1953年毕业于同济大学桥隧系，同年被分配到铁道部大桥工程局，次年调至设计处（今中铁大桥勘测设计院）。1955 年，初出茅庐的陈新参与建设武汉长江大桥，圆满完成了所承担的大桥正桥基础设计任务，他领导的设计组被武汉市政府授予"陈新青年设计小组"称号。此后，他陆续参加和主持了南京长江大桥、九江长江大桥、钱塘江二桥的设计工作，技术上屡有突破和创新。他提出的"双壁钢围堰大直径钻孔基础"已成为桥梁深水基础广泛采用的主要形式。晚年他参与了江阴长江大桥、南京长江二桥、润扬长江大桥等工程的监理工作，保证了工程的高质量完成。

图 6 – 35　陈新

第七章

琴合流韵

太史公司马迁曾言：士为知己者用，女为悦己者容。

人之相知，贵在知心，欲知其心，先识其音。伯牙鼓琴，志在高山，志在流水，子期相知，亦在高山，亦在流水。高山流水识知音，知音难觅，故钟子期死而伯牙摔琴绝唱。

琴台、琴断口、琴文化，古老的江城，古老的故事，伴随江波，千年流韵，演绎成世人皆知的知音文化。

知音少，弦断有谁听！

第一节　高山流水

春秋战国时期，在古汉阳地区发生了伯牙和钟子期"高山流水觅知音"的传奇故事，先秦《列子》《吕氏春秋》《荀子》《韩非子》《战国策》等典籍对此有简约的记载或涉及，后经历代文人加工塑造和民间传说，形成了一个非常动人的知音故事。在长期的传承与扩展中，知音文化逐渐成为武汉特色文化的一部分。知音故事世代传颂，知音遗迹多有分布，所以武汉也有"知音江城"之美称。

一、知音故事

"知音"一词，最早见于《礼记·乐记》："是故，不知声者不可与言音，不知音者不可与言乐。知乐，则几于礼矣。"可见，"知音"原只是个阐述音乐之词。而赋予"知音"文化内涵的，则是发生在古汉阳的那段动人的故事。

春秋战国时期是一个经济、文化甚为发达的时代，尤其是音乐艺术得到了空前的发展。晋国大夫伯牙本是楚国人，乃先秦典籍所录士阶层中最早以名传世的音乐家，擅弹古琴，技艺高超，既是弹琴能手，又是作曲家，被人尊为"琴仙"。他曾拜一位叫成连的琴师为师，三年学会了演奏技法。某日成连提出带伯牙前往东海之上去拜会他的一位名为方子春的老师，伯牙欣然前往。谁知乘船到达目的地后，成连谎称去请方子春，把伯牙一人扔在山上寄居的地方再也没有回来。伯牙眼前只有海，耳畔只有汹涌的海涛声，偶尔海鸟飞来，声声哀鸣……忽然，伯牙顿悟，这涛声、鸟鸣、山林摇曳之声，不正是最好的老师吗？于是，他对着山林和大海抚琴，并触发灵感，创作了古琴曲《水仙操》[①]。下山再见成连琴师时，伯牙感激不尽。

自海上归来，伯牙琴艺大增，连吃草的老马闻琴声都会仰首竖耳细听。一天路过楚地，行至汉阳龟山，泊舟江边，皓月当空，伯牙兴致勃勃抚起琴来（图7-1）。只见一樵夫模样的人在岸边谛听，此人自称钟子期，于是二人相见。

关于钟子期的身份，民间流行的是"樵夫说"。而据史书记载，钟子期不是樵夫，而是一位乐尹，是一位有政治头脑的辩士，一位能接近秦、楚上层人物的官员，这在《战国策》《史记》中均有记载。钟子期后来退出政界，回到蔡甸故里，成为当地的隐贤。他

---

① 操，琴曲的一种名称。

之所以能听懂琴声，是由于其具有很高的音乐素养。楚国钟氏家族世代通音乐，出过钟仪、钟建等乐尹。乐尹是主管音乐的官员。钟子期就是成长于这个音乐世家中，有着很高的音乐修养。司马迁所作的《史记·魏世家》曾叙记：秦昭王四十一年，昭王问政左右，以判断魏、韩等国的形势，"中期冯琴而对"。这个"中期"就是钟子期。钟子期能"冯琴而对"，说明他精通音乐，而且能参与秦昭王问政，可见不是一介山野樵夫，而是一个能登庙堂并且能够接近上层的有识之士。

伯牙请钟子期上船，并弹起琴曲。钟子期听后叹道："妙极，此曲犹如巍峨的泰山。"伯牙再弹，钟子期又赞曰："妙甚，此曲恰似奔流的江河。"此曲即为《高山》《流水》。二人切磋琴艺，十分投缘，相见恨晚，于是义结金兰，以兄弟相称（图7-2）。伯牙次日离开古汉阳返回晋国，临别时相约明年中秋再到此地相会。怎料钟子期并没有等到约定之期便英年早逝，临终前叫家人将其坟墓立在马鞍山南的汉水边，表示等待伯牙前来。

图7-1 伯牙抚琴

图7-2 遇知音

第二年，伯牙践约来到故地，泊船久等，不见钟子期前来相迎，于是奏起《高山》《流水》之曲等待，依然不见故人踪影。伯牙吩咐收船向马鞍山集贤村进发。至古汉水和南湖相交的大江口，上岸向集贤村边走边打听，途中恰逢钟子期之父，才知子期已逝。伯牙痛悼知音。拜坟后，伯牙见小山坡上有一块巨石，便吩咐童子摆琴，挥指弹起《高山》《流水》之曲，前来围观的人群无人能听懂琴声所寄，还发出阵阵哗笑。伯牙深恨世无知音，毅然将琴弦割断，将瑶琴摔成碎块，不复再弹。

这个故事大约发生在公元前600年周定王时期。当时，晋国和楚国分别是北方和南方两个大国，时有交战，互为敌国。然而，晋国大夫伯牙与楚人钟子期偶一相遇，仅凭古琴之音就达成了心灵的沟通，成为知己，表明人与人之间的心灵相通是可以"因有文化的血缘关系而相亲相近"[①]。知音故事在发生之地的楚国境内流传了数百年，到了战国时代，又引起了先秦哲人和思想家们的关注。列子慎重思考过这个故事，并在《列子》一书中记载了它。《列子·汤问》记载：伯牙善鼓琴，钟子期善听。伯牙鼓琴，志在登高山。钟子期曰："善哉！峨峨兮若泰山！"志在流水，钟子期曰："善哉！洋洋兮若江河！"伯牙所念，钟子期必得之。伯牙游于泰山之阴，卒逢暴雨，止于岩下；心悲，乃援琴而鼓之。初为霖雨之操，更造崩山之音。曲每奏，钟子期辄穷其趣。伯牙乃舍琴而叹曰：

---

① 张正明．楚文化史 [M]．上海：上海人民出版社，1987：123．

"善哉！善哉！子之听夫志，想象犹吾心也，吾于何逃声哉?"① 之后，《吕氏春秋·本味》载：伯牙鼓琴，钟子期听之，方鼓琴而志在太山。钟子期曰："善哉乎鼓琴！巍巍乎若太山。"少选之间，而志在流水。钟子期又曰："善哉乎鼓琴，汤汤乎若流水。"钟子期死，伯牙破琴绝弦，终身不复鼓琴，以为世无足复为鼓琴者。② 加上荀子对伯牙古琴艺术的高度赞赏，该故事于是成为先秦诸子典籍中一个最能引发文化思考的著名典故。

在知音故事流传的过程中，使其雅俗共知的要归功于明末通俗文学家冯梦龙在《警世通言》中创作的首篇白话小说《俞伯牙摔琴谢知音》。冯梦龙不仅是一个通俗文学家，还是一个经学家。他认为文学的社会价值就是"醒世"，即以文学为武器，让绝大多数人尤其是普通百姓受到教育。出现在先秦典籍中的儒家的知音原本主要是就音乐本身而言的，而冯梦龙糅合了雅、俗二法，小说既保留了故事中伯牙善鼓琴、子期善听琴，子期是伯牙知音的基本内容，又对知音故事做了拓展与改造，使之由音乐层面向世俗伦理层面演进。经冯梦龙改造后的小说虽然以大半篇幅详细描述了二人相识、相交的经过，但是小说的落脚点与旨趣却不在二人以琴结缘以及音乐的交流上，而是由此进入社会伦理层面，歌颂俞伯牙、钟子期二人超越血缘和等级的生死不渝的友情、极富个性的人生意趣、彼此恪守信义的高风亮节，从而使知音故事成为一个蔑视封建礼教与宣扬诚实守信的经典故事，实现了"醒世"的目的。可以说冯梦龙是知音故事的传承人，更是知音故事的推广者，他让知音故事走出了文人的象牙塔，走进了广大的民间。

二、古琴艺术

古琴（图7-3），蕴含着丰富而深刻的文化内涵，千百年来一直是中国古代文人、士大夫手中爱不释手的器物。特殊的身份使琴乐在整个中国音乐结构中成为具有高度文化属性的一种音乐形式。"和雅""清淡"是琴乐标榜和追求的审美情趣，"味外之旨、韵外之致、弦外之音"是琴乐深远意境的精髓所在。陶渊明"但识琴中趣，何劳弦上音"和白居易"入耳淡无味，惬心潜有情。自弄还自罢，亦不要人听"所讲述的正是这个道理。先秦典籍中记载知音故事的内容十分独特，它将音乐与友谊密不可分地浓缩在一个简洁的故事之中，既描述了"高山流水"古琴曲的创作过程，展示了古琴音乐的至高境界，又刻画了伯牙、子期在顷刻间通过心灵交流成为知己的相知过程，创造出颇具中华文化意境的知音典故。因而知音故事又成为中国古琴艺术源头的一段音乐故事，在古琴文化体系中具有经典意义。

古琴的韵味是虚静高雅的，要达到这样的意境，弹琴者必须将外在环境与平和闲适的内在心境合二为一，才能达到琴曲中追求的心物相合、人琴合一的艺术境界。伯牙抚琴不仅在于琴声美妙动听，关键在于移情入乐，即把自己的心志和追求渗入音乐中。据《琴苑要录》记载，当时伯牙移情入乐，弹的是《水仙操》。据《陈旸乐书》③ 记载，古

---

① 杨伯峻. 列子集释 [M]. 北京：中华书局，1979：178.

② 吕不韦. 吕氏春秋 [M]. 上海：上海古籍出版社，1989：102.

③ 《陈旸乐书》又称《乐书》，是我国第一部大型音乐百科全书，宋代陈旸编纂。《乐书》卷目浩繁，共达200卷之巨，分上、下两篇，收录音乐条目1 300余个。记载了上自三代下至宋朝的历代乐制、乐论、八音、歌曲、百戏、五礼之乐等，而且每一类目皆条贯古今，溯源明流，通其原委，详加论证。

琴曲有歌诗五篇，操十二篇，"其十二者，十一曰《水仙》，伯牙为仙舞而作也。十二曰《怀陵》，伯牙为子期而作也"。

图 7-3 古琴

其实，自春秋末期，"高山流水"的典故一直在广泛流传，但具体到伯牙的琴曲作品，仅有《水仙操》，而并无《高山》《流水》。这里有两种可能：一是在伯牙绝弦破琴之后，《高山》《流水》失传；二是作为琴曲的《高山》《流水》或许原本就不存在，只是表达了人们对知音遇合的美好向往。

直到明初，《高山流水》的古琴曲才见于音乐典籍之中。洪熙元年（1425年），朱权倾力十二载，收集校正《神奇秘谱》刊印，共收入民间口传、打谱或记谱的62首古琴曲，其中含《高山》《流水》二曲，书中考证："高山、流水二曲，本只一曲。初志在乎高山，言仁者乐山之意。后志在乎流水，言智者乐水之意。"当然，书中所指的"一曲"或"二曲"，更可能是伯牙之后的古琴家，揣摩"高山流水"的意境而创作。《神奇秘谱》还揭示，《高山流水》这一古曲"至唐分为两曲，不分段数，至宋'高山'为四段，'流水'为八段"。其后，经历代琴家的传承和提炼，无论是一曲还是二曲，《高山流水》均得以创新发展。

关于古琴的神奇力量，古代有很多说法。古琴音乐使听者有"绕梁三日"之感，伯牙弹琴能让水下的沉鱼跳出水面，孔子听琴"三月不知肉味"。古琴艺术作为非物质文化遗产，其价值不仅在于古琴乐器本身，也不限于古琴曲目或弹奏技术，最为重要的在于以古琴为聚合点而构建的传统美学特质及哲学意味贯穿于中华雅文化的发展当中。其中，伯牙与子期的"高山流水"知音故事以古琴为支点，深邃感人、历久弥新。由此，知音意识和知音获得感成为中国人认知生命价值的重要组成部分，是一个人求得认同可达到的最高境界。作为雅士阶层的一种不可分割的人生内容，琴境与生命境界，乐品与诗品、文品都是相通的。遵循"大音希声"①的哲学原理，古琴艺术将儒家的中正平和、道家的清静淡远融汇于乐曲中，追求声稀意深的境界。

在唐诗、宋词、元曲中，寄寓这种向往的佳句比比皆是。"千载朱弦无此悲，欲弹孤绝鬼神疑。故人舍我归黄壤，流水高山深相知。"王安石的《伯牙》诗，追忆着伯牙与钟子期的君子之谊。"欲将心事付瑶琴。知音少，弦断有谁听？"岳飞的《小重山》词，诉说着一代抗金名将内心的孤独。"流水高山弦断绝，怒蛙声自咽。"辛弃疾的《谒金门》倾吐着同样孤寂愤懑的胸臆。"高山流水知音许，枯木苍烟入画图，学列子乘风，子房归道，陶令休官，范蠡归湖。"元曲大家马致远的《任风子》，归纳了古代高士对"天人合一""物我两忘"文化精神的追求。

清光绪二年，以川派琴家张孔山《天闻阁琴谱》所载《流水》最为著名，全曲分为九段。张孔山是清代四川青城山道士，他根据《德音堂琴谱》中的同名琴曲进行加工，增加了许多滚、拂、绰、注、上、下的手法，用以模仿水涌之声，着意表现湍急水势的自然境象，被琴家们称为《大流水》或《七十二滚拂流水》。清末民初琴学大家杨宗稷在其纂辑的《琴学丛书》中，曾以"时而余波激石，时而旋伏微沤，洋洋乎，诚古调之希声音乎"之句，来描述这首琴曲的玄妙。与此同时，古筝和箜篌演奏家们也心驰神往，演绎出各个流派的"高山流水"。仅古筝，就有山东、浙江、河南三个传世谱本。尤其是河南谱本，中原地区的古筝家常在初次见面时共同演奏，以示互尊互敬、愿意结为知交的心意。当然，就旋律而言，无论哪个谱本的古筝曲"高山流水"，都与同名古琴曲大相径庭，并不存在彼此间的必然联系。

古琴艺术是中华文明中的瑰宝，是世界古今乐坛上仅存的历史悠久且绵延未绝，至今仍活跃于世的音乐珍品。1977年8月20日，著名古琴演奏家管平湖先生（图7-4）演奏的琴曲《流水》，被录入美国"旅行者"号宇宙飞船携带的一张镀金唱片，发射于太空，用以向宇宙星球高级生物传达人类智慧和文明的信息。著名古琴演奏家、古琴研究者吴钊先生在2005年出版的《绝世情音》一书中介绍和阐述"高山流水"时，首先写道："这是一首描写人与大自然山水的琴曲。"说起它就会想起一个故事，在完整讲述了知音故事后，吴钊先生认为，古琴曲《流水》作为入选传到太空的人类信息资料，"由此可见这首琴曲在人类文化遗产中所处的位置是多么重要了"。

我国源远流长的古琴与古琴艺术，已于2003年被联合国教科文组织确定为"人类口头及非物质文化遗产"；以汉阳古琴台为背景的"古琴邮票"于2006年面向全球发行。知音文化原本与古琴珠联璧合、息息相关。若无古琴，则世无"知音"；世无"知音"，则七弦瑶琴不能传承至今。远在洪荒时期，相传人文始祖神农氏削桐为琴，绳丝为弦，并以此定宫商、制音律，以开启民智，教化天下。创制于远古时期的瑶琴，从它面世之日起，就伴随着"乐以载道"的历史使命。此后，从孔夫子念念不忘的文武二圣到春秋战国，从汉魏晋唐到宋元明清，包含伯牙在内，一代又一代琴师前贤，以丝弦为笔，以琴曲为文，书写了中华民族礼乐文明的不朽篇章。

---

① 大音希声：最大最美的声音乃是无声之音，即达到极致的东西是不可捉摸的。出自老子的《道德经》："大方无隅，大器晚成，大音希声，大象无形。"

图 7 - 4　著名古琴演奏家管平湖先生

古琴艺术本已根植荆楚大地，伯牙子期又在此演绎了一则美丽动人的故事，从而成就了"高山流水"一曲千古绝唱。

第二节　知音文化

知音故事具有鲜明的独特性，伯牙、子期二人用至死不渝的友谊向后人诠释了诚信的厚重含义。在穿越千年的接受历程中，知音故事的内涵不断拓展和丰富，并辐射于各个领域，形成了丰富多元的知音文化。

一、荆楚背景

还原知音故事的原生态背景，可以清晰地感悟到知音故事具有鲜明的楚文化特征，储存着厚重的楚文化历史信息。

（一）荆楚烙印

南方的楚文化和北方的中原文化是上古中国灿烂文化的表率，与时代人致相当的古希腊文化和古罗马文化遥相辉映。

楚文化是以湖北为根据地的文化，依托的是长江流域，从根本上说楚文化其实也是中原文化的分支。著名史学家张正明在《楚文化史》中谈道："从楚文化形成之时起，华夏文化就分成了北南两支，北支为中原文化，雄浑如触砥柱而下的黄河；南支即楚文化，清奇如穿三峡而出的长江。"

随着 20 世纪中国文物与考古界一系列重大发现，楚文化已引起世界的惊叹和关注。在绚丽辉煌的楚文化中，尤以音乐文化璀璨夺目。编钟和最早的古琴实物，均出土于楚国境地的湖北。春秋战国时期，楚文化一方面与中原文化不断交流、融合，另一方面其自身的异质因素依然鲜活。一个突出的表现是，巫风弥漫、巫祀盛行。楚地原始巫祀仪式具有集歌唱、舞蹈、乐器于一体的音乐性质，能歌善舞的巫者在悠扬的乐声中曼声歌唱、翩翩起舞，以愉悦上界神灵。这种悠久的巫祀传统以及巫乐的盛行，催生了楚国上下对于音乐的迷狂以及对于音乐技艺的潜心追求。宋玉《对楚王问》云："客有歌于郢中者，其始曰《下里》《巴人》，国中属而和者数千人；其为《阳阿》《薤露》，国中属而和者数百人；其为《阳春》《白雪》，国中属而和者不过数十人；引商刻羽，杂以流徵，国中属而和者不过数人而已。是其曲弥高其和弥寡。"① 暂且放下这段文字中关于音乐雅俗高下之论，引文从一个侧面描画了楚国音乐生活的生动影像。在一个郢都，能够跟唱相和《下里》《巴人》的居然有数千人之多，可见楚国音乐的普及程度之高。

音乐也成为和平的媒介。据《左传》记载，公元前 584 年到公元前 580 年，晋、楚两国曾因音乐而促成和解，晋楚之使交聘修好，成为春秋时期风云际会中一桩蕴含深意的事件。正如张正明所阐释："后来，楚人钟子期与晋人伯牙，凭借音乐的语言，成为倾盖如故的知己。晋与楚可谓宿敌，分别代表着北方和南方，但他们同属一个正在形成中的伟大民族，疆土虽尚有此畛彼域之分，心灵却因有文化的血缘关系而以相亲相近。"②

（二）亮丽一笔

在楚文化深厚的音乐土壤之上，孕育出钟氏音乐世家和伯牙、钟子期这样的旷世音乐奇才可谓理所当然。

清代毕沅的《伯牙事考》指出：俞伯牙与钟子期皆为楚人，而且是"楚怀王，顷襄王时人"。钟子期居于楚地，俞伯牙本为楚国人，仕宦于晋国。小说《俞伯牙摔琴谢知音》中说，俞伯牙因仕宦缘故离开乡梓十二年，而伯牙时年三十九岁，可知其人生的早年岁月是在楚国度过的，楚文化作为一种早期教育背景沉淀于伯牙的生命中。二人相逢之处位于汉阳江头，这里正是楚文化的核心区域。而且，"信鬼而好祠，其祠，必作歌乐鼓舞以乐众神"③ 的风俗，催生了楚人的浪漫主义精神和浪漫主义艺术，它体现在楚文化的瑰宝《楚辞》中，也同样体现在"知音"故事中。伯牙鼓琴与钟子期听琴时那热烈的向往、虔诚的心态、痴迷的情感、超越现实的想象，正是楚人浪漫主义精神与艺术的体现。

春秋战国时期，武汉地区全面纳入楚国版图，楚国尚钟好乐的传统已扎根武汉地区，音乐既是庙堂上流社会的雅好，也是百姓在田间地头的享受。知音文化原生于武汉，根植楚文化的基因，主要表现在以下三点。

其一，知音故事是楚文化乐山乐水自然情怀的体现。楚国兴发于山川绮丽的鄂西北，武汉地区是江汉交汇、群山环抱的中原沃土，因此形成了楚地乐山乐水的自然情怀。"高山流水"的知音故事正是这种情怀的体现，也是楚地山水文化的反映。

其二，知音故事成就了先秦古琴艺术交流的佳话。楚人尚乐好舞，钟氏家族更是楚地音乐世家，历史记载的最早的古琴音乐家钟仪为楚庄王时乐官，另有一位司乐之官叫

① 萧统. 文选［M］. 上海：上海古籍出版社，1998：371.
② 皮明庥，张侠. 高山流水知音江城：伯牙与钟子期的史事·传说［M］. 武汉：武汉出版社，2007：91.
③ 洪兴祖. 楚辞补注［M］. 北京：中华书局，1983：55.

钟建，称乐尹，钟子期为钟仪之族。知音故事是楚地高雅琴艺的千古韵事。

其三，知音故事聚合了楚文化长于玄思奇特、意趣幽远的特性。屈原、宋玉的楚辞如此，知音故事亦复如此，能将情志寄寓于山、水本身就很浪漫，而能聆听和品味出高山流水的志向与情蕴就更为奇特。伯牙、钟子期因琴而相知，可以说凝集了楚人浪漫的人文精神，含有丰富的楚文化元素。

二、江城色彩

源远流长的知音故事是最具个性的武汉故事。古汉阳作为知音故事的发生地，留下了众多的地名及传说可作见证。

汉阳区和蔡甸区这两个行政区域在历史上是一个整体，同属古汉阳县。蔡甸马鞍山离汉阳只有 50 华里，而且有汉水相连。当年隐居马鞍山的钟子期也曾到过汉阳钟家村。因此，今汉水南岸这一片三角洲都被视为知音文化之源。

（一）钟子期故里

今武汉市蔡甸区新农镇马鞍山（也称汉阴山）北的钟家台（古称上集贤村），就是当年善辨音律、善体乐情的钟子期隐居的地方。因马鞍山和集贤村的地形地貌似一只展翅欲飞的凤凰，故人们也将此地称为凤凰山，上集贤村则位于凤凰尾下。清康熙《汉阳府志》载："县治西五十里马鞍山，相传是钟子期的故居。"马鞍山附近的夅山，至今仍有钟姓人家聚居。钟子期的故居历史上曾多次维修改造，但今已不复存在。

"家在凤凰尾，葬在凤凰头，挨着凤凰半里外的眼，穿过凤凰颈"这是当地的一首民谣，描述了钟子期生前及死后的环境状况。钟子期墓（图 7-5）位于马鞍山南麓的凤凰咀（古称凤头渡），据《汉阳县志》记载，明朝时该墓前有古亭，内置一块刻有"楚隐贤钟子期墓"七字的年代久远的青石碑，清同治年间曾被修葺。1919 年的《琴台纪略》记载，当时墓前还立有一块刻于清光绪卜年（1884 年）的石碑。清代曾立"高山流水"牌坊。1982 年，蔡甸区重修钟子期墓，立"楚隐贤钟子期之墓"碑，墓前建有仿木结构的知音亭。1984 年，钟子期墓被列为市级文物保护单位。

图 7-5　钟子期墓

钟子期故里附近的铁铺墩（古称下集贤村）老街口曾有一座刻有"高山流水"字样的石牌坊，可惜这座石碑坊于1962年被毁了。

此外，汉水边上的琴断口、蔡甸区南湖（今知音湖）上锚洲和下锚洲，传说都是伯牙泊舟之处。

（二）古琴台

古琴台（图7-6、图7-7）又称伯牙台，位于龟山脚下、月湖之滨，浓荫的绿树、湖景相映，景色秀丽，幽静宜人，是为纪念伯牙、钟子期知音相遇而修建的。

图7-6 藏于古琴台华夏音乐馆内的明清界画《琴台全景图》

图7-7 古琴台

虽武汉地区早就建有琴台，始建于何时已不可考，但至少在南北朝时期已存在。1400多年前，南朝简文帝萧纲，游历琴台并写下一首《登琴台》诗，其中有"芜阶残惜径，复想鸣琴游。音容万春罢，高明千载留"。然而，因年代久远，该遗址早已荡然无存。除此之外，最早记载古琴台的书籍是《皇宋书录》，"琴台在北宋时已有之"，之后兴废不见记载。清末黄彭年的《重修汉上琴台记》指出，大约明代后期万历年间，月湖边上开始出现古琴台。清代汪中所撰的《汉上琴台之铭》则明确记载了琴台的位置，"自汉阳北出二里，有丘焉，其广十亩，东对大别，左界汉水，石堤亘其前，月湖周其外。方志以为伯牙鼓琴，钟期听之，盖在此云。居人筑馆其上，名之曰琴台"①。古琴台是知音文化的主要载体，为知音故事提供了历史的见证。

历史悠久的古琴台，历经战乱，千余年来屡次被毁屡次重建。中华人民共和国成立之初，古琴台已是荒草丛生，破败不堪，后经历过多次的重修、扩建。今天的古琴台占地 10 多亩，布局精巧，绿树成荫，景区的主要景点有琴堂、"琴台"方碑、"蜡像馆""印心石屋""伯牙抚琴"汉白玉雕像、碑廊，还有清代书法家宋湘以竹叶代笔蘸墨书写的《琴台题壁诗》，以及"琴台知音"雕塑石像和"高山流水"水榭长廊等。

（三）知音地名

因知音故事的缘故，在汉阳形成了诸多与知音相关的地名。现在，汉阳区和蔡甸区还有钟家村、琴台路、琴台村、知音大道、知音路、知音东村、知音西村、月湖知音桥、琴断口、琴断口街、舵落口、黄金口、集贤村、琴断小河、碎琴山等地名。

钟家村。前述钟子期故里在蔡甸马鞍山北，但他也曾在龟山西南，凤凰山西的小山丘边居住过，小山丘因此被称为钟家山。钟子期去世后，其族人在此繁衍聚居，形成村落，名钟家村。1957 年修建长江大桥时，钟家山被夷平，东西延伸建成汉阳大道。现在钟家村已经发展成为汉阳的商业中心和交通要道。

琴断口。琴断口就是伯牙琴弦断的地方。伯牙第一次进入汉水，见这里风景如画，一时兴起，便端坐月下独自抚琴，弹到高潮的时候，突然发现有人偷听，心一恼，情一躁，便把琴弦拨断了。原来是钟子期打樵经过此地，听到这美妙琴声，忍不住驻足，久久不忍离开。钟子期见琴断人恼，赶忙上前赔礼，并把听琴的感受说与伯牙听。后来这里形成古镇，现为汉阳区琴断口街。

碎琴山。伯牙摔琴之地，后人称为碎琴山，位于汉阳琴断口附近的平塘渡。相传伯牙第二年再访钟子期时，子期已去世。伯牙在一山丘摔琴绝弦，终生不再弹琴。这个山遂被命名为"碎琴山"。明代文人阮汉闻曾作有《碎琴山》一诗，"高山流水真发趣，可怜古曲不成句。沙回树合拥青岑，云是伯牙摔琴处。"伯牙碎琴，感动了当地村民，他们遂在平塘渡修建了一座琴台，以纪念两位音乐大师的偶然相遇成知音，此为古琴台的由来。

在地名学上，"地以人传"的现象普遍，多数是用一个地名纪念一个人，而像这样围绕"牙期逸事"产生了这么多的有关地名，在全国范围内也是罕见的。这也从一个侧面反映了"伯牙子期知音故事"确是武汉独具地域特色的本土文化。随着经济、文化和社会的发展，其已渗入武汉人民生活的方方面面。

---

① 皮明庥，张侠. 高山流水知音江城：伯牙与钟子期的史事·传说 [M]. 武汉：武汉出版社，2007：48.

武
汉
文
化
概
论
（
第
二
版
）

三、知音价值

"高山流水觅知音"故事在世世代代的流传中，"知音"一词不断得到延伸和扩展，其内涵已非常宽泛。知音文化除了反映人与人之间知音的寻觅，还涵盖了天人合一、诚信礼仪、情智交融的意蕴，洋溢着浓厚的人文主义情怀。

（一）知音文化是"天人合一"的文化

天指的是自然，人指的则是人文。知音文化中流传的古琴曲"高山流水"就是以自然物象来比喻和表现人世友情、人文精神。古琴曲"高山流水"以及伯牙、子期这一段千古佳话，之所以能在两千多年里广为流传，概因其包含了深厚的中华文化底蕴，中国古代"天人合一""物我两忘"的文化精神在这段佳话中得到充分的体现。仁者乐山，智者乐水，"高山流水"蕴含着天地之浩远、山水之灵韵，可谓中国古乐主题表现的最高境界。然而，伯牙的"高山流水"琴曲并没有流传于世，后人无从领略伯牙所弹之曲的绝妙之处。所以，后人虽不断传颂"高山流水"的故事，完全是"心向往之"，对音乐并无切身体会。

（二）知音文化是诚信礼仪的文化

知心重情和诚实守信是知音文化的灵魂。伯牙和钟子期以琴声相知，成为知音，并约定来年再相会；届时伯牙如约前来，表现出高度诚信；得知钟子期亡故，伯牙悲痛之中弹起高山流水之曲，以悼亡灵，并摔琴谢知音，从此不再鼓琴，可见其知音情深，诚信不贰。而钟子期在病亡前深知自己不能履约，于是嘱咐父亲，自己的坟墓一定要筑在江边，生不能与伯牙相见，死也要实现自己的诺言，在九泉之下聆听伯牙的琴声，这更是诚实守信最生动的表现。伯牙、子期相会之地之所以成为人们争相崇尚的精神圣地，是因为它蕴含的"诚信"精神得到普遍的认同，并且具有广泛的亲和力，不受种族地域的局限。知音文化中所体现的人与人之间的契合、诚信、重情、重义的和谐精神，正是当今社会发展中大力倡导的诚实守信精神。

（三）知音文化是情智交融的文化

知音文化，关键在一个"知"字，"知"就是知音、知己、知心。与人和人之间一般情谊相较，知音是一种更高境界。在知音、知心的基础上，真情自然就形成了。知音文化重情，有了这种知音深情，就产生了彼此间的互信、互爱，从而使人际关系和谐亲密。知音文化也是情智交融的文化，不仅表现了亲情、友情，还有智慧，为构建当代和谐社会注入了历史文化因子。

"高山流水觅知音"的故事流传千年，体现了人与人交往中最真挚、最理想的对于理解、友谊、知己的感情追求。知音和知音文化之所以深得人们的喜爱，是因为人们渴求知音，但知音难求。正如刘勰在《文心雕龙·知音》开篇所感叹的："音实难知，知实难逢，逢其知音，千载其一乎！"知音文化的本质就是友情加诚信。这种"以诚为本"的友情，在我国不断延续深化。朋友之间知心互信重真情，患难之中成至交，净言敢谏，赴汤蹈火，重承诺，讲诚信，友谊第一。古有李白以知己为重，"生不用封万户

174

侯，但愿一识韩荆州"；近有鲁迅赠瞿秋白条幅，"人生得一知己足矣！斯世，当以同怀视之"。

《吕氏春秋》在叙述知音故事时，引申出了一番识才用人的道理，"非独琴若此也，贤者亦然。虽有贤者，而无礼以接之，贤奚由尽忠！犹御之不善，骥不自千里也"。认为不仅弹琴需知音，要有听得懂琴声寓意的人，就是其他方面人才的识别，也需要有高人的慧眼，需要有人识别，并以礼相待。古往今来，"知音难"的感慨比比皆是，诸如怀才不遇而思知音，命运坎坷而念知音，男女孤独而慕知音，报国无门而仰知音。可见，寻求知音是社会普遍情感，感叹知音难逢是常见的失意心态。人人都希冀有知音挚友，在良好的际遇中生活，追求人生的价值，成为事业的成功者。先有伯乐，然后才有千里马，历史上许多贤者、智者，都是由于遇到了知己才发挥出了自己的聪明才智。

知音文化所蕴含的人与自然的和谐，人与人之间包容、友善、诚信、和谐、平等的精神和观念是人类社会不可或缺的精神财富，也是人类追求的亘古不变的价值主题和美好愿景，其意义十分广博深邃，已经融入武汉这个城市的精神血脉。知音文化穿越两千多年的时空阻隔，仍散发着无穷的魅力，不仅具有强烈的现实感，而且具有显著的世界性，其理解、真挚、高尚的精神境界为世人所普遍认同。这就是知音文化的价值、知音文化的意义之所在。

第三节　余响缭绕

"知音文化可以说是武汉地区的元典文化和本土文化"[①]，其内涵博大精深，具有中华文化和谐、仁爱、重情、守信等精神内核。在当前全面建成小康社会的新的历史阶段，知音文化将与时俱进，折射出更加夺目的人文光彩，焕发出更加鲜活的生命力。

一、传承谱系

知音故事的传承谱系悠久而丰富，从先秦诸子著作到历代典籍、诗文、文论、琴学、绘画、蒙学、明清后的文艺创作以及民间口头相传等多种途径，获得传承、阐释和再创作，从而形成了以知音故事为核心的源远流长、博大精深、独树一帜的知音文化体系，成为中华文化中品位极高而又雅俗共赏的一道精神文化景观。

（一）典籍

先秦典籍中的《吕氏春秋》《荀子》《韩非子》《列子》《战国策》都涉及了伯牙和钟子期。知音故事载入先秦典籍，最早是由《列子》和《吕氏春秋》予以记载的。除先秦元典记载，史书、文集和地方志记载知音故事的不下80种，如《史记》《文心雕龙》《广舆记》《皇宋书录》《泰山志》《汉阳府志》《海盐县志》《湖北通志》《大别山志》《琴

---

① 皮明庥，张侠. 高山流水知音江城：伯牙与钟子期的史事·传说 [M]. 武汉：武汉出版社，2007：74.

操》《五知斋琴谱》等。尤其是民国初刊印的《琴台纪略》，汇编了有关知音故事的种种诗文。

（二）诗文

从司马迁、李白、杜甫直到20世纪的毛泽东，历代文人都有引用知音故事抒怀寄情的名篇名句。司马迁的《报任安书》留下了"盖钟子期死，伯牙终身不复鼓琴。何则？士为知己者用，女为悦己者容"的名句。孟浩然有"不遇钟子期，谁知鸾凤声"，"当路谁相假，知音世所稀"的诗句。毛泽东写于1915年的《五古·挽易昌陶》，其中也有咏知音的名句："子期竟早亡，牙琴从此绝。琴绝最伤情，朱华春不荣。"

（三）文论

知音典故被南朝刘勰《文心雕龙·知音》引入古代文论体系后，又成为中国古代文艺理论和美学思想的重要资料，从而获得阐释和发挥。

（四）琴学

东汉末蔡邕的《琴操》在对《水仙操》一曲的题解中，增加了伯牙学琴的故事，丰富了知音故事的内容，使之成为艺术史上"移情说"极生动的表述，历代琴谱和乐论，常引以解说古琴深意。

（五）绘画

知音故事作为山水人物画创作题材，留下了《伯牙抚琴图》《子期听琴图》等名画作。《伯牙抚琴图》（图7-8）是1995年在敦煌佛爷庙湾一处魏晋时期的砖墓中被发现的，该画被创作在一块约长32厘米、宽16厘米、砖厚6厘米的墓砖上。当时一同被发现的还有另外一块同样大小的《子期听琴图》墓砖。这两幅敦煌砖画构成了完整的"伯牙子期琴台遇知音"的故事，是迄今发现最早的以知音故事为题材的古代图画，距今约有1600年历史。目前两块画像墓砖均收藏于甘肃文物考古研究所。此外，元代王振鹏创作的绢本水墨画《伯牙鼓琴图》（图7-9），现收藏于北京故宫博物院。

图7-8 《伯牙抚琴图》壁画

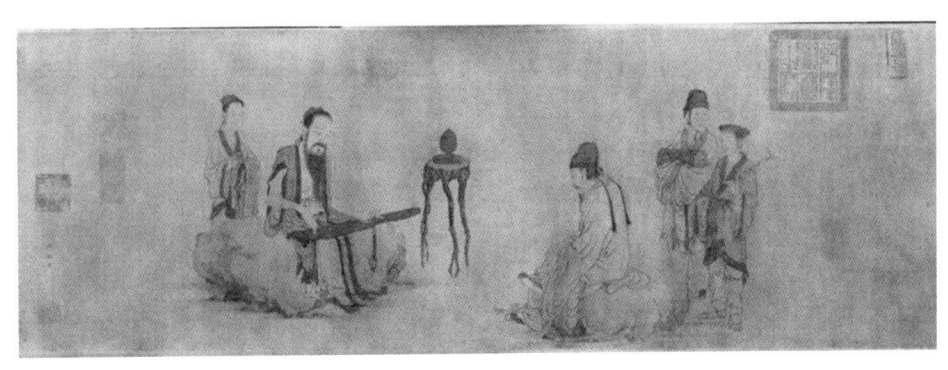

图 7-9 (元) 王振鹏 伯牙鼓琴图

（六）蒙学

古代著名的蒙学读物《幼学琼林》，一句"伯牙绝弦失子期，更无知音之辈"，就将知音故事播洒在民间土壤和儿童心田之中。

（七）小说

知音故事的传承到了明代有了突破，冯梦龙创作的《俞伯牙摔琴谢知音》的白话小说，以完整的故事情节对知音故事做了加工和再创造，使它得以雅俗共赏、流传久远，19 世纪已传播海外。据王丽娜《中国古典小说戏曲名著在国外》一书介绍，由伦敦麦克米兰出版社出版的最早一篇英译见于 1874 年，另有法、德、俄、日等多种译文。

（八）戏曲

明清至近代，知音故事有了新的传承形式，伯牙与钟子期的艺术形象登上了戏剧舞台，京剧有《伯牙碎琴》，古老的汉剧有《听琴扳琴》。昔时汉剧艺人每年清明、重阳都要登汉阳古琴台演出《听琴扳琴》，以追念前贤。

（九）旅游

2005 年，中国武汉国际旅游节首次推出"白云黄鹤，知音江城"的武汉旅游主题。"高山流水觅知音"的故事为世人广为传颂，"高山流水"已成为有广泛影响的专用词。

2010 年 11 月，蔡甸区已申报"中国知音文化之乡"，通过举办知音美食节、知音莲藕节，推出知音九真、知音峡谷旅游景点等方式推介知音文化旅游。小蓝鲸餐厅的汉阳知音主题店，展现知音佳话，推出知音菜肴，使游客吃出了品位，吃出了文化。以与知音文化相关的词命名的工艺店、餐饮店、旅店宾馆等在江城也是遍地开花。旅游文化方面的图书在推介武汉风光介绍古琴台时都要讲到知音故事。

知音文化传播方式及范围在当今又有了新的扩展。湖北省暨武汉市文联、作协的名家里手，曾聚集在马鞍山麓、南湖之滨，举行知音笔会，用诗、词、歌、赋、画等文体，书知音文化，讴歌赞美知音故里。更有蔡甸区的知音文化研究会，收集整理知音文化资料，建立"知音文化传承基地"，出版《知音九章》等书籍。知音故事组雕、知音工艺美术厂、知音文化艺术节、知音文化音乐专题片和电视专题片等无不以其多样的形式承载、传播知音文化。知音故事及其传承谱系，见证了中华民族文化传统的绵延与生机，也见证了中国人民两千多年的心路历程。

二、国际影响

知音故事所创造出的"高山流水"和"知音"词义，已成为中华民族最基础的文化符号，具有促进中华民族文化认同、增进民族团结的深远意蕴，也是文化交流的精神纽带。

马鞍山作为中国知音文化的发源地，吸引了很多港澳台同胞、海外侨胞和外国游客。1991年夏秋之交，韩国籍大学生300余人分批来到马鞍山，瞻仰钟子期墓、知音亭，听取碑文译释，还到农舍做客进餐，向农户赠送纪念品，到铁铺中学参观，对知音文化表现出了浓厚的兴趣。此外，武汉的友好城市法国波尔多市也建有知音亭，尽显知音故事的魅力。

管平湖先生弹奏的《流水》在宇宙中回响，琴台也吸引着外国朋友的眼球。一些外国朋友慕名而来，那些曾经受到中国文化影响的旅游者，来汉时常常点名要游古琴台。1985年9月，日本大分市的一行人参观琴台之后，印象极深，回国后，他们仿照琴台的布局、造型，塑造了一个琴台区。2006年9月26日，为纪念钢琴家莫扎特诞生250周年和中奥建交35周年，中国与奥地利联合发行《古琴与钢琴》邮票（图7-10），其中"古琴"邮票图案的背景为汉阳古琴台旧址，选用清代南阳陈敬翔绘制的"琴台古韵图"局部以及清代书法家宋湘《琴台题壁诗》碑刻图。汉阳古琴台被选入"古琴"邮票图案中，成为国家名片，也表明了知音故事具有中国文化的代表性。

图7-10　《古琴与钢琴》邮票

外国朋友之所以喜欢琴台，慕名观赏琴台，这中间既有古琴台的文化魅力缘由，但更多的是缘自古琴台所蕴含的"知音"哲理，从这个意义上说，知音文化在中国文化以及世界文化中的地位是不可估量的。"知音文化不仅为中国所独有，也成为全人类共同的'精神瑰宝'。"①

三、恒久魅力

高山流水故事千古传颂，知音文化广为传播，不仅在国内影响深远，还在世界范围

---

① 皮明庥、张侠. 高山流水知音江城：伯牙与钟子期的史事·传说 [M]. 武汉：武汉出版社，2007：84.

内享有盛名。知音文化凝聚了中国民族文化的精髓，体现了人与人之间的契合、诚信、重情、重义的和谐精神，既具有历史内涵，又具有时代意义。知音文化是武汉的城市之魂，弘扬知音文化对于城市发展、传统文化精髓传承、构建和谐社会具有重要意义。

（一）弘扬知音文化是城市发展的需要

"城市是文化的载体，文化是城市的灵魂"，文化对于城市的塑造具有重要作用。环顾世界，凡是能够在人们心中留下深刻印象的都市，都有它们独特的文化符号。文化是城市的灵魂和生命力，城市形象是一个复合系统，文化是城市最好的"名片"。对于任何一个城市来说，它的历史气息和文化内涵都区别于其他城市。只有尊重城市的历史、善待城市的文化资源，对文化资源进行很好的保护与传承，才不至于在城市发展中失去自己的城市文脉和个性，才能谈得上城市文化的进步与发展。

"白云黄鹤，知音江城"的城市形象名片，赋予了知音文化非常高的战略定位，知音文化作为武汉独特的文化要素，其品牌具有极强的扩张力、延伸力和影响力。知音文化所蕴含的人与自然的和谐，人与人之间包容、友善、诚信、协作、互助等精神和观念，有利于提高武汉人民的整体素质。利用知音文化这一独特的文化瑰宝，打造"知音江城"这一响亮名片，不仅有利于提高武汉知名度，而且将大大提升武汉发展的核心竞争力和软实力。

（二）弘扬知音文化是传统文化精髓传承的需要

文化沟通着历史与未来。在全球化价值趋同的背景下，传统文化精髓是保持民族文化认同感的最后一道壁垒。我国传统文化历史悠久，人文积淀博大精深，这是维系国家统一、民族团结的基础。坚持中国传统文化的传承与创新，继承传统文化中的精髓，吸收世界先进文化的精华，创新中华民族的先进文化，才能使中华民族永远立于世界先进民族之林。

知音文化是中华传统文化的精华，具有广泛的社会性，得到普遍认同，它所表现的是人与人之间精神上对等的交流与契合，是双方心灵上深刻的理解和富于诗意的升华，是人与人和谐关系的一种理想境界，知音文化的传承与创新对于实现中华民族的伟大复兴，构建社会主义和谐社会有着重要意义。

（三）弘扬知音文化是构建和谐社会的需要

"和"是中华文化传统的基本精神，也是中华民族不懈追求的理想境界。知音文化所颂扬的理解、友爱、亲情、和谐、真挚、美好的精神品质，是人类亘古不变的价值主题。经历了两千多年的沧桑变迁，知音文化内涵不断得到拓展延伸。知音文化不但是以琴会友，也表达以歌、文、棋、诗、画会友之意；而且，知音的友善观念，也由友情、亲情延及人类的一切真情。现在我们所说的"知音"已涵盖了几乎所有人间真情，有了这种知音精神，人们就能体会到一种诚信、互助、融洽、平等、友爱的生活氛围，就会感受到人间真情与和谐之美。

知音故事蕴含的重友情、讲诚信、守承诺的高尚情操，以及人与人、人与自然和谐相处的意蕴，正是构建社会主义和谐社会，推进社会的公平和正义，倡导人与人之间的尊重和理解，营造祥和宽松、互助友爱的社会关系氛围，树立人与社会、人与自然和谐共处的价值理念所需要的。知音文化为构建社会主义和谐社会提供了精神资源。

"高山流水觅知音"故事，根植于江城这片土壤，超越现实又不脱离尘世，它所创造的"知音"这一高远和珍稀的友谊典故，两千多年来跃动在历代文人的诗文之中，对中国文学、艺术和美学思想产生了深远的影响，深深地积淀在中华民族的心理文化中，成为中国人民精神生活中一种至高境界的期盼。

第八章

木兰美传

一个美丽的传说，一个靓丽的身影，高贵的品质，伟大的精神，传统的美德！

女扮男装，代父从军，将军百战死，壮士十年归，是忠于国。功成身退，侍奉慈严，愿驰千里足，送儿还故乡，是孝于亲。

忠孝节义，巾帼不让须眉，实为千古绝唱，故为永世流芳！

第一节　木兰传说

木兰，一般也称作"花木兰"，她是中国古代一位极富传奇色彩的巾帼英雄。从汉文帝（前179—前156年）时开始，木兰"女扮男装、代父从军"的故事就在坊里民间广为流传，逐渐被谱写成一曲"敬老孝亲、精忠报国"的壮丽凯歌。两千多年来，木兰身上集中体现的"忠孝两全"的家国情怀和"机智勇敢、淡泊名利"的崇高品质，一直被人们推崇和景仰，成为"木兰文化"的主要内涵。

木兰文化的形成和发展经历了漫长的历史演变过程。该文化萌发于西汉初年，根植于荆楚大地古西陵（今武汉市黄陂区），影响遍及海内外。木兰的传奇故事，经过民间大众口口相传和历代文人加工演绎，形成了独具特色的地域文化——木兰文化。黄陂木兰文化与汉阳知音文化、武昌首义文化，共同编织成武汉文化亮丽而独特的风景线。进入21世纪，木兰文化与时俱进，在黄陂乃至武汉地区的改革开放与发展中，彰显出强大的精神活力和文化魅力。

木兰文化主要包含木兰传说、历史记述及木兰文化遗存。木兰传说作为武汉市、湖北省乃至中国国家非物质文化遗产，是木兰文化的源头活水，是孕育木兰文化的魂；木兰的历史记述和文化遗存，是木兰文化的历史见证，是滋养木兰文化的根。它们是构成木兰文化的有机组成部分。

一、木兰传说的由来及价值

（一）木兰传说的演变

传说，顾名思义是群众口头流传关于某人某事的叙述或某种说法，如"鲁班传说""知音传说"以及本章重点介绍的"木兰传说"等。从现有资料分析，"木兰传说"的演变大致分为五个时期。

一是初始期。从西汉初年往后的400多年间，木兰"女扮男装、代父从军"的故事，主要以民间大众口头形式流传，鲜有明确、完整的文字记述。

二是定型期。魏晋南北朝时期，木兰故事见诸于比较简练而完整的文字。其中以北朝民歌《木兰辞》为代表，木兰的形象更加丰满，木兰故事的内容基本稳定，故事情节完成定型。

三是成熟期。隋唐以后直至明清，木兰形象所彰显的思想道德与伦理内涵得到比较全面的阐释。其表现形式趋于多样化，木兰的人物形象更加文学艺术化，诗词歌赋、宗教、戏曲无所不包，庙宇殿堂、碑刻、石坊大量建造。

四是弘扬期。近现代时期，旧中国内忧外患，国势衰微，民族复兴的呼声日益高涨，木兰形象所蕴含的以"家国情怀"为核心的价值观念得到进一步的挖掘与强化，木兰精神深入人心。

五是传承期。进入当代，特别是进入改革开放和21世纪以来，武汉市及黄陂区组织有关学者和民俗专家对"木兰传说"的文献资料进行了全面梳理，对其精神内涵进行了全面阐释。作为国家非物质文化遗产的黄陂"木兰传说"，已经成为"多元一体"的中华传统文化体系中的重要元素，并且与当代先进文化融合，逐步凝练成独特的地域人文资源——"木兰文化"，是武汉文化大观园中的一朵奇葩，得到了广泛传播和全面继承。

（二）木兰传说的内容

"木兰传说"的内容十分丰富并具有传奇色彩，整个故事情节主要包括"木兰出生、少年木兰、代父从军、塞外征战、立功凯旋、皇上封赏、辞官回乡、终老故里"等。

相传，木兰出生在古西陵县双龙镇（今武汉市黄陂区姚集镇大城潭村）（图8-1）。木兰出生的时候，适逢当地的木兰花盛开，其祖父就为这个身体健康、活泼可爱的孙女儿取名"木兰"。少女时期的木兰不但像普通农家女孩一样勤于耕织，还具有男孩子的性格，喜欢看一些兵书，练习当地的武术。汉文帝时，日益强大的匈奴部族屡屡进犯其北部边境，为了弥补兵员不足，朝廷派人到处强行征募，木兰的父亲作为家中唯一男丁也名列其中。木兰见父亲年迈体衰，又是家中顶梁柱和主心骨，于是女扮男装、代父从军。从此，木兰塞外征战十二载，英勇御敌屡立战功，凯旋后婉拒皇上的嘉奖，辞归故里侍奉双亲，最后平静地终老家乡。武汉市黄陂区广泛流传的木兰传说故事，是优秀的民间口头文学之一。木兰传说，既是中华民族"忠孝勇节"传统文化的集中体现，又是历史与文学艺术完美结合的不朽佳作，同时还是千百年来黄陂人民传颂、推崇、弘扬木兰精神的有效载体。它根植于黄陂，并不断得以流传、提炼和传承，在黄陂这片古老丰腴的沃野上，形成了一座内涵丰富、多姿多彩的木兰传统文化的宝库（图8-2）。

图8-1 木兰故里——木兰县（黄陂区）、大城潭（镇）村方位（示意）

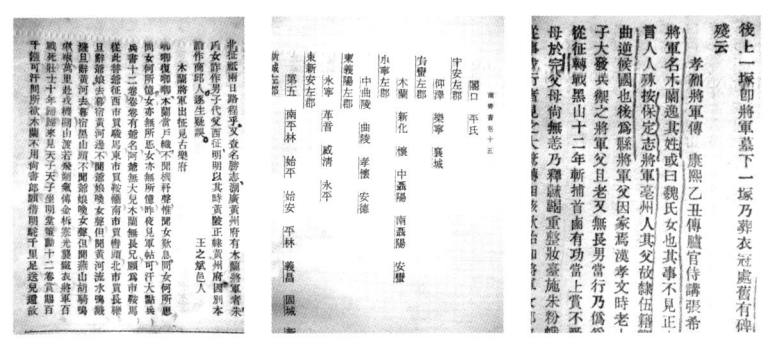

图8-2 左：木兰出生地记载及所录乐府诗《木兰辞》 中：木兰名称的记载
右：《孝烈将军传》文字片段

（三）木兰传说的价值

木兰传说作为优秀的民间口头文学作品，是在黄陂独特的历史文化氛围中孕育、成长和成熟的。木兰传说既蕴含了"忠孝勇节"的丰厚主题，又充满了惊险曲折神奇的故事情节，并通过说唱、戏曲、影视等多种艺术形式向全国各地及世界流传，产生了广泛而深远的影响。21世纪初，"木兰传奇"（后统一称为"木兰传说"）就率先被列入武汉市首批非物质文化遗产目录。2007年，"木兰传说"成为湖北省首批非物质文化遗产。2008年，经武汉市申报和原文化部组织有关专家实地考察和多方论证，最后经国务院批准，黄陂"木兰传说"正式入选第二批国家非物质文化遗产名录（民间文学类）。至此，"木兰传说"完成了从黄陂民间的大众口头文学到国家级非物质文化遗产的华丽转身。

"木兰传说"作为国家级非物质文化遗产，是中华民族优秀传统文化的重要组成部分，具有极高的历史、文化、艺术研究和开发利用价值。第一，"木兰传说"从汉代流传至今，蕴含了两千多年来各个历史阶段的重要信息，涉及伦理、民俗、宗教、文学、艺术等多方面的内容，具有弥足珍贵的历史研究价值。第二，千百年来，"木兰传说"作为我国民间最古老的经典传说之一，在广为流传的同时不断被补充和完善，具有与时俱进的开放性元素以备提炼，内含优秀的思想、文化资源可供挖掘，蕴藏着许多成功的创作经验可资借鉴，在繁荣文艺创作的同时，可以从时代的要求出发，赋予它新的思想内涵。第三，"木兰传说"所颂扬的以家国情怀为核心的"忠孝勇节"精神，在弘扬社会主义核心价值观、构建社会主义和谐社会和实现民族复兴的"中国梦"的今天，具有积极而重大的现实意义。

二、木兰的历史记述

从古代直至今天，有不少人认为，木兰故事只是一个传说，木兰只不过是文学作品中一个虚构的形象，而不是真正的历史人物。这些论者的主要理由是，木兰其人其事除在北朝乐府民歌《木兰辞》中有具体的描述以外，其他只有一些野史辑录和民间记述，而在正史上缺少明确的记载。其实，不论是从历史文献研究的角度还是从文化遗存考据的角度来观察，这些看法是不确切的，最起码来说是不全面的。撷取历史的碎片，我们不难看到木兰其人的真实存在。

其一，唐代李冗《独异志》中的《木兰从军》篇曰："古有女木兰者，代其父从征，身备戎装，凡十二年，同伙卒不知其是女儿。"该书的主要内容是对唐代以前的各种各样的传说做了明确而具体的记载，起到了保存文献的作用。

其二，在燕山南麓的河北省完县，自古以来就有祭祀木兰的庙宇。当地至今还保存着一块元代碑刻，题为《汉孝烈将军记》。碑载："汉文帝时，单于侵境，大括天下民以御，神父当行戎。父极痛无男子可代己者。哀叹良久，竟行。神闺中，悯其父老，即洗铅粉，脱梳珥，一变戎服，贯甲胄，趋赴军中。搴旗斩将，攻城略地，所向克捷，莫有当其锋者。在军凡十二年，屡立殊勋，论功上首，辞弗受赏，愿归故里，侍奉父母。文帝嘉焉，特从其志。汉世尝作《木兰辞》，阐扬于前，唐杜牧之亦歌其事于后。"此碑立于元宁宗懿璘质班至顺三年（1332 年），是目前发现的记载木兰事迹最早的碑刻。这些庙宇与碑刻说明木兰曾经戍边燕山，也与历史上西汉朝廷抵御匈奴部落入侵的事实相吻合。

其三，明代御史何出光在为完县木兰祠作《木兰辞赛神曲》十二首并序中说："汉文帝时，老上寇边，帝亲征，大括民兵，殆可空国。将军以父老，不任授甲，身伪其子以行，转战燕山。完为古曲逆，当为燕山之麓，将军百战收其地，土人庙祀之。"在中国古代，御史一般负责监察朝廷、诸侯官吏的失职和不法行为，同时也负责保管朝廷的档案文件。何出光的序文具有较强的史料价值。

其四，根据《黄陂县志》记载：木兰山北双龙镇朱异（字寿甫）之女木兰，十八岁女扮男装，替父从军，英勇征战十二年，扫灭羌胡，功悬日月，晋封为将军。她不受朝禄，卸戎装归乡，侍奉双亲，成老阁九十寿终……《黄陂县志》作为一部地方史志，它的记载是真实可信的。

其五，范文澜先生在《中国通史》记述："北朝有《木兰辞》一篇，足够压倒南北朝全部士族诗人。"又述："可能有一个女儿，曾代老父从过一次军，这自然是非常动人的奇迹。民间歌颂这个英雄女儿，逐渐扩充大篇，修改成精品。诗中描写的木兰，确实表现了中国妇女的英雄气概和高洁道德。"范文澜先生在《中国通史》中有关木兰的记述，具有历史的权威性。

总而言之，从唐代直至中华人民共和国成立后的这些历史记述不难看出，木兰就是当时社会现实生活中一个真实而富有传奇色彩的人物。

三、木兰山的文化遗存

木兰山原名青狮岭。木兰山最早的称谓始于南朝齐国的永明三年（485 年），是当地民众为了纪念木兰将军而命名的。《黄陂县志》记载："木兰耸翠，为黄陂县第一胜景。"木兰山位于武汉市东北约 70 千米、黄陂县（今武汉市黄陂区）北约 30 千米处，海拔 581 米，其山形峭拔嵯峨，翠峰壁立。相传木兰自幼就在这里求学习武，十八岁时女扮男装、代父从军，征战十二载，屡立战功，封孝烈将军，木兰辞而不受，乞归故里，侍奉双亲，九十而终，葬于木兰山北。家乡后人因为感念木兰将军的忠烈，谋划着为她"树碑立传"，不但先后启动兴建了木兰殿、将军祠、唐木兰将军坊（图 8-3）等纪念性建筑，而且将青狮岭更名为木兰山。

唐朝时期，木兰山就修有梁兰庙，后因战火毁于元代，明朝中叶重建后再遭毁坏。直至清朝初年原址再建时，梁兰庙被更名为木兰殿。木兰殿前的石雕将军坊上刻有"忠孝勇节"四字（图 8-4），殿内有木兰不同神态的塑像三尊：一尊为立像，表现木兰手牵明驼，奔赴战场的神采；一尊为坐像，表现木兰身披盔甲，百战归来的英姿；一尊为女儿像，表现木兰婀娜多姿，回归女儿身的本色。神像的上方高悬书有"扫灭羌胡，功悬日月"的匾额。殿内还挂有名家书写的《木兰辞》全文的大幅作品。

图 8-3　武汉市黄陂区木兰山的历史遗存
"唐木兰将军坊"

图 8-4　武汉市黄陂区木兰山 "忠孝勇节"
匾额遗存

20 世纪 80 年代中期，为了寻找被当地人称为将军坟的具体位置，湖北省、武汉市组织有关部门经多次探测，在木兰山北侧果然发现一大土冢。土冢直径 30 米，高 5.8 米，经湖北省、武汉市文物部门确认，该土冢就是当地人所称的将军坟。现在，土冢的南端已经复立一块石碑，据说这块石碑很早以前就流落民间，21 世纪初被相关文物部门找回。石碑上的大部分文字虽然难以看清，但是 "敕建木兰将军墓碑序" 等几个字仍然依稀可辨。此外，为了更好地纪念木兰和弘扬木兰文化，黄陂区政府拨出专款，在 "将军坟" 西南修复了唐代木兰将军庙。

第二节　《木兰辞》

发端于汉代的 "木兰传说" 故事，在民间代代相传，备受推崇。木兰其人更是受到人们的广泛喜爱。北朝时期以《木兰辞》为标志，木兰传说从口头文学被凝练成文学艺术作品，塑造了木兰立体的、鲜活的巾帼英雄形象，这是 "木兰文化" 的有效载体。

一、《木兰辞》的创作

《木兰辞》也称作《木兰诗》，是中国古典诗歌中一首脍炙人口的优秀诗篇。它产生的时代虽然众说纷纭，但从历史地理条件的角度判断，现代学者大多认为《木兰诗》产生于北朝北魏年间（386—534 年）。对于《木兰辞》的创作，文学研究论者的普遍看法是，它应该产生于民间，在长期流传过程中，虽然有经过后代文人加工润色的痕迹，但基本上还是保存了民歌易记易诵、刚健古朴的特色。木兰的事迹虽然在中国的正史上记载不多，史家的论述比较少，却因为民歌《木兰辞》而千古传扬，百世流芳。

《木兰辞》选自宋朝郭茂倩编的《乐府诗集》。《乐府诗集》是最完备的一部乐府歌辞总集，其中的民歌生动形象地反映了当时的社会生活和风土人情，它主要分为南歌、北歌两大部分。北歌，即北方民族的民歌，它题材广泛，格调雄劲、热烈、质朴。《木兰辞》就是其中的杰出代表。

《木兰辞》

唧唧复唧唧，木兰当户织。不闻机杼声，唯闻女叹息。

问女何所思？问女何所忆？女亦无所思，女亦无所忆。昨夜见军帖，可汗大点兵，军书十二卷，卷卷有爷名。阿爷无大儿，木兰无长兄，愿为市鞍马，从此替爷征。

东市买骏马，西市买鞍鞯，南市买辔头，北市买长鞭。旦辞爷娘去，暮宿黄河边，不闻爷娘唤女声，但闻黄河流水鸣溅溅。旦辞黄河去，暮至黑山头，不闻爷娘唤女声，但闻燕山胡骑鸣啾啾。

万里赴戎机，关山度若飞。朔气传金柝，寒光照铁衣。将军百战死，壮士十年归。

归来见天子，天子坐明堂。策勋十二转，赏赐百千强。可汗问所欲，木兰不用尚书郎，愿驰千里足，送儿还故乡。

爷娘闻女来，出郭相扶将；阿姊闻妹来，当户理红妆；小弟闻姊来，磨刀霍霍向猪羊。开我东阁门，坐我西阁床。脱我战时袍，著我旧时裳。当窗理云鬓，对镜帖花黄。出门看火伴，火伴皆惊忙：同行十二年，不知木兰是女郎。

雄兔脚扑朔，雌兔眼迷离；双兔傍地走，安能辨我是雄雌？

二、《木兰辞》的影响

《木兰辞》塑造了木兰这一不朽的人物形象，既富有传奇色彩，又真切动人。木兰既是奇女子又是普通人，既是巾帼英雄又是平民少女，既是矫健的勇士又是娇美的女儿。她勤劳善良又坚毅勇敢，淳厚质朴又机敏活泼，孝亲敬老又报效国家，不慕高官厚禄而热爱和平生活。两千多年来，木兰代父从军的故事在我国家喻户晓，木兰的形象一直深受人们喜爱。《木兰辞》具有浓郁的民歌特色。

第一，全诗以"木兰是女郎"来构思，颇具传奇性。开头的"木兰当户织""惟闻女叹息"即点明女儿身份；中间的"将军百战死，壮士十年归"宕开一笔，尽显"男儿"本色；其后的"同行十二年，不知木兰是女郎"，揭开谜底，极富传奇与喜剧色彩，且前后呼应，起伏跌宕，自成一格。

第二，繁简安排极具匠心。全诗虽然写的是战争题材，却只用了"万里赴戎机，关山度若飞。朔气传金柝，寒光照铁衣"等30个字加以概括，精练而不空洞；着墨较多的却是木兰归来时的生活场景和儿女情态，富有浓郁的生活气息。

第三，行文用语颇有讲究。一方面，多以人物问答来刻画人物心理，生动细致。如"问女何所思？问女何所忆？女亦无所思，女亦无所忆"所表现的木兰内心备受煎熬而又不便言说的复杂心理；"可汗问所欲，木兰不用尚书郎，愿驰千里足，送儿还故乡"之句，木兰拒绝高官厚禄之举干脆利落，思乡思亲之情跃然纸上。另一方面，以众多的铺陈排比来描述行为情态，栩栩如生。如"东市买骏马，西市买鞍鞯，南市买辔头，北市买长鞭"时的忙而有序、从容不迫；"爷娘闻女来，出郭相扶将；阿姊闻妹来，当户理红妆"时的欢欣雀跃、喜庆吉祥。

第四，结尾比喻多情趣。用乖巧、灵敏而又纯洁可爱的兔子做比喻来收束全诗，尽显民歌笔法，既形象贴切、点明题旨，又用语俏皮、别有情趣，令人回味无穷。正因如此，《木兰辞》凭借其独有的艺术感染力而入选中学乃至大学文学课本，长吟不衰。

《木兰辞》满怀激情地赞美木兰女扮男装，代父从军，与《古诗为焦仲卿妻作》一起，被誉为乐府民歌中的"双璧"。汉魏六朝乐府是中国文学史上一朵奇葩，具有强大的生命力，直接影响了我国诗坛的面貌。它不仅开拓了五言诗的新领域，而且对七言诗、歌行体以至律绝，都起到了桥梁的作用。

《木兰辞》的出现，不但以其完整而曲折的故事情节，丰满而鲜活的人物形象，丰富而深刻的思想内涵，充分反映了当时人们的理想追求，寄托了他们的美好愿望，成为我们学习木兰精神的经典教材，而且在中国古代长期形成的重男轻女、忠孝难以两全和立功就是为了入仕等历史背景下，赋予了木兰这一巾帼英雄形象更加广阔的社会意义，并焕发出历久弥新的人性光辉。《木兰辞》是"木兰传说"的典型化、文学化，它对木兰文化的形成、传承和发展起到了标志性、不可替代的关键作用，是木兰文化形成、发展过程中的一座里程碑。

第三节　文化传承

自汉代起，由于木兰故事广泛流传，木兰形象已深入人心。木兰，这个性情善良、温柔孝顺、机智勇敢、品行高洁的女孩子，终因其传奇经历和高贵品格而超越了"木兰"这个名字本身，成为不同时代的精神偶像。而"木兰故事"所蕴含的厚重的精神特质，通过与中国传统文化融合，积淀为独特而鲜明的文化符号。武汉市黄陂区木兰山的木兰殿前石雕将军坊上"忠孝勇节"四字，集中概括了木兰所体现的丰富精神内涵，是"木兰文化"的精髓。"木兰文化"不但在中国社会产生了积极而深远的影响，而且得到了很好的继承和弘扬。

一、木兰精神的内涵

（一）精忠报国的博大情怀

中华儿女自古以来就有精忠报国的博大情怀。木兰本来只是一个普通农家的女孩，具有勤劳俭朴的优秀品质，她精于纺织，勤于农事，希望在和平的环境里幸福生活。但是，木兰长大成人后所处的时代——汉文帝时，北方匈奴部落屡犯西汉边境，兵员告急，朝廷"大括民兵，殆可空国"，人们生活在兵荒马乱的岁月。国难当头，木兰没有因为自己是一位弱女子而袖手旁观，而是经过深思熟虑以后，女扮男装，毅然出征。她身经百战，历时十二年（一说"十年"），以她的智慧、胆略和才能，胜利完成了保家卫国的使命，成为名垂千古的巾帼英雄。木兰的这种从军抗敌的英勇行为和精忠报国的高尚情怀，在中国封建时代以男性为中心的社会里，更显得难能可贵、光彩照人。元至顺三年（1332 年）的碑文《汉孝烈将军记》，用 162 个字的篇幅记述了木兰代父从军的故事，以资纪念和褒奖。

(二) 孝亲敬老的崇高品德

中华民族自古以来就有敬老孝上的优良传统。"百善孝为先"成为人们极力推崇的做人准则。春秋时期有"芦衣顺母"的闵损，东汉时期有"卖身葬父"的董永等著名的"中国古代十大孝子"的故事。木兰为了保全年老的父亲免于服兵役，毅然决然地担负起代父出征的艰巨任务。木兰作为一个女孩儿，"以父老，不任授甲，身伪其子以行，转战燕山"的壮举，充分体现了中华民族孝亲敬老的优秀品德。更值得称道的是，木兰以保全父亲的朴素愿望，实现的却是抗敌保国的民族大义。这与一般意义上的"孝子"的作为相比较，其社会意义和思想境界更加深刻、博大和崇高，更显得难能可贵、不同凡响。

(三) 机智勇敢的英雄气概

中华儿女自古以来就以机智勇敢著称于世。据《黄陂县志》记载："木兰山北双龙镇朱异（字寿甫）之女木兰，十八岁女扮男装，替父从军，英勇征战十二年，'扫灭羌胡，功悬日月'，晋封为将军……"虽然只有寥寥数语，却在我们面前展现出木兰"关山度若飞"的飒爽英姿，历经"朔气传金柝，寒光照铁衣"的战场环境磨炼，"将军百战死"的战争洗礼。她"娴弓马，谙韬略，转战沙漠，累大功十二，封武昭将军，凯旋还里……"在金戈铁马的征战中，她克服了种种困难，隐瞒了自己的性别，立下了汗马功劳，表现出惊人的机智、勇敢和坚强。木兰从十八岁时的普通士兵，成长为英勇善战的将军。"巾帼不让须眉"在木兰身上得到了完美而真实的体现。

(四) 淡泊名利的气节操守

中华儿女自古以来就追求淡泊名利的气节操守。毋庸讳言，历史上有些人上战场除了追求宏大理想，还夹杂着个人私利甚至野心，诸如建立功名、发财升官、光宗耀祖等。木兰不是，她上战场的动机非常简单、朴实，就是替年老的父亲尽一份孝心，为抗敌保国尽一份忠心，仅此而已，别无他求。木兰从军十二年，身经百战，凯旋而归。然而，她却不居功自傲，不贪图荣华富贵，"脱我战时袍，著我旧时裳"，只愿意回到家乡过普通劳动妇女的生活。她的纯真善良，她的超凡脱俗，充分表现了木兰淡泊名利的气节操守，使她成为中国社会和传统文化中独具个性、品行崇高的巾帼英雄形象，集中体现了普通劳动人民的朴素情感和高贵品质。

二、木兰文化的影响

(一) "木兰故里"之争

近年来，随着国内地域传统文化研究的兴起并且不断向纵深发展，加之文化旅游产业的推波助澜，全国各地有关"名人故里"之争愈演愈烈，"木兰故里"的争议也不例外。自 20 世纪 90 年代初开始，有关花木兰家乡的归属问题就一直争论不休，主要有陕西延安、安徽亳州、湖北黄陂及河南虞城等。其中，尤以黄陂与虞城之争最为激烈。

人们总是想用流芳百世的英雄豪杰为自己的家乡增光添彩，这是不言而喻的；另外，木兰的姓氏籍贯、其人其事，历史上很少有确切的定论。因此，有关"木兰"的姓氏籍贯的不同记载就多达六七种。最早言及木兰籍贯的是东晋末、南北朝初期的何承天（370—447 年），他在《姓苑》中称木兰是任城人。其后有河北省《完县志》的记载：木兰姓魏，亳州人。安徽省《亳州志》的记述："木兰，一名花弧，魏姓，谯郡（今亳州）城东魏村人。"河南省虞城县营廓镇（古属商丘县）北面约二里处有一块石碑，碑文上记述的是：木兰，虞城人。明代邹之麟的《侠女传》则记述："木兰，陕人也。"颇有影响的豫剧《花木兰》（20 世纪 50 年代已拍成电影）也说花木兰是陕西延安人。而《湖北通志》《黄州府志》和《黄陂县志》的记载均认为木兰是黄陂人。

针对以上各种说法，学者们通过实地考察和史料论证，大多数认为木兰是湖北黄陂人的理由最直接、最充分。

第一，不少史书记载，木兰为黄陂人。据《寰宇记》载：湖北省黄陂县（今湖北武汉市黄陂区）北六十里有一座木兰山，山上唐代就有一座木兰庙，杜牧任黄州刺史时曾来此，并写《题木兰庙》诗一首。嬴园旧主著《木兰奇女传》小说一书。修庆民于光绪二十一年（1895 年）八月为本书作序。序中说："《唐书》言，木兰，姓朱，西陵人。"2004 年，中央电视台与广州军区政治部《花木兰》电视剧剧组到武汉市黄陂区考证，也确认花木兰是双龙镇人，即今黄陂木兰山北数里之遥的姚集镇大城潭村人。

第二，古时黄陂曾以木兰命名设置过木兰县。据《南齐书·州郡志》载，南齐司州安蛮左郡辖七县，第一个便是木兰县。南朝后期的梁、陈时期虽然一度有所变更，但隋开皇十八年（598 年）又复称此名。古木兰县辖域包括今天的黄陂北部和相邻的红安县西南部。以人名做县名古今有之。如此推及，至迟在南北朝时期，中央朝廷就已认定黄陂北部是木兰将军的故乡了。

第三，有墓碑作证木兰是黄陂人。据《黄陂县志》载：木兰山北双龙镇朱异（字寿甫）之女木兰，十八岁女扮男装，替父从军，英勇征战十二年，"扫灭羌胡，功悬日月"，晋封为将军。她不受朝禄，卸戎装归乡，侍奉双亲，成老阁九十寿终，葬于木兰山北，墓前竖碑曰"木兰将军之墓"。20 世纪 80 年代中期，湖北省市文物部门在文物普查时，发现了早年流落民间的墓碑。大部分碑文虽然难以看清，但其中"敕建木兰将军墓碑序"等字仍然清晰可辨。

从以上三个方面可以看到，木兰生于黄陂，卒于黄陂，乃至葬于黄陂已是不争的事实。武汉市黄陂区作为"木兰故里"应该是当之无愧的。

（二）独特的文化现象

千百年来，木兰，她的名字，她的故事，她的精神，在历史嬗变中不断丰富内涵、注入新的活力，形成丰富而独特的文化现象，有如滔滔江河，蔚为大观。

自汉代起，民间就开始修建木兰祠，每年四月初八木兰生日致祭，历经各代，香火不绝。祠祀木兰的庙宇遍布神州，较为远古而著名的有安徽亳州木兰祠、河北完县木兰祠、河南虞城木兰祠、湖北武汉黄陂木兰祠、陕西延安万花山木兰祠等。

据现有资料记载，生于东晋末、南北朝初期的著名学者何承天，在其《姓苑》一书中就已经提到木兰了。北朝民歌《木兰辞》这首长达 300 多字的叙事诗，生动地描绘了少女木兰替父从军、征战沙场、凯旋归里的传奇故事，也成功地塑造了木兰"忠孝双全、机智勇敢、不慕荣利"的巾帼英雄形象，是有关木兰最完整、最生动、最真实的文字记录。乃至历朝历代或赋诗吟咏、或撰文立传、或做史实考证来赞美木兰，文人墨客在《木兰辞》的基础上，对原有人物和情节不断地进行润色、加工和改造，有关木兰的文学作品层出不穷。

唐白居易在《戏题木兰花》中云："怪得独饶脂粉态，木兰曾作女郎来。"杜牧也写有《题木兰庙》一诗："弯弓征战作男儿，梦里曾经与画眉。几度思归还把酒，拂云推上祝明妃。"这说明木兰的故事在唐代已经脍炙人口了。杜诗里的木兰庙在今湖北武汉黄陂区木兰山上，山上至今还有木兰祠、木兰墓和将军坊等遗址。

木兰，又称花木兰。关于木兰的"花"姓称谓的来源，主要有如下两种说法。

据《武汉史话黄陂分卷》记载：木兰本姓朱，十八岁时女扮男装，替父从军，在沙场上横枪跃马，用兵如神。羌胡一个叫花阿珍的女将，对她产生了爱慕之情。花阿珍千方百计要俘获木兰，但总是得不到手。后来在一次与木兰的交锋中用"捆仙绳"捆住了木兰，硬要与她成亲。木兰佯说："成亲可以，但你得和我一起投奔大汉。"花阿珍同意了。从此木兰手下又多了一名骁勇的女将。十二年后，班师回朝，木兰还了女儿身，花阿珍好不惊讶。木兰觉得对不起阿珍，就和她结成姊妹，还帮她提了一门亲事。之后，花阿珍就叫木兰为"花妹"，木兰也称花阿珍为"花姐"了。久而久之，人们就称朱木兰为花木兰了。

明代杰出的书画家、文学家和戏剧家徐渭（1521—1593 年）在四曲杂剧《四声猿》中的第三曲《雌木兰替父从军》中，第一次在戏曲作品中给木兰冠以"花"姓，戏中唱道："妾身姓花，名木兰，祖上在西汉时，以六郡良家子世住河北魏郡，俺父亲名弧字桑之，平生好武能文……"[①] 在该剧作中，徐渭不仅将木兰本人交代得一清二楚，连家庭成员的情况也介绍得非常详尽，父亲花弧，母亲姓袁，"当户理红妆"的阿姊称为花木莲，

图 8－5 常香玉饰演的花木兰

"磨刀霍霍向猪羊"的小弟则叫花雄。由于史料上缺乏相应的佐证，"花"姓木兰显然是徐渭"改编"而来的。给木兰取"花"姓，为的是突出戏剧中木兰女性美的艺术效果，这一观点在清代《曲海总目提要·雌木兰》中得到了证实："木兰事虽详载古乐府。按明有韩贞女事，与木兰相类，渭盖因此而作也。木兰不知名，记内所称姓花名弧及嫁王郎事，皆系渭撰出。"

明清以后，经过几百年的艺术再创作，"花木兰"的艺术形象日臻完美。迄今为止，上演过木兰戏的剧种有京剧、越剧、粤剧、昆曲、秦腔、川剧等20余种，特别是豫剧大师常香玉《花木兰》（图 8－5）的全国巡演，使"花木兰"在民间的影响更加深远，"木兰"这个名字也被人们约定俗成地称为"花木兰"了。

---

① 徐渭. 四声猿·雌木兰替父从军 [M]. 上海：上海古籍出版社，1984：62.

三、木兰文化的传承

（一）黄陂木兰文化研究的兴起

改革开放时期，特别是进入 21 世纪以来，为了更好地发掘、保护和弘扬木兰文化，研究、开发和利用这一宝贵的传统文化资源，武汉市及黄陂区秉承尊重历史、古为今用的原则，积极有效地开展了木兰文化的研究。2005 年 8 月 26 日，武汉市黄陂区成立了木兰文化研究会，开启了武汉市地域特色文化研究的先河，为木兰文化研究的深入和拓展打下了良好的基础。随后，该研究会以"木兰文化新探索"为主题，对木兰文化品牌进行广泛而深入的研讨，并编纂出版了《木兰文化新论》论文集，有力扩大了黄陂木兰文化在全国文化界的影响。

借助木兰品牌，推出文学精品，是黄陂区文化建设的着力点之一。近年来，黄陂区组织创作出版了小说、诗歌、散文等文艺作品 2 000 余件。其中，有以花木兰为题材的小说《花木兰传奇》《花将军》，散文《木兰山和将军们的传说》《木兰山的传说》《神奇的木兰山》等 20 多部（篇）。另外，还创办了《黄陂文艺》《人文前川》等文学刊物，与湖北省、武汉市文联共同举办了"木兰传说"的传承与发展研讨会。异彩纷呈的黄陂文学繁荣局面，被中国作家协会负责人称为"黄陂文化现象"。

2008 年 4 月 21 日，黄陂木兰文化研究会邀请易中天、余秋雨、李学勤等 100 多位文化、历史界的名人、学者，进一步深入研讨黄陂木兰文化。挖掘黄陂木兰传说故事的又一专著——《木兰文化》由解放军文艺出版社出版发行。武汉著名历史学家皮明庥先生为书作序，"这是一部很有乡土味，也颇具文化韵味的作品"。主编该书的黄陂乡土作家杜有源介绍，该书由木兰文化研究会编校整理，集中收录了海内外专家、学者相关论文、著述 20 余篇，其中既有对木兰史实的考证，也有对木兰遗址的论述和对木兰传说的挖掘，还涵盖了对木兰文化及其特征的解读，对木兰精神的把握，以及弘扬木兰文化、发展黄陂旅游的构想和建议。

黄陂区还全面收集整理了木兰传说故事，充分挖掘其内涵特征、历史演进、人文价值以及历史地位，先后到各地各级图书馆、博物馆、档案馆等查阅相关文献资料近千本，筛选出《木兰歌》《南齐·州郡志》《隋书·地理志》《新唐书·地理志》等史籍 50 余部，《读史方舆纪要》《中国通史》《木兰从军时地考》《黄陂木兰山考论》等专著 30 余本，节选《戏题木兰花》《题木兰庙》《木兰祠》等咏怀木兰的诗词歌赋等 110 余篇，另外，走村串户寻访木兰传说故事传承人 205 余人，寻获原始音像资料 10 余份，记录文字资料 125 万余字，整理与木兰有关的民间逸闻掌故、口头传说 66 个，收集与木兰有关的绘画、篆刻、楹联、雕花等作品 630 余件，统计了以木兰命名的企业、学校、商铺、商品等 300 余个。在此基础上，编写了 5 万余字的申报国家级非物质文化遗产申报文本——《木兰传说》，其于 2008 年成功入选第二批国家级非物质文化遗产名录，确立了黄陂是木兰传说和木兰文化主要发源地的重要地位，为促进武汉及黄陂文化事业的大发展、大繁荣奠定了坚实的基础。

（二）黄陂木兰旅游文化的发展

在知识经济、信息经济飞速发展的新形势下，文化特别是富有地方特色的传统文化，在经济发展中的作用越来越突出，它是一个国家和地区"软实力"的展示。"打造木兰文化，促进黄陂发展"已经成为黄陂人民的自觉行动。自20世纪80年代初开始，黄陂区不断充分挖掘当地的木兰文化资源：木兰山胜景古迹逐步得到全面修复或者重建，成立了黄陂木兰文化研究会并编纂木兰文化丛书，新建和开放"花木兰展览馆"等。黄陂木兰文化在建设打造中逐渐成熟壮大、声名远播。

木兰文化不仅是一份宝贵的人文资源，也蕴含无限的旅游经济价值。黄陂区在修复、修建弘扬木兰精神的遗址遗迹和标志性建筑过程中，特别注重提高景观质量和服务软实力，不断丰富其文化内涵，以木兰生态旅游区的开发建设为重点，通过"修木兰胜景、扬木兰精神"的活动，在木兰山陆续修葺恢复了木兰山胜景古迹；除了著名的木兰山之外，陆续开发出木兰湖、木兰天池、木兰古门、清凉寨、云雾山、农耕年华、木兰草原等景区，统称为"木兰八景"。短短几年时间，木兰生态旅游区就完成了从"一枝独秀"到"众花齐芳"的蝶变，不但成为武汉市民的后花园，而且成为省内外民众热选的休闲、旅游目的地。2014年11月，以木兰山、木兰天池、木兰草原、木兰云雾山四大景区组建的武汉市黄陂木兰文化生态旅游区正式获批国家5A级旅游景区，占地面积约18.6平方千米。此外，在木兰生态旅游区开发建设的基础上，"木兰"品牌系列文化产业不断发展、壮大。除创办的"木兰山文武学校"、全国首家"花木兰展览馆"以外，近年相继推出的"中国武汉木兰旅游文化节""中国武汉木兰山登山节"和黄陂"木兰云雾山杜鹃节"三大节会，已经成为中部地区传统文化与现代文化相融合的系列节会，极大地提高了黄陂作为"木兰故里"的知名度和美誉度，为木兰文化的传承和创新增添了新的色彩。

目前，木兰品牌已从单纯的旅游业向更广领域延伸、拓展，在黄陂区境内，上百处景点、街道、建筑、商号等以"木兰"命名。木兰文化形态还向饮食文化、酒文化、武术文化、企业文化、交通文化等领域渗透融合，推出了木兰茶、木兰矿泉水、木兰醇酒等产品。通过主打木兰文化品牌，社会效益和经济效益实现了双丰收。

（三）黄陂木兰文化的传承与展望

黄陂"木兰传说"、木兰形象及其所代表的"忠孝勇节"的木兰精神，充分体现了黄陂木兰文化丰富的文化内涵。黄陂木兰文化在不断传承过程中，已经成为中华传统道德形象的重要符号，在武汉地区乃至全国逐步显现出强劲的影响力和软实力。

抗日战争时期，京剧大师梅兰芳编演的京剧《木兰从军》，有力地配合和促进了当时全国的抗日救亡活动。在抗美援朝战争最关键的时刻，著名豫剧表演艺术家常香玉，把京剧《木兰从军》移植为豫剧《花木兰》，亲自带着剧团深入朝鲜前线演出，极大地鼓舞了志愿军将士保家卫国的斗志。后来该剧又在全国各地巡回公演，并被拍成电影，从此，《花木兰》不仅风靡全中国，而且在世界上引起了轰动。21世纪初，美国动画片《花木兰》的发行放映，更是在全世界造成了更为广泛而深刻的影响。木兰，不仅是中国的巾帼英雄，而且被世界的一些民众所熟悉和景仰。

多年来，为进一步弘扬木兰精神、传承木兰文化，黄陂区着力打造"木兰"系列文化艺术精品。他们与中央电视台合作精心创作大型音舞诗画《木兰山组歌》演唱会，演唱会先后在木兰山和人民大会堂演出，并代表湖北省、武汉市献演中国"八艺节"，获得较大的社会反响。这是黄陂区在发掘地域文化资源，在推动区域经济和社会发展方面进行的一次成功尝试。这台演出，被音乐、舞蹈、朗诵和实境大屏幕包围的舞台与鸣奏的交响乐交融，沉雄凝重，大气磅礴，突破了千百年来人们对于"木兰传说"的固有表现形式，也是武汉市黄陂区打造"木兰文化"系列精品的全新尝试。他们创作的大型楚剧《少年花木兰》（图8-6）极具地方特色，该剧先后在武汉各大剧院隆重上演并到武汉市周边城乡各地巡回演出，吸引了众多观众，并在中央电视台戏曲频道20多次全剧播出，得到社会各界人士的广泛赞誉。

图8-6　黄陂楚剧《少年花木兰》剧照

　　黄陂区政府还积极引进支持木兰题材影视作品的拍摄和制作。革命历史题材电影《烽火木兰山》作为湖北省委宣传部重点扶持的影视创作项目，由八一电影制片厂在黄陂木兰山进行实景拍摄；由北大星光与美国好莱坞合拍的电影《花木兰》，也选择黄陂作为主要的外景拍摄地，影片在全球公映；著名作家邓一光编剧、北京小马奔腾公司投资、著名导演高希希执导的40集古装电视剧《一代巾帼》在黄陂建造拍摄基地；武汉江通动画与央视携手合拍的52集动画片《木兰花开》，也以黄陂"木兰传说"作为历史故事的蓝本组织拍摄。2013年6月，国际旅游小姐组织与浙江卫视联合制作微电影《木兰之恋》，该剧由李勇执导、韩国影视明星蔡妍担当女主角，在黄陂木兰故事的基础上，进行了创造性的演绎。《木兰之恋》的剧情主要讲述了女主人公"木兰"从美国学成归来，探寻故土黄陂，在重拾儿时记忆时，收获了自己纯真爱情的故事。该剧以爱情故事片的形式，将历史传说与现代生活、国际元素相结合，分别在电影主题的选择、故事情节的展开、人物形象的塑造诸方面进行了大胆创新和有益探索。

　　在黄陂区政府的大力引导和支持下，黄陂民间的木兰文化热也持续升温。除了成立木兰文化研究会，还恢复了传统的木兰庙会和朝山活动，并赋予它们积极、健康、进取的新内容。民间人士组建的"木兰文化城"，开展了以"木兰文化"为主题的系列活动；

木兰故里的鼓书艺人还自编、自导、自演了湖北大鼓《木兰救帅》等民众喜闻乐见的曲艺节目，他们走村串户义务宣传数十年，充分发挥了宣传木兰文化、弘扬木兰精神的轻骑兵作用；木兰文化研究会在进行专业研究之余，还积极开展木兰文化的推广和普及工作，在木兰古门风景区举办黄陂民俗节目展演大赛等民俗文化活动。这些群众性文化活动的开展，扩大了木兰文化的影响范围，丰富了人民群众的精神文化生活，积极地推动着木兰文化和木兰精神的传承与创新。因此，我们有充分的理由相信，在社会主义文化事业大发展、大繁荣的时代，在黄陂木兰文化研究形成热潮的今天，木兰文化必将与时俱进，在不断传承、发展和创新的过程中，为地方经济的发展、繁荣注入新的精神力量；为实现国家富强、民族复兴、人民幸福和富强、民主、文明、和谐的"中国梦"，谱写更加绚丽的篇章。

综上所述，木兰的传奇故事，木兰悲欢离合的经历和跌宕起伏的人生，不但富有戏剧性，而且蕴含着极其丰富的思想内容和文化内涵。因此，千百年来，她的感人事迹在民众中广为流传，她的伟大精神和崇高品德在民众心目中凝成丰碑。

木兰是一位平凡而普通的农家女子，又是一位非凡而伟大的传奇人物；她虽然来自穷乡僻壤，却深深地影响着整个社会。木兰身上集中体现了劳动人民的高贵品德。她效忠祖国，热爱家乡，不愿看到美好的家园遭受侵略、践踏与蹂躏，因此，她在战场上才能无私无畏、出生入死、英勇御敌，为祖国建功立业。她对父母又是无比的孝敬，在她的心中，报效父母的养育之恩远比天子赏赐的荣华富贵重要。木兰形象集中表现的，是精忠报国的家国情怀，是对骨肉亲人的拳拳爱心，是身经百战的机智勇敢，是淡泊名利的高尚节操，是热爱和平的崇高追求，是对平凡劳动生活的热切向往。木兰文化蕴含的丰富而深刻的精神内涵，至今仍然闪耀着璀璨的光芒。在新时期，我们同样需要木兰文化的传承和弘扬，需要木兰文化的浸润和滋养。

第九章

楚风汉俗

天门中断楚江开。荆楚大地，钟灵毓秀，人杰地灵，人文荟萃。

江城武汉，位居荆楚，乃今日之省会，由来之楚都。江汉潮涌，龟蛇镇江。巍巍鹤楼高耸，悠悠玉笛横吹，晴川历历汉阳树，芳草萋萋鹦鹉洲。

墨客骚士，过往传唱，秦腔汉调，咏物言志，阳春白雪，下里巴人，千姿百态，落英缤纷。

江城的街头巷尾，江城的青山秀水。江城人，江城景，江城魂。江城，一幅精美的民俗文化风情画卷！

第一节　武汉文学

"武汉"之称，始于明代，然而，武汉文学却不是从明代才开始的。从上古至宋，文人创作和民间创作交相辉映，屈子泽畔行吟、祢衡鹦鹉悲歌、李白江城放歌……众多文坛巨擘在江城留下了美丽诗篇，构成武汉文学宝贵的文化遗产。明清时期武汉地方文学开始勃兴，而启蒙与救亡则成为武汉现代文学最高亢嘹亮的主旋律。

中华人民共和国成立后，武汉当代文学呈现出百花齐放、百家争鸣的良好氛围。1987年以后，武汉的文学创作有了质的飞跃。新作品层出不穷，好作品不断问世。武汉都市风格的"汉味"小说，与"京味""津味""海味""苏味"小说齐名。

一、发展之脉

（一）上古至宋时期的武汉文学

远古时期，生活在武汉地区的先民们在创造物质文明的同时，也创造着精神文明，积累着文化和文学的经验。

西周初年至春秋中叶既是楚文化的形成期和苗长期，也是包括武汉地区在内的楚地民歌创作的繁盛期。我国最早的诗歌总集《诗经》中的"二南"（即《周南》《召南》）其实就是楚地民歌。先秦楚文学最突出的代表是屈原。据有关学者考证，历史上屈原可能到过武汉一带。其实，不论屈原是否来过武汉，更为重要的是，千百年来，屈原以其伟大的人格力量、深厚的爱国情怀、不朽的文学成就激励一代又一代江汉、华夏儿女励志前行、保国安民，使得江汉之域成为中华爱国之士集结的腹地。

屈原（约前342—前278年）是武汉文学史上第一位留下姓名的大诗人，也是中国文学史上第一位留下姓名的大诗人。

据有关学者考证，屈原可能到过武汉一带。《九章·哀郢》中"去故都而就远兮，遵江夏以流亡"中的"江"即长江，"夏"即河水下游，"故都"即郢（江陵）。屈原离郢时的路线，是沿汉水到长江，汉水汇入长江处即今之武汉，再沿长江"将运舟而下浮兮，上洞庭而下江"。"过夏首而西浮兮，顾龙门而不见"，"夏首"即汉水入长江处。"登大坟以望远兮，聊以舒吾忧心"，古时水中高地称坟，郭沫若先生认为"大坟"就是龟山。《九章·涉江》中有"乘鄂渚而反顾兮，秋冬之绪风"。水中小洲称渚，有人认为在今蛇山上游不远处的长江中。

从这一系列关于武汉一带风光的咏叹来看，屈原不仅途经此地，而且还确实在此流连。正因如此，历代有人在今武昌一带设清烈公祠，祭祀屈原。位于武汉东湖风景区中部的小岛上，有一座为纪念屈原而建的三层方形行吟阁（图9－1），阁名"行吟阁"即出自《楚辞·渔父》："屈原既放，游于江潭，行吟泽畔。"当然，关于鄂渚是否确系武昌，行吟是否在东湖之畔，学术界尚有争议，但至少反映出武汉先民对屈原及楚辞的崇尚。而屈原以《九歌》为代表的一批抒情诗，也正是汲取包括武汉在内的江汉地区民间故事精华，利用祭歌、巫歌形式写成的。也许正是屈原以浪漫主义的手法抒发对神鬼的礼赞，才激起了武汉先民的敬仰之情，并留下了"泽畔行吟"的动人传说。

图9－1　东湖屈原行吟阁

屈原以美轮美奂的《离骚》《九歌》《天问》开创了楚辞这种具有鲜明地方特色和民族特色的新诗体，把楚国文学创作推进到远远超出东周列国水平的新阶段，使中国上古诗歌可以和世界上任何国家的上古诗歌相媲美，也使武汉文学放射出璀璨夺目的光辉。他在诗歌中所反映的民族文化心理与文化性格异常丰厚和深刻，以致后来人无法逃遁其巨大的历史投影。屈原对中华民族文化精神的影响，恐怕只有孔子和庄子可以与之相提并论，而他对文学的影响则罕有与其匹敌。所谓"衣被词人，非一代也"，这是对屈原影响准确而精练的概括，也是武汉文学给予中国文学的巨大贡献。

秦汉时期，武汉地区的文学流于平平。庆幸的是，武汉地区凭借坐拥两江的有利位置，引来了不少文化名人。如西汉的大史学家司马迁、东汉末年的狂士祢衡等。这些名士的到来，为武汉文学沉闷的星空平添了几分亮色。汉魏六朝，武汉及其所属的荆州地区的民歌创作十分活跃。《唐书·乐志》云："宋、梁之世，荆、雍为南方重镇，皆皇子为之牧，江左辞咏，莫不称之，以为乐土。"

"晴川历历汉阳树，芳草萋萋鹦鹉洲"，唐代诗人崔颢的千古绝唱，唱响了江南名楼黄鹤楼，却无意尘封东汉时期一位名士的千古悲剧。鹦鹉洲是用东汉末年一代狂士祢衡的鲜血铸写的。

祢衡（173—198 年），字正平，东汉末年名士、辞赋家，平原郡般县（今山东临邑）人。幼时聪敏好学，少有才辩，文思敏捷，性情刚傲。因拒曹操召见，操怀愤，罚他做鼓吏。祢衡当众裸身击鼓，反辱曹操。曹操大怒，欲借人手杀之，于是遣送与荆州牧刘表。仍不合，又被刘表转送与江夏太守黄祖。后因冒犯黄祖，终被杀。

祢衡的代表作《鹦鹉赋》是一篇托物言志之作。赋中描写了具有"奇姿""殊智"的鹦鹉，却不幸被"闭以雕笼，剪其翅羽"，失去自由。作者以鹦鹉自比，抒写才智之士生于乱世的愤懑心情，反映出作者对东汉末年政治黑暗的强烈不满。此赋寓意深刻，状物惟肖，感慨深沉，融咏物、抒情、刺世于一体，是汉末小赋的优秀之作。

祢衡死后，被厚葬于黄鹤楼下、长江之中的一险要沙洲上。后人为纪念这位刚直不阿、才华横溢的名士，便将其埋骨之处的沙洲称为鹦鹉洲，并在洲上建正平祠，供后人凭吊。鹦鹉洲上，芳草萋萋，斯人已去；此等憾事，引得古往今来，不少文人墨客来此一掬热泪，留下无数诗篇，使得鹦鹉洲芳名远播。

实际上，祢衡真正的长眠之地——古鹦鹉洲原靠近武昌，袭后沉没。而在汉阳一边又淤起一洲，遂又命名为鹦鹉洲，洲上重修的祢衡墓，不过是后人袭用古迹之名而已。

唐宋时期，众多文坛巨擘，如崔颢、李白、王维、孟浩然、白居易、杜牧、苏轼、陆游、姜夔等都曾光临地处腹心的江城。他们登蛇山，上鹤楼，俯瞰浩瀚长江，凭眺荆湖形胜，写下了许多脍炙人口的华章，为江城平添了不少翰墨气息和儒雅风采。有人做过统计，唐代出自荆楚地区的诗篇就有两千多首，仅次于当时首都长安，而其中大部分诗作均出自江夏（现武汉地区）。特别是作为江城文化地标的黄鹤楼，在大唐盛世涌起璀璨的游宴（交游宴饮）和诗词文化，其文脉绵长，垂及当代。

"诗仙"李白于开元十三年（725 年）开始漫游江汉，多次在江夏（今武昌）、汉阳游览，留下许多名篇佳作，并使一些地名因诗而显。据说，武汉"江城"之名就得自李白"一为迁客去长沙，西望长安不见家。黄鹤楼中吹玉笛，江城五月落梅花"的诗句。而汉阳郎官湖也是由李白命名。该湖虽已湮没入江，但名字却因李白诗篇而长久留在武汉人的记忆中。

李白在江夏一带来去，前后经历了 30 多年。在他的长期创作生涯中，江夏一带的山川景物和人情风俗为他提供了创作的灵感，帮助他完成了许多气势磅礴、形式优美的诗篇，他的诗作里有关江夏、江汉的诗篇有 50 多首，这都是留给世人的珍贵遗产，也是武汉的骄傲。

李白的诗是不朽的文化精品，同时也是具有史学因素的文献。从李白咏武汉的 50 多首诗作中，我们不难窥见唐代江夏的历史缩影。有关黄鹤楼、郎官湖的诗篇具有历史写真性和形象性。如"黄鹤楼上吹玉笛"的诗行，不只是使人感触到黄鹤楼的胜迹，而且让人听到了来自黄鹤楼、传及江城的乐声，反映出唐代鄂州文化昌盛的盛况。在《泛沔州城南郎官湖》诗中述及沔城秋月好，"不减武昌都"，可看出当时汉阳的经济文化发展是兴盛的，乃至不下于"武昌都"。诗中涉及的史事和地名，保存着武汉古史的珍贵因素。李白诗中所记的鹦鹉洲很真实，"鹦鹉来过吴江水，江上洲传鹦鹉名"，"烟开兰叶香风暖，岸夹桃花锦浪生"。

从上古至宋，文人创作和民间创作交相辉映，构成武汉文学宝贵的文化遗产。

（二）明清时期的武汉文学

明清时期，武汉地方文学开始勃兴。

武汉虽历史悠久，但在几千年文明史上，文史、笔记等类作品比较稀少。这种状况与明代以前武昌未成为大区域的人文中心有关，而汉口则因成镇较晚，文化积累不够，人才底气不足，故导致文脉上的虚弱。清代以后，这种状况才逐步改变。清初汉口作为名镇的崛起，引起四方文士注目。康熙时著名文人刘献庭所著《广阳杂记》，称汉口为"天下四聚"之一。而范锴所著《汉口丛谈》对汉口历史、名物记述颇丰，可称为清代汉口之风情画。

竹枝词是反映当地土风流俗的一种大众文化。清朝嘉庆时汉口秀才徐鹊廷有《汉口竹枝词》30 首。清道光年间的汉口诗人叶调元也写了一本《汉口竹枝词》292 首。以后罗田人王葆心又续编过武汉《竹枝词》。在竹枝词诗坛上，武汉竹枝词与三峡竹枝词、广东竹枝词、上海竹枝词，一气连枝，蔚为大观，为世人所器重欣赏。除竹枝词外，还出现过程耕云的《后湖柳枝词》。

明末至清代，武汉诗文活动日见其多。清初熊次侯等的寻声社，雍正乾隆时的书林社，乾嘉时的吟社、江汉诗会，道光时的高观诗社、鄂城诗社等，名目繁多，雅士咸聚。康熙年间的九老诗会聚集湖南、湖北两省诗人，开创了两省诗人唱和之风气。此后，湖南、湖北各有两湖诗社的组织出现。汉口后湖多茶肆酒家，旷野中耍戏，茶社中说书，因此招徕骚人墨客踏青、宴饮。汉口后湖的诗社活动很多，清代中期袁枚的诗话名著《随园诗话》中就说道"汉阳戴喻让诗，有奇气"。文人们在汉诗兴大发，留下许多吟咏汉口的名篇名诗。

由于武昌、汉阳、汉口在全国影响扩大，武汉题材也成为戏剧创作的热点，著名戏曲《黄鹤楼》（又名《游龟山》《击鼓骂曹》《竹中藏令》）就是其中之一。

（三）武汉近代文学

近代武汉的文学创作基本上仍停留于封建传统文学的格局。诗作以旧体诗词为主，散文多以文言叙事记物。小说创作并未随时代发展而演进，在武汉没有出现较著名的作家和小说。武汉近代文学较有成就的是晚唐诗派与张裕钊的散文。晚唐诗派的领军人物是张之洞。张之洞虽非武汉籍人，但他督鄂17 年多有建树。尤其是在武昌创办两湖书院，一大批文人学士聚集麾下，与之互相唱和，逐步形成了一个以他为核心的诗歌流派。张之洞明确提出"宋意入唐格"，主张采用唐人的格调和宋人骨力，糅合唐宋，其门人幕僚同声响应，标举唐宋，尤为推崇晚唐诗风，于是形成清末民初有影响的诗歌流派，即晚唐诗派。近代武汉文坛的代表作家是张裕钊。张裕钊（1823—1894 年），字廉卿，号廉亭，湖北武昌人。张裕钊为文，尊桐城义法，多学韩愈与汉赋，文章纵横开阖，气势宏伟，《赠范生当世序》是其典范之作；游记散文则清丽典雅，风格秀润，如《游虞山记》《北山独游记》等皆为晚清游记中的上品。

由于清末民初的武汉作家基本上都是士大夫出身，在思想观念上对封建社会制度与封建文化传统非常依恋。他们痛心于纲常名教、伦理教化的沦落，但是又无力挽狂澜于既倒，大量文学作品表现的便是面对封建王朝的没落而无可奈何的凄楚情怀与个人才志无法施展的落寞意绪。这也正是中国传统文学的晚钟暮鼓在武汉文坛的回响。比起湖南、江浙与广东的近代文学来，武汉近代文学整体上尚缺乏世纪之交历史剧变时期昂扬悲壮的朝气与活力。即便是辛亥革命时期，也没出现与如火如荼的政治革命相呼应的资产阶级革命文学运动的高潮。

当然武汉近代文学作为民族危机的产物，它必然要为民族生存而呐喊，承担起社会变革的历史使命。从鸦片战争开始，武汉就出现了公开臧否政治、议论军国、描摹时变、纵论天下事的作家，他们的作品是内忧外患、国势日衰的时代生活的缩影。辛亥革命前后，武汉的旧民主主义革命派大量运用白话文体从事革命宣传活动。报纸所刊出的散文以反对清政府腐朽统治、评议时政的政论为多，在文体和语言运用上已接近后来的白话文。与此同时，一些宣传革命的政治小说也开始出现。1918年恽代英创作的《真男儿》，就是武汉地区最早的白话短篇小说。随着武汉报刊的迅猛发展，文学创作逐渐从传统的上层文学向平民文学转化。

（四）武汉现代文学

武汉从近代到现代一直是中国社会大演变的一个重要舞台。武汉现代文学与中国现代社会的政治变革保持着紧密的联系，启蒙与救亡成为武汉现代文学最高亢嘹亮的主旋律。

1919年五四运动和新文化运动的发展，对武汉文学的创作产生重大影响：不仅表现在形式上白话文占据了主导地位，更重要的是外国文学思潮和外国现实主义作品的传入，使得创作思想发生了变化；尤其是俄国十月革命和中国共产党的建立，使武汉的文学创作出现了新的面貌。以恽代英为代表的共产党人，在武汉创办利群书社，《武昌星期评论》《互助》《我们的》等刊物，与《新青年》桴鼓相应。恽代英率先提出"革命文学"的口号，并在著名的《文学与革命》一文中提出，"要先有革命的情感，才会有革命文学"。他从知识分子与作家自身的思想改造入手，赋予了"五四"启蒙主义文学思想以特有的内涵。

抗日战争爆发初期，武汉又一次成为政治风云际会的重要阵地。抗敌救亡的文化热潮与文学运动以罕见的声势在武汉蓬勃兴起。中华全国文艺界抗敌协会在武汉宣告成立，该协会以文学史上空前的规模结成了文艺界抗日民族统一战线。以胡风为领袖的"七月诗派"，在江城燃起"战火"，一个包括邹荻帆、绿原、冀仿、曾卓、胡征等在内的"七月"湖北诗人群走向文坛，构成了"七月诗派"的中坚力量。"七月诗派"中武汉本土诗人有绿原（图9-2）与曾卓（图9-3）。

图9-2　绿原

图9-3　曾卓

绿原（1922—2009年），原名刘仁甫，曾用笔名刘半九，湖北黄陂县（今湖北武汉市黄陂区）人。在胡风主编的两部《七月诗丛》与一部《七月文丛》中，唯独只有绿原一人的诗集《童话》《集合》《又是一个起点》三次都被列入丛书出版。这一方面表现出胡风对绿原诗歌的厚爱，另一方面反映出绿原的诗歌在"七月诗派"中的突出地位。绿原较为成熟的诗歌是在20世纪40年代中期创作的。这一时期他从早期诗作梦幻般色彩的"童话"世界走进了血与火交织的惨淡人生与战斗岁月。他开始描写土地的愤怒与咆哮、人民的觉醒与反抗，也表现大地的荒凉与衰败、民众的麻木与沉沦。绿原的诗雄浑而深沉、热烈而凝重，在现实的歌吟中鲜明地渗透着主体心灵的思考，蕴含着人生体验中特有的哲理意蕴。

曾卓（1922—2002年），湖北武汉市人。1940年他与邹荻帆、绿原等组织诗社，编辑《诗垦地》，成为"七月诗派"中的一员。从20世纪40年代起直到80年代，曾卓与"七月诗派"同忧患、共沉浮，与"七月诗派"结下了难解之缘。曾卓的诗在思想倾向与审美追求上，皆具有与"七月诗派"鲜明的共同特征。要说曾卓的诗歌区别于"七月诗派"其他诗人的个性，则是他在崇高悲壮的时代精神的表现中所呈现的一种幽婉、深情的抒情风格，总给人"带来温暖和美感"。

抗日战争之初的武汉文坛，文艺社团成批涌现，抗战书刊琳琅满目，街头剧演观众如潮，诗歌朗诵盛况空前，这一蔚为大观的大众化爱国文艺运动，直接影响了20世纪40年代大众文艺运动的深入开展。同时，报告文学也盛极一时。一年多的时间里，所发表报告文学作品达千余篇，还出版了不少报告文学集。

抗日战争胜利后，国民政府随之发动内战，武汉的文学创作受到冲击；但进步作家仍然通过各种方式发表作品，形成"沙漠的喧哗"。

（五）武汉当代文学

中华人民共和国成立后的17年，是武汉文学创作的繁荣时期，呈现出百花齐放、百家争鸣的良好氛围，文学创作的格调积极向上，时代特征十分明显。诗歌、散文或小说，都有佳作问世。如武汉解放的第二天，武汉作家绿原便发表抒情组诗《江南春早》；贺捷（图9-4）创作了武汉第一部歌唱新中国的诗集《祖国，我响应您庄严的号召》；散文方面，出现了曾卓的散文集《痛苦与欢乐》，碧野的散文集《在哈萨克牧场》，刘白羽的《长江三日》，李美贤的《新花木兰——郭俊卿》等。小说方面，姚雪垠（图9-5）的《李自成》第一卷也是在武汉写成的。

图9-4　贺捷

图9-5　姚雪垠

中国共产党十一届三中全会之后，武汉文学界迎来了改革开放的新时期。20 世纪 70 年代末 80 年代初，一批在历次政治运动中蒙冤搁笔的老作家重新焕发出创作的活力，写出了一批为人称道、在全国影响巨大的名篇。1977 年，姚雪垠出版了长篇历史小说《李自成》的第二卷。同年，徐迟（图 9 - 6）发表的报告文学《地质之光》，开创了新时期报告文学赞颂知识分子光辉业绩的先河，此篇与稍晚发表的《哥德巴赫猜想》一起荣获首届全国报告文学优秀作品奖，并成为新时期报告文学的经典之作。老诗人曾卓写出了许多激情澎湃、感人至深的作品，他的诗集《老水手的歌》、散文集《听笛人手记》均在全国诗集、散文集评奖中获奖。他们以优秀的作品为武汉新时期文学打下了坚实基础，并以刚健的正气为武汉特色定下了基调。

图 9 - 6　徐迟

1987 年以后，武汉的文学创作在量多的基础上有了质的飞跃。新作品层出不穷，好作品不断问世。池莉、刘醒龙、董宏猷、邓一光、陈应松等一批中青年作家以各自独特的关注现实的方式介入当下的文学潮流之中，他们的作品在全国频频获得大奖，标志着文学"汉军"的崛起。其中，池莉的《烦恼人生》成为"新写实小说"的代表作；刘醒龙（图 9 - 7）的《凤凰琴》，成为"社会问题小说"的佳篇；董宏猷（图 9 - 8）则在童趣盎然的儿童文学领域独树一帜；邓一光（图 9 - 9）的革命历史题材小说和陈应松的一系列极具地方文化特色的"新潮小说"，均在 20 世纪 90 年代的中国文坛产生了轰动效应。

图 9 - 7　刘醒龙

图 9 - 8　董宏猷

图 9 - 9　邓一光

一批武汉作家创作出的"汉味小说"和"汉味散文"，为中国当代都市文学填补了空白，池莉的《不谈爱情》《太阳出世》《热也好冷也好活着就好》《生活秀》《来来往往》，彭建新的《红尘》三部曲（《孕城》《招魂》《挽世》），董宏猷的《我爱武汉的热干面》，写活了武汉市民的民风民俗，写活了武汉的民魂。因为有了"汉味文学"，使中国"城市文学"中长期以来"京味文学"和"海派文学"二元鼎立的格局得到根本性转变。

21 世纪以来，熊召政、池莉、刘醒龙、邓一光等分别推出极具影响力的新作《张居正》《所以》《圣天门口》《我是我的神》，文学"汉军"继续活跃于中国文坛。

二、鹤楼诗词

有人曾这样评价黄鹤楼："长江没有她，江水将黯然失色；武汉没有她，历史将缺少一页，特别是诗词文化的历史。"自晋以来，黄鹤楼（图9-10）即以物华天宝，万千气概，赢得无数诗人载咏矶头。文化的厚积和岁月的沉淀，使黄鹤楼俨然成为武汉不可或缺、不能取代的文化地标。

图 9 – 10　黄鹤楼

（一）崔颢的"七律之首"

黄鹤楼于公元223年建成，原本是一座原始意义上的军事瞭望台，后逐渐演变为一座"观景楼"，但在500年前还算不上是一处人人仰慕之绝胜。可以说，假如没有崔颢，没有崔颢的半律半古的《黄鹤楼》诗，黄鹤楼也许永远只是一座供人们观景览胜、宴客会友的普通楼宇罢了。直到500年后的唐代，进士出身的诗人崔颢登临此楼，写下了这首千古绝唱：

> 昔人已乘黄鹤去，此地空余黄鹤楼。
> 黄鹤一去不复返，白云千载空悠悠。
> 晴川历历汉阳树，芳草萋萋鹦鹉洲。
> 日暮乡关何处是，烟波江上使人愁。

这首诗熔登临、览胜、怀古及生命之玄思于一炉，由神话直面现实，由风景联想心景，纵横交织，气势恢宏，流利自然，一气呵成，实为神来之笔！严羽《沧浪诗话》云："唐人七律，当以崔颢《黄鹤楼》为第一。"此说，一直为后世所推崇。

崔颢（约704—754年），汴州（今河南开封）人。开元十年进士及第，曾出使河东节度使军幕，天宝时历任太仆寺丞、司勋员外郎等职。少年为诗，意浮艳，多陷轻薄；后从军边塞，诗风大变，写军旅生活，边塞风光，俱为可观。《黄鹤楼》一诗应属于他后期的诗作，边塞艰苦的戎旅生涯，已一洗诗人少年时的浮华习气；而战争必然带来的死亡，又迫使诗人直面人生的无常，并由此引发对生命的困惑和思考。开元后期他出使河东军幕的真切体验、天宝后的仕途不顺以及远离家园的落魄漂泊，都驱使步入中年的他对人生有了更深刻的反思和体悟。《黄鹤楼》一诗便是在这样的背景下写成的。从这个意义上讲，"日暮乡关"的喻义是"生命之意义、灵魂之归宿"。尽管崔颢最终并未给世人指明生命的意义与灵魂的归宿所在，但诗中的意境，已昭示着作者意欲超越生命个体的探索。而这正是此后以李白为代表的历代文人"当日乍见之时，撒手叹其不如"的根本原因，也正是李白为何如此钟爱、赞赏《黄鹤楼》，一直"耿耿于怀"，一次次地把"黄鹤楼"意象纳入自己作品中的情结所在。

（二）李白的"鹤楼情结"

黄鹤楼（图9-11）名冠群芳，还得益于李白与黄鹤楼终身难释的情结，以及李白与崔颢间的"惺惺相惜"。尽管传说李白曾搁笔长叹"眼前有景道不得，崔颢题诗在上头"，但这并无史料实据可考，而今重建于黄鹤楼东侧的那座"搁笔亭"，亦不过是清康熙年间，曾任国子监博士的戏剧大家孔尚任倡议所命。事实上，对于黄鹤楼，李白并未搁笔，且一生中至少三登黄鹤楼，十五次吟诵黄鹤楼，留下"黄鹤西楼月，长江万里情"，"一忝青云客，三登黄鹤楼"，"故人西辞黄鹤楼，烟花三月下扬州"，"黄鹤楼中吹玉笛，江城五月落梅花"，"仙人有待乘黄鹤，海客无心随白鸥"等佳句。

图9-11　黄鹤楼瓷砖壁画

李白一生中十余次吟诵同一座楼，这可能在中国历代诗人中也是绝无仅有的。究竟是一种什么样的情结，让一代"诗仙"对斯楼如此痴迷。根源可能出自黄鹤楼浓厚的仙家色彩以及那位崔进士的"绝唱"。李白流连盘桓的黄鹤楼，当然是一座真实之楼。但从他咏楼诗句来看，他看到的不仅是客观存在的楼宇，还应该有其心中的黄鹤与仙道。李白自身颇具仙风道骨，黄鹤楼仙人传说的神秘色彩，也许更合他的味道。李白眼中的黄鹤楼，可能是众仙麇集之圣地："颇闻列仙人，于此学飞术。一朝向蓬海，千载空石室。金灶生烟埃，玉潭秘清谧。"这就不难理解李白追踪仙人之旅就是从黄鹤楼开始的："手持绿玉杖，朝别黄鹤楼。五岳寻仙不辞远，一生好入名山游。"对李白而言，视觉上的黄鹤楼不过是一副皮囊，心中的黄鹤楼才是真正的魂魄。于是，这座真实的黄鹤楼便成为李白心灵的一个托物，亦如崔颢在黄鹤楼头寻觅"灵魂之乡"一般。于是，仙界的子安、吕洞宾与凡界的一代"诗仙"便相约于兹，共享名楼之盛。

令人奇怪的是，李白十五次吟咏黄鹤楼，却没有一次直接以黄鹤楼为题作诗。也许是崔颢的那首《黄鹤楼》的台阶实在太高，使"才高八斗"的李白也深感无法逾越，于是便始终心有不甘，耿耿于怀。可以说，崔颢让黄鹤楼成为千古名楼，而李白则让黄鹤楼的地位更加显赫。

（三）璀璨的鹤楼诗文

南朝诗人鲍照作于公元462年秋的《登黄鹄矶》是现存有记载的第一首吟咏黄鹤楼的诗词。该作可谓先河乍开，鹤楼诗文便似"城下沧江水"，一泻千年总难收。特别是崔颢一诗成名后，历代赋诗黄鹤楼者层出不穷，其数量之多，神韵之美，意境之深，流传之广，可谓汗牛充栋，令人叹为观止。

唐、宋两朝是黄鹤楼诗词的鼎盛之际。与崔颢、李白同时代的孟浩然、王维、顾况等人，都有吟诵黄鹤楼的诗。像孟浩然的《鹦鹉洲送王九之江左》，就是一首站在黄鹤楼上遥望鹦鹉洲景色而生发感慨的诗。王维的《黄鹤楼送康太守》"城下沧江水，高高黄鹤楼。朱栏将粉堞，江水映悠悠"，则让后人一睹其"山水隐逸派"之风骨。

中唐时期的诗人，如贾岛、韩愈、刘禹锡和白居易等，均有讴歌黄鹤楼的诗。晚唐诗人杜牧、李商隐等，也都写过涉及黄鹤楼的诗。被誉为"小杜甫"的杜牧，写黄鹤楼一诗的最后两句是"黄鹤楼前春水阔，一杯还忆故人无"，这首诗是为送友人去夏口（今武昌）而作的。唐朝大诗人中没有写到黄鹤楼的，似乎只有杜甫一个。

宋代的曾巩、苏轼、苏辙、黄庭坚、秦观、范成大、辛弃疾等都有黄鹤楼诗作传世，有的还写了好几首。陆游的"苍龙阙角归何晚？黄鹤楼中不知醉。汉江交流波渺渺，晋唐遗迹草离离"；范成大的"谁家笛里弄中秋，黄鹤归来识旧游。汉树有情横北斗，蜀江无语抱南楼"，都是其中的优秀之作。"何日请缨提锐旅？一鞭直渡清河洛！却归来，再续汉阳游，骑黄鹤"。南宋爱国将领岳飞也曾登楼抒怀，抚剑请缨，抗击强虏，重整山河，壮怀激烈。

从元、明、清直至近代，登楼吟诗者更是络绎不绝。李时珍、张居正、王世贞、袁宏道、张献忠、孔尚任、袁枚、林则徐、张之洞、黄遵宪、刘鹗、康有为、毛泽东等一连串闪光的名字，以及他们的诗文题咏，使黄鹤楼更添异彩、独具风骚。

1927 年春，一代伟人毛泽东登临此地，把酒酹江，怀古思今，写下了那首气贯长虹的《菩萨蛮·黄鹤楼》，面对"乱石崩云、惊涛拍岸"的时局，他以高远的目光、博大的胸襟，表达了对所处时代的沉郁抱负和热切期待。

据不完全统计，历代咏楼诗词千余首，楹联近千副，文赋过百篇，匾额无数，名人故事更是数不胜数。黄鹤楼在历代诗人眼里，已成为一个象征符号、一幅心理图景。

三、"汉味"小说

"汉味"是一种"'热也好冷也好活着就好'的快活心态，一种善于化人生烦恼为俏皮话的文化品格，一种熔夸张、想象、粗俗、幽默、油滑于一炉的'汉腔'"[①]。"汉味"小说则是指 20 世纪 80 年代以池莉等为代表的武汉都市风格的小说叙事。她们开创的"新写实主义"创作潮流，为中国新时期文学树立了一座标杆，以镌刻武汉人形象向世人展示了"大武汉"风范与"小市民"心理不和谐现象，并以此为切入点，再现了当代武汉平民百姓艰难与世俗人生的"生存之累"。这在当时引起了很大的社会反响，被新时期文坛公认为"汉味"小说，并与"京味""津味""海味""苏味"小说齐名。

（一）"汉味"小说的特征

"汉味"小说带有浓郁的武汉地域文化特色，它是武汉民俗风味和历史文化的写照。作家们以别致的艺术审美方式展示了这种文化的形态特征。

1. 创作指向的世俗化

武汉有着"九省通衢"之便利，在近现代的城市沿革中，它会集了一批又一批从乡村奔涌而来的人群。扎根下来并不断繁衍的这些人群成为武汉三镇的老式居民，使武汉

（主要是汉口）商贾杂陈、市民云集、经济发达，从而形成了以小市民阶层为主体的地域文化格局。一代又一代的"汉口人"繁糅驳杂的民风，练就了粗犷而又精明、勤劳而又奢华的多重性格。这多重性格中最为外露的却是一种世俗、凡庸的人文心态和零碎、烦琐的生命形态。这些正是"汉味小说"的文化根基。"汉味"小说所呈现的大多是作家们经历过、感受过、体验过的武汉市民的凡俗人生。小说几乎没有金戈铁马的浩然正气，也没有生死离别的惊心动魄，有的只是司空见惯的日常琐事。"汉味"小说注重的是对世俗人生的纯态写真，努力按生活的本来面目去叙写，不回避，不隐瞒，不夸饰，不拔高，不为了追求思想的崇高而进行所谓的去粗取精，而是注意作品中生活的丰富复杂与人生的多姿多彩。作家们强调的只是生活本身，强调实实在在地去写生活，这种不矫饰、不造作，以自己整个身心去感受创作的追求，正是"汉味"小说的世俗化指向。

2. 叙事结构的原生态

有评论家这样评价池莉的《烦恼人生》，"完全生活化地尾随人物行踪的叙事方法"；"既有故事，又没有故事的模式，让主人公面对实际生活中大量存在的机缘、偶遇、巧合自由行动，因而就像植物的生长发育那样，不是事先定型，而是逐渐定型的结构形态"以及"接近于提供生活的'纯态事实'的原生美"。这种概括可以说道出了"汉味"小说的叙事结构特点："汉味"小说不重情节结构的过分戏剧化，而重叙事方式的完全生活化；不重情节间的因果逻辑关系，而重生活的"纯态事实"的原生美；不重故事情节的跌宕曲折，而重生活细节的真实生动。"汉味"小说写的多是一些凡人俗事，重在写人，重在呈现生活的原生态，而不追求情节的连贯与波折。作家们主要以"梗概"叙述和具体描写相结合的方式，凸显若干有特性的生活片段和细节以刻画人物性格，使作品中一些人物"世俗相"鲜明且在性格上表现出丰富的复杂性。

3. 文化风情的地域化

"汉味"小说塑造"武汉人"。如印家厚（《烦恼人生》中人物）面对烦恼人生善于忍耐又善于自我排遣郁闷；吉玲母女（《不谈爱情》中人物）则表现出该泼辣时就泼辣得酣畅淋漓，该讲理时就热情得如火如荼的"花楼街品格"，他们都是武汉人性格的自然呈现。这些形象的成功塑造，使"汉味"小说打上了深深的地域文化烙印。

"汉味"小说绘就"武汉风"。"河南棚子"的拥挤破败，花楼街的风骚热辣，六渡桥的喧哗嘈杂拼接在一起，构成了武汉市民文化的风俗画卷，营造出特定的"汉味文化"氛围。"汉味"小说的作家们常常在对世俗人生的叙写中，透露出一种浓郁的民俗色彩。池莉的《热也好冷也好活着就好》，就以充满民俗意味的武汉夏夜生活写真，揭示下层市民的生存状态。那种热烘烘的夜晚女人们边烧饭边说长道短，那种晚上都在门口吃晚饭纳凉的夏夜景象，都在作家平易通俗的语言中絮絮写出。特别是王老太历数武汉的小吃通俗而生动，别有情趣，使江汉路上的纳凉之夜溢出浓浓民俗意味，使作品中人们并不丰裕的生存状态多了几分温馨，也使作品的生活气息更加浓郁。

"汉味"小说传递"武汉腔"。"汉味"小说以汉味语言、汉味幽默、汉味韵致合成一种独特的"汉腔"风情。它的叙述语言、人物语言大多明快、辛辣、幽默、谐趣。武汉人好说粗话、蛮话，好讲歪理、横理，武汉人也精明能干，洒脱幽默，充满智慧。他们不仅仅只是不骂"板马"不开口，"汉腔"里头也时常以"长江又没有盖盖子"去化解死的恐惧；用"也不晓得丑卖多少钱一斤"来表示奚落；用"藕灌了泥巴——糊了心眼"来比喻糊涂，显示出武汉市民的机智善言、灵巧聪慧。

（二）池莉：市民生活的生态记录

20世纪80年代中后期，池莉以抒写武汉市民生活的"人生三部曲"（图9-12）——《烦恼人生》《不谈爱情》《太阳出世》一举成名。可以毫不夸张地说，许多外地读者是通过池莉的一系列小说认识并了解武汉的。从"人生三部曲"到《冷也好热也好活着就好》《来来往往》《生活秀》《有了快感你就喊》《所以》《她的城》等，池莉以女性特有的敏锐的触觉，细腻的笔法，为我们绘就了一幅幅当下热气腾腾的武汉市民生活图景。

图9-12　池莉的"人生三部曲"

池莉（图9-13）都市小说的视角不同于以往作家的知识分子精英式视角，或者张扬浪漫的纯情式视角。她是以一种芸芸众生的眼光来阅世识人的。她既不沉湎于历史，也不专注于将来；既不覆盖生活的本相，也不放弃生命的乐趣。通过这样的视角，她完成了对普通市民爱情、婚姻、家庭等生活状态的原生态记录，揭示了城市中最平凡的人们所面临的生存境遇。个人的生活黏附在时代的大背景之下和历史的演变之中显现出的相似性，让读者有一种久违的熟悉与亲切感。

图9-13　武汉著名女作家池莉

从女性特有的细腻视角出发，池莉以大量日常的生活琐事开篇。这些琐事从吃饭、睡觉、吸烟、打牌、上厕所、赶车、上班、开玩笑到恋爱、结婚、怀孕、流产、生孩子、洗尿布、坐月子……应有尽有。《烦恼人生》用近乎摄像的方式"跟踪"了汉口普通居民印加厚一天24小时烦琐的生活流程，《太阳出世》细致逼真地描写了汉口"哥们"赵胜天和汉口的女子李小兰恋爱、结婚、怀孕、生产、带孩子、请保姆、坐月子等冗长琐碎又真实可感的生命形态，《不谈爱情》细密地记叙了医生庄建非和汉口花楼街女孩从恋爱到结婚过程中的种种纠葛。

池莉小说表现得最多的是武汉市民的生存智慧，这种智慧的主要内核是实用的理性精神、圆滑的处世态度与精明的行为方式。池莉笔下那些在生活中八面玲珑、游刃有余的人物都深得这种智慧的精要。吉玲精心策划赢得自己想要的婚姻，来双扬智取房管所所长以及自己的继母、嫂子，陆武桥摆平家庭的系列麻烦……这些普普通通的人们在长期的生活中累积了一整套行之有效的人生哲学。他们有着小小的狡猾但不罪恶，他们精于算计的同时也有浓浓的人情味。

池莉还着重展示了武汉城市性格里坚韧、顽强、不屈不挠的"九头鸟"精神和那股子被恶劣的生存环境锻炼出来的火辣辣的、野性的生命活力。《冷也好热也好活着就好》就是这种个性的集中展现。在酷热的火炉城——武汉，尽管所有的人都不约而同地咒骂武汉的热，但男女老少仍在奇热的都市里有滋有味地活着。酷暑中，女人们在厨房挥汗如雨也要做几样可口的小菜，夕阳西下后家家户户在户外狭窄的街道边摆上竹床，照样要吃四菜一汤，喝黄鹤楼酒，看电视，摸麻将，聊家常，打逗与叫骂……显然，人们已经把高温置之度外，以一种少有的对环境的适应能力向生活"要意思"，这幅逼真生动的武汉消夏图充满了乐天知命且不乏粗鄙放浪的市民文化气息。

第二节　武汉戏曲

武汉戏曲，源远流长，剧种丰富，特色鲜明，成就辉煌。拥有汉剧、楚剧、湖北大鼓等大量具有浓郁特色的地方戏曲。其中具有原创性的汉剧，既是对中国戏曲有着整体性贡献，见证了武汉及湖北地区乃至全国皮黄剧种和南北京剧风格形成，同时也是"汉派文化"的代表性载体和典型性标牌。杂技更是武汉最具魅力的民间艺术，以其"刚柔相济，恢宏艳丽"的楚风汉味特色而饮誉全国。

一、汉　剧

（一）汉剧溯源

汉剧发端于清乾隆末期，旧称楚调（又名楚腔、楚曲），后称汉调、汉戏，俗称"二黄"。民国元年（1912年），汉剧史家扬铎在《汉剧丛谈》中第一次将以汉口为中心流行的"楚调"定名为汉剧。

汉剧最早出现于襄阳。明末清初，音调激越高亢、节奏明快爽朗的秦腔传到了襄阳，后又经襄阳传到江汉平原，和民间曲调相结合形成一种新的腔调——"西皮"。"皮"是湖北方言，即唱词，"西皮"是指来源于陕西的腔调唱词，汉剧的最初唱腔就是这样形成的，它既保持了秦腔的高亢刚劲，又糅合了当地民歌的活泼明快。在"西皮"形成的前后，长江中游一带出现了一种新唱腔，其曲调沉着稳重，凝练严肃，又兼有婉转柔和、音色俏丽的特点，这就是"二黄"。关于二黄的来源，有数种说法，一说出自湖北黄冈和武汉黄陂，一说源于徽调。也有人说，"二黄"调即江西的"宜典"腔，"二""宜"两字在江浙一带发音相似。但这几种说法都未超出长江中下游的范围。证诸史实，湖北说和安徽说较为接近实际，因此可以说，"二黄"是安徽艺人和湖北艺人的集体创作。后来，北路的"西皮"声腔和南路的"二黄"声腔便开始合流并形成一种新的声腔系统，这就是今天所说的"皮黄"。"皮黄"的出现把初期的汉调推到了鼎盛时期。至此，汉剧的唱腔便基本定型。

汉剧在它的形成过程中，也从其他戏剧中吸收了许多精华来丰富、充实自己，如昆山腔和弋阳腔。初期形成的汉剧"二黄"唱腔较接近弋阳腔。其曲调较粗俗，质朴有余，温婉不足，到后来便逐渐不能满足观众要求。于是，许多唱汉调的戏班便有意识地吸收了昆山腔的长处，并采用了元、明以后所流传的各种丝弦乐器，来强化其舞台效果。汉调之所以能获得成功，重要原因就是其兼收并蓄，博采众长，终于自成一家。至明万历后期，汉调已能在舞台上和昆曲互相竞争，技艺臻于娴熟，演出规模相当可观。汉调借徽班进京献艺的机会经历了锤炼和磨砺，在京都被广大观众所接受，成为后来京剧的雏形。至清代中叶，汉调已在全国各地普遍开花，不仅出了大批剧目，许多戏班开始组建，而且造就了一大批红极一时的名演员。此期的汉剧形成了荆河（以荆沙为中心）、襄河（以襄阳为中心）、府河（以安陆为中心）、汉河（以汉口为中心）四大流派。

清末民初，在经过了近两百年发展后，汉剧开始从乡村进军汉口，并占据汉口的大部分茶园戏院，达到了它的鼎盛时期，成为汉口都市中占据主导地位的大众流行娱乐。其基本标志，一是积累了一大批优秀剧目，二是形成了一套严格规范的声腔和伴奏音乐体系，三是出现了一些代表性的戏剧班社，四是出现了一大批名伶大师。

在汉口称雄之前的100多年间，汉剧的前身——"汉调"一直呈分散发展格局。四大流派各自发展，齐头并进，不相伯仲。但到晚清，这种局面出现了根本性的变化。随着汉口的迅速崛起，荆河派、襄河派、府河派的艺人开始向汉口会聚。一些对汉剧发展具有重要影响的人物如余洪元、余洪奎自荆沙，朱洪寿自通山，吕平旺自府河，刘炳南自黄陂汇聚汉口，还有名旦李彩云、名丑李春森（大和尚）、名帖钟华卿（赛黄陂）、董瑶阶（牡丹花）、小翠喜等济济一堂，在晚清民初年间，汉口集中了汉剧界最有实力的演员队伍。至此，汉河派成为汉剧的正宗，而荆河派、襄河派、府河派在人才严重外流的过程中无可奈何地走向衰落。

尽管汉剧在发展阶段曾经形成过不同的区域中心，然而，汉剧的成熟与繁荣主要是在汉口完成的。历史上的汉口，明末清初已是名列天下的四大名镇之一，近代更是最早的通商口岸之一。应该说，汉口便捷的交通条件与商品经济的快速发展，在相当长的一段时间内，成为汉剧发展、成熟与繁荣的重要契机。

首先，南北商人的云集，为汉剧"皮黄合流"提供了有利条件。各地商贾的云集，不仅带来了不同的货物，而且带来了各地的戏曲声腔，并最终在汉剧艺人手中完成了"皮黄合流"。尽管目前学界对于"皮黄"的具体来源、皮黄合流的具体时间与地点等问题还存在不同看法，然而，汉口及早期汉剧艺人在这一历史过程中的重要贡献是有目共睹的历史事实。

其次，随着汉口成为华中地区最大的商业中心，商人不仅成为汉口城市经济发展中的主体力量，而且成为城市中既有钱又有闲的娱乐消费群体。众多富商巨贾，为了生意的兴隆，不惜重金大修庙宇、会馆和公所，这些庙宇、会馆和公所，既是商人们祭祖谢神、社交聚会之地，也是汉剧名家的演出场所。其中都市主体商人中的相当一些人，成了早期汉剧的基本观众。

最后，汉口城市经济的繁荣，吸引了省内各地戏曲艺人云集汉口。从荆沙来的余洪元、余洪奎，从通山来的朱洪寿，从府河来的吕平旺，从黄陂来的刘炳南等，纷纷亮相汉口舞台，大量优秀汉剧演员的竞争与交流，使他们完成了从草台戏班到专业戏班的转型，并迅速提升了汉剧的艺术水平，写下了汉剧史上辉煌的一页。

（二）汉剧的声腔与伴奏

汉剧的声腔音乐体系曾因地域方言等因素，分为襄河、府河、荆河、汉河四派。但随着清末民初四派名角会聚汉口，四派逐步合流，实现了汉剧音乐的体系化和规范化，形成了以西皮腔和二黄腔为主体，以湖广音、中州韵、汉口方言为舞台语言的固定声腔板式。如西皮慢板、垛子、一字板、导板、摇板、散板及二黄慢板、二流、平板和反二黄、反二流等，还有高腔（弋阳腔）、吹腔、小调等数十种声腔。

与声腔风格系统化相伴随的是汉剧伴奏音乐体系的复杂化和程式化。早期汉剧文场伴奏以竹笛、唢呐及长杆子（土号）为主奏乐器，比较适合农民观众的口味；后为适应市民观众的审美习惯，立足城市发展，改用京胡为主奏，加上二胡、三弦、月琴，简称为"四大件"，兼以笛子、唢呐。这种伴奏形式，较早期的竹笛、唢呐伴奏，声音秀丽，托腔更为丰满贴切。到清末汉剧的成熟期，其伴奏曲牌高达400余首，分为军乐、礼乐、宴乐、舞乐、喜乐、哀乐、神乐七大类。至此，汉剧的伴奏音乐风格基本定型。

（三）汉剧的代表人物

汉剧在传承发展过程中，涌现出了余洪元、董瑶阶、吴天保、陈伯华等一批著名汉剧艺术家。

1. 余洪元：汉剧泰斗，戏坛皇帝

余洪元（1875—1938年）（图9–14），原名金保，字丹圃，沙市区人，汉剧艺术大师，"余派"老生的创始人。余洪元从小就是汉剧迷，喜唱"一末"，常作业余演出；后拜"荆河派"胡双喜为师，兼取"汉河派"任天泉等名家之长，融会贯通，独树一帜。光绪末年，他名驰荆州沙市一带；1897年来汉，与袁一苟"福兴班"搭档，更名余洪元；1911年，著名京剧老生汪笑侬至汉口与他在天一茶园首创京、汉合演；1920年同傅心一等组建汉剧公会，并当选为会长；1916—1929年，余洪元亲率汉剧名伶多次赴京赴沪演出，受到京沪各界人士的热烈欢迎和好评。进京赈灾义演时，黎元洪总统亲书"慷慨悲歌"金字匾额相赠。

图9–14　余洪元

余洪元融四大流派于一体，取诸家之长为一家，创造了深沉苍劲、淳厚优美的"余派"唱腔，人谓"吃透一家，遍学百家，自成一家"。其嗓音宽厚圆润，唱、念、做俱有独到之处。他所饰人物，逼真传神，发展了汉剧"一末"的表演艺术，受到京剧同行的推崇，有"活刘备、活孔明"之称。代表剧目甚多，扮演《乔府求计》中的乔玄，《兴

汉图》中的刘备，《四进士》中的来士杰，《盗宗卷》中的张苍，《李陵碑》中的杨继业等，给武汉观众留下了深刻印象。尤其是《乔府求计》中的一段唱腔，成为当时武汉群众仿效学唱的样板，到处哼唱，街巷可闻。他善于根据不同人物创造新腔来表达剧中人物感情。如"碰碑"一剧原词为"兵不到，子不归，好似箭穿心"，他改为"望兵兵又不到，望子子又不归，好一似狼牙箭，穿只在我心"，构成一句一腔，一字一味，句句有韵味，唱腔旋律连中有断，似断又连，情意缠绵，似日常生活衰老之人说话一般，跌宕起伏，委婉感人。

余派唱腔成为汉剧鼎盛时期的翘楚，丰富和充实了汉剧艺术。时代唱片社曾为余洪元灌制了《乔府求计》《兴汉图》《李陵碑》等剧唱片。余洪元在武汉久享盛誉，武汉人民尊称他为"汉剧大王""汉剧泰斗"，堪与京剧谭鑫培媲美，为丰富和发展汉剧艺术立下了汗马功劳。

2. 董瑶阶：誉满三镇"牡丹花"

董瑶阶（1894—1952年）（图9-15），湖北沔阳人，早年在家乡从蒙师李老五学习汉剧花旦表演，18岁时从天沔一带来汉口搭福兴班演出《开天榜》，一炮走红。他扮相俊美，嗓音清脆甜润，特别是有一双会说话的眼睛，格外传神。当时汉剧尊誉为"戏魂"的傅心一先生一眼就看准了他必成大器，于是赐改艺名为"牡丹花"，预言董瑶阶不久必执汉剧花旦之牛耳，成为汉剧花旦的"花中之王"。"牡丹花"后来拜师著名花旦"赛黄陂"（钟华卿），渐渐跻身以余洪元为首的汉剧十大名角之列。随后，他进上海，到沙宜，赴四川，表演汉剧艺术，深受各地群众赞赏，被誉为"花衫状元"。

图9-15 董瑶阶

213

董瑶阶在舞台上度过了52个春秋，长期与余洪元、李春森等汉剧名师合作，成功地表演了《闹金阶》《小姑贤》《反八卦》《活捉三郎》《打花鼓》等20多个剧目，成为著名的艺术大师。汉剧名旦陈伯华（筱牡丹花）得其亲授。

3. 吴天保：汉剧三生大王

吴天保（1903—1967年）（图9-16），湖北汉阳人。13岁入汉口天字科班习生行，勤奋好学，未出科就颇有名声；抗战初期，在郭沫若、田汉领导下，参加汉剧抗敌宣传队；中华人民共和国成立后，积极投入戏曲改革活动，演出过新编历史戏和现代戏。在汉剧生行艺术的发展创造方面，吴天保有着敢为天下先的勇气，取得了辉煌的艺术成就。

首先，他继承和发扬了余洪元、李春森、董瑶阶等老一辈艺术家"不演行当演人物"的创作精神，每演一出戏都注重刻画一个艺术形象，十戏九不同，个个人物都有独特的光彩，其中最具代表性的是《哭祖庙》中的刘谌、《四郎探母》中的杨延辉、《法门寺》中的赵廉等。

图9-16 吴天保

其次，他在唱、念、做、舞等方面，都有自己独特而成功的创造。如唱，他讲究的是工整，不论是"一字清"的骨干腔，还是"花腔多变"的复杂旋律，无一不是工工整整，而又清新如耳，高亢激越；他的念白，尤其注重声韵，尖团分明；他的做，更是严谨规范，动必有序、有情。

吴天保集众家之所长，融生末外于一体，开创了三生唱做并重的表演风格，形成了"吴派"。这一流派从 20 世纪 30 年代形成之日起，就得到广大观众的赞美，又得到了汉剧界的广泛认同，形成"无生不吴"的声势。

4. 陈伯华：现代汉剧的里程碑

图 9 - 17　汉剧表演艺术家陈伯华

陈伯华（图 9 - 17），汉剧表演艺术家，生于 1919 年，祖籍湖北武汉，又名佩贞。8 岁进入"新化科班"学演花旦，受业于刘本玉。后受董瑶阶（牡丹花）、李彩云等名家指导。15 岁以筱牡丹花的艺名主演《霸王别姬》《风尘三侠》名噪三镇。她敢于跨行演出，成为第一位打破汉剧十大行当限制的女演员，与当时的张美英、万盏灯并称女三鼎甲。

抗日战争前后，她脱离舞台多年，更多地接触其他剧种，开阔视野；1951 年复出，致力于汉剧改革，使唱腔趋向华美、丰满、高亢、流畅；1952 年，赴京参加全国第一届戏曲观摩会演，在首都剧场演出《宇宙锋》，轰动京华。在 50 余年的艺术实践中，她融青衣、花旦于一体，演出过几十出独具风格、技艺精湛的剧目，塑造了众多不同类型的艺术形象，丰富和提高了汉剧艺术。

陈伯华的艺术成就突出表现为唱腔艺术方面的革新，她既保留传统特色，又大胆创新，根据不同人物设计出的唱段，配上她那被音乐界誉为"优秀花腔女高音"的清脆秀丽而富有弹性的歌喉，显示出花俏细腻、委婉深沉的艺术风格，"陈派"唱腔由此响誉全国。

她的代表剧目有《宇宙锋》《二度梅》《柜中缘》《三请樊梨花》等，其中的前三部有影片存世。

（四）汉剧的特色

汉剧剧目丰富，向有"八百出"之称。汉剧剧本主要取材于历史与民间传说，而以历史题材所占比重更大。汉剧偏重历史的特色在早期"楚曲"剧本中已有明显体现，最终成为汉剧之鲜明特点。

现在能够见到的早期汉剧剧本，多以"楚曲"或"楚戏"称之，共有 29 个剧本流传至今。29 个早期汉剧剧本中，有一半以上是取材于历史创作的，其内容涉及包括伍子胥、诸葛亮、曹操、关羽、李渊、李世民、赵匡胤、杨家诸将、包拯等在内的诸多著名历史人物。对历史题材的津津乐道和对英雄人物的情有独钟，奠定了早期汉剧的独特艺术品位。正是这种独特的艺术品位，不仅使汉剧与"传奇十部九相思"的明清传奇及秦腔小戏的谐谑风格明显地区别开来，而且后来还在一定程度上影响了京剧的艺术风貌。

汉剧作为最早实现皮黄合流的古老剧种，无论是其曲词风格还是音乐风格，都充分体现了一种以俗为雅的审美特征。从曲词风格来看，与昆曲以"情正而调逸，思深而言婉"的清丽委婉风格见长不同，汉剧曲词多以浅直、淋漓酣畅的特点取胜。最能体现这一特点的显然是汉剧曲词中大量排比句式的运用。在早期汉剧作"楚曲"中，人们已能十分清晰地看到排比句式的大量出现。无论是《斩李广》中李广唱词中所连用的十个一组的排比句（"再不能"），还是《杨四郎探母》中杨四郎自嗟自叹中所连用的两组排比句，都充分显示了汉剧曲词浅俗而富有表现力的鲜明特色。这种特色在后来汉剧发展过程中不断得到丰富与发展，成为汉剧独特艺术风貌的重要组成部分。

从唱腔风格来说，与昆曲"闲雅整肃，清俊温润"，典雅精致的风格相比，汉剧皮黄腔激越明快、铿锵圆亮，真可谓"其音慷慨，血气为之动荡"。皮黄腔的流行也造就了汉剧的形成，催生了京剧的问世。

二、楚　剧

（一）楚剧溯源

楚剧的前身是大约 1850 年以前形成于黄陂、孝感一带的黄孝花鼓戏，又称哦呵腔、西路花鼓戏，1926 年改称楚剧。

黄孝花鼓戏原为"灯戏"，是由民间正月酬神祝福的民间歌舞（玩灯）演变而成。初期的黄孝花鼓戏，演员是农民和手工业者，演出多半是业余自娱性质。后来农闲演出的"麦黄班"和常年演出的"四季班"逐渐出现，演员也逐渐由业余向半专业化发展。清道光十九年（1839 年）在黄陂梅店王家冲出现的花鼓戏班社[①]，由酬神自娱的娱乐形式变为一种卖艺谋生的手段。其演出剧目多是反映社会中下层劳动群众的生活和愿望，以家庭纷争和男女爱情为主要内容，因之演出深为农民所欢迎和喜爱，但被清政府视为"花鼓淫戏"，因而经常遭到查禁。戏班长时期内只能在乡村或执禁不严的地段演唱。

楚剧向汉口进军，大体经历了三个阶段：从道光到光绪年间在汉口临时做场，1902 年正式进入汉口租界常年演出，1927 年年初进入"血花世界"（今民众乐园）公演。至此，楚剧获得了在汉口公开演出的合法地位，开始在汉口生根发展，成为与汉剧双峰并峙的湖北地方剧种。楚剧扎根汉口，历尽艰难曲折，经过了近半个世纪和几代楚剧艺人的努力。在这一过程中，李之龙[②]起到了重要作用。

1926 年，国民革命军北伐攻占汉口和汉阳。当时汉口最大的游乐场——新市场被国民革命军总政治部接管，新市场被改名为"中央人民俱乐部"（"血花世界"），派革命人士李之龙任主任。1926 年 9 月，李之龙将黄孝花鼓戏以"楚剧进化社"的名义加入湖北剧学总会，在剧学总会筹备会上，经汉剧艺人傅心一倡议将黄孝花鼓戏正式定名为"楚剧"。1927 年 2 月 2 日（农历正月初一），楚剧走出租界，受聘进入"血花世界"公演。李之龙对楚剧进行改良革新，开办训练班，抄录口传脚本，整理和改编传统剧目，使上演剧目的质量有所提高，影响日益扩大。

---

① 武汉地方志编纂委员会. 武汉市志·文化志 [M]. 武汉：武汉大学出版社，1998：118.
② 李之龙（1897—1928 年），湖北沔阳（今湖北仙桃）人，1921 年加入中国共产党。1926 年"中山舰事件"后被免去代理海军局局长、海军局参谋厅厅长兼中山舰舰长的职务。4 月，任国民革命军总政治部新剧团主任；北伐战争期间曾担任宣传工作，任中央人民俱乐部主任兼《血花日报》社社长。

(二) 楚剧的三大腔系

楚剧的早期演唱形式为一唱众和，以锣鼓伴奏，后期改以丝弦伴奏，其后音乐板式发展丰富。1949 年中华人民共和国成立后楚剧革新了音乐，丰富了"小调"，吸收了"高腔"，形成板腔、小调和高腔三大腔系，而以"迓腔"为主要特色。

板腔有迓腔、仙腔、悲腔、四平腔、西江月腔。迓腔的板式丰富，表现力强，能抒情，能叙事，素有楚剧"看家腔"之称。迓腔分男迓腔、女迓腔、悲迓腔、西皮迓腔四种。其中，男迓腔粗犷简朴，女迓腔委婉柔和，悲腔深沉哀怨，西皮腔质朴刚劲。仙腔是楚剧早期主要腔调之一，为商、徵交替调式，曲调风格别致，富于对比变化，音域宽，起伏大，乐感强，长于表现悲切哀怨情绪。20 世纪 70 年代后，经过发展，仙腔成为楚剧音乐中"栋梁"腔调之一。悲腔，早期名为"大悲"，只有女腔，为宫、徵交替调式，板式只有慢板，长于表现悲痛情绪。原用打击乐伴奏，后加过门。由于格式严谨少变，多用于 4 句或 6 句唱词，也可在大段唱腔中作为引申过渡的唱腔。四平腔为宫调式，有快、慢两种板式，适宜表现欢快情绪，原用打击乐伴奏，后加弦乐过门。1954 年，《孟姜女》一剧经新老文艺工作者合作，改用弦乐伴奏，并发展为固定腔，增强了唱腔华丽的特点，成为一支新腔，定名为"西皮四平"，常为剧中仙女、公主等高贵女性演唱。西江月腔在20 世纪 30 年代中后期形成，曲调优美，哀怨动人，适宜表现思念、忧郁、凄凉之情，常用于人物深夜咏叹。

小调属曲牌体，有 60 支左右，采自黄陂、孝感一带的民歌、灯调，生活气息浓，口语化强，其旋律多在虚字部分。

高腔是中华人民共和国成立后吸收进来的一种声腔，有 100 多种曲牌。伴奏乐器有京胡、二胡、月琴、三弦、锣、钹、马锣等。打击乐器中以马锣为主的锣鼓点，具有湖北民间锣鼓的特点。主要传统剧目有《思凡》《赶斋》《汲水》《董永卖身》《蔡鸣凤》《荞麦馍拜寿》《郭丁香》《张朝忠》《乌金记》《杨绊讨亲白扇记》等。中华人民共和国成立后改编整理的《葛麻》《百日缘》，曾经参加 1952 年全国观摩演出。《葛麻》还被拍成电影在全国上映，深受广大观众的欢迎。

(三) 楚剧的代表人物

楚剧在发展过程中，先后产生了沈云陔、高月楼、关啸彬等著名演员。

1. 沈云陔：楚剧奠基人

图 9－18　沈云陔

沈云陔（1905—1978 年）（图 9－18），湖北新洲人，原为花鼓戏演员，少年时用过"十岁红"的艺名。1918 年前后，他由新洲原籍来到汉口，拜名丑李小安为师，从此在舞台上为改革、振兴楚剧奋斗了 60 个春秋。

沈云陔是黄孝花鼓戏发展成为楚剧的奠基人。楚剧进城后，他与楚剧老一辈艺人在李之龙的支持下，大胆革新，使楚剧从组织形式到剧目内容都发生了显著变化：由一个小型乡班，发展到近百人的大剧团；剧目由"花鼓戏开了锣，不是喻老四便是张德和"，发展到古装、时装、文戏、武戏、连台本戏样样都有；演员行当也由"小旦、小生、小丑"，发展到生、旦、净、末、丑一应俱全。抗日战争时期，全国文艺团体云集武汉。沈云陔号召楚剧艺人不仅要学习汉剧、京剧，还要学习话剧和其他表演艺术，楚剧艺人纷纷响应，这对丰富楚剧剧目，提高表演艺术起了关键性的作用。沈云陔更是身体力行，他的不少好戏，如《软玉屏》（秦腔移植）、《夜梦冠带》（巴陵汉剧移植）、《杀狗惊妻》（川剧移植）、《庵堂认母》（锡剧移植）、《打金枝》（河北梆子移植）等都是向兄弟剧种学来的，成为楚剧的保留剧目，常演不衰。

沈云陔主张"演人不演行"，是刻画人物性格的高手。在60年舞台生涯中，沈云陔所演剧目不下200余出，塑造了一系列生动感人的艺术形象。《二堂审子》中的王桂英和《吕蒙正泼粥》中的刘玉兰，前者端庄大度，后者贤淑风趣；《夜梦冠带》中的崔氏和《杀狗惊妻》中的焦氏，同属青衣行当，甚至扮相也相近，却一个娇慵疏懒，一个泼辣刁钻，神态各异，绝不雷同；《断桥》中白素贞的深情缱绻、爱中含怨；《绣鞋案》中苟含春的矫揉造作、风流淫荡，人物性格反差鲜明，在观众心目中留下了难忘的印象。

沈云陔刻苦钻研艺术，精益求精，既尊重传统又勇于革新，既保持了楚剧的特色又博采兄弟剧种之长，创立了深沉细腻、含蓄凝练、感情色彩强烈、生活气息浓郁的"沈派艺术"。

2. 高月楼：楚剧丰碑

高月楼（1908—1953年）（图9-19），湖北汉阳人，幼时父亡，随母流落汉口；1919年，从师余文君（小双红），以"小叫天"艺名在汉演出；1927年，报名参加李之龙领导的楚剧演员训练班，成为改革楚剧的支持者和积极的参加者。抗战期间，参加抗敌宣传二队赴川演出7年；抗战胜利后返汉，仍从事演出活动；1955年不幸病逝，汉口观众设十里路祭，场面感人。

高月楼代表剧目甚多，一生塑造的舞台形象近百个，性格各异，皆见光彩。在《断桥》中饰许仙，在《张羽煮海》中饰老龙王，在《私生恨》中饰程光前，在《独木关》中饰薛礼，都有创新的表演。他的舞台表演声情并茂，极具感染力，他被当时观众誉为"楚剧大王"，被行家誉为"楚剧的麒派"。

图9-19 高月楼

图9-20 关啸彬

3. 关啸彬：为唱戏不惜改姓的楚剧名家

关啸彬（1918—1968年）（图9-20），原名官金庭，湖北孝感人；10岁丧父，1933年在武汉的裁缝店、丝线铺当学徒，后返乡务农，业余唱灯戏；1936年到汉口新市场（今民众乐园）楚剧戏班学艺，拜彭秀山为师，习旦。他不顾官姓族长反对，决心以唱戏为业，遂改名关啸彬，后师从沈云陔，并成为与沈齐名的楚剧旦角"领军人物"。

关啸彬汲取楚剧界名家之长，运用自身的优势，融青衣之唱，取花旦之形，研乡土气息之妙，创行腔吐字之精，让楚剧在他的演唱中得到升华。其唱腔字重腔轻、字正腔圆、风格浓郁、韵味淳厚，注重声腔语气的起伏和咬字力度的变化，没有过分的装饰。在《百日缘》《双玉婵》《荞麦馍拜

217

寿》和现代戏《三世仇》等戏中演唱的"女迓腔""仙腔""悲腔"及"悲迓腔"深受群众欢迎，为众多的中青年楚剧演员学唱和继承，对楚剧的演唱和发展产生了很大影响。

（四）楚剧的唱腔风格及特色

楚剧语言质朴，有浓厚的乡土气息。其剧目大多是反映民间故事和家庭生活，以劳动人民为主角，塑造各种"小人物"形象，表现他们的机智幽默、见义勇为、悲欢离合及愤怒与不平。代表剧目之一的《葛麻》（图9-21），剧中说的是小人物葛麻与财主马铎斗智斗勇的故事。葛麻爱打抱不平，是财主马铎的长工。马铎嫌女婿张大洪贫穷，逼其退婚，葛麻仗义出手，明里帮马铎整治张大洪，暗里却教他与岳父周旋。剧中对话节奏明快、生活气息浓厚。剧情在环环相扣的冲突中，将"葛麻"的乐观机智表现得淋漓尽致。

图9-21　楚剧《葛麻》剧照

20世纪50年代初期，楚剧曾以一出小戏《葛麻》扬名全国；但到第二出在全国叫响的戏《狱卒平冤》出现，中间隔了30年。在此期间，楚剧曾移植过《拜月记》《桃花扇》等剧目，虽然效果也不错，但反响远不如《葛麻》《赶会》这种平民戏大。究其原因，在于一些探索脱离了楚剧最初的平民化风格，即"葛麻风格"。而反观这些年来，楚剧名戏反映的都是市井生活和小人物的悲欢。如《养命的儿子》，反映的是一个大家庭中的纠纷，非常贴近生活；《你是一条河》，也是写一位平凡的母亲。这种人物选择很容易引起观众共鸣。

楚剧无论是语言还是腔调，都带有浓郁的汉味特色，在黄陂孝感一带有着深厚的群众基础，演出时常常是台上台下唱成一片。

楚剧来源于民间，生活在民间，其浓郁的生活情趣、轻快活泼的格调、抒情优美的唱腔，不仅深受广大人民群众的喜爱，而且在我国多姿多彩的地方剧苑中占有一席之地。

三、曲艺

武汉曲艺是流行于武汉地区各个曲种的总称，主要曲种有如下五种。

（一）湖北评书

武汉的评书称为"湖北评书"，其报字发音均为武汉方言。武汉评书源远流长，早在明崇祯八年（1635 年）汉口修筑袁公堤时，民工中就有姓胡的艺人在工棚为大家说书解闷，颇受欢迎。筑堤竣工后，此人便在长堤街挂牌说书。19 世纪中期，山东艺人丁海州（丁铁板）由河南来汉演出打鼓说书。20 世纪 20 年代，打鼓说书部分艺人丢下铜镰和鼓槌，专事评讲，于是评、鼓分流而形成评书。其评书书目受苏州评话、安徽怀书的影响，不断丰富。当时，武汉评书艺人江云卿拜四川评话艺人鲁明阶为师，并将川江路子书《燕王扫北》改成《走马建国》，而成为本地保留书目。20 世纪 30 年代，评书艺人容宗圣、陈树棠、江云卿在继承的基础上创新，形成容、陈、江三个不同风格的流派。李少霆汲取三派之长而成为武汉著名评书艺人。武汉解放后，又出现何祚欢（图 9 - 22）等一批新型的评书名演员。

图 9 - 22　评书表演艺术家、国家一级演员何祚欢

（二）湖北小曲

湖北小曲流行于汉口及长江、汉水沿岸，分汉滩小曲、天沔小曲两种。武汉地区流行的汉滩小曲（亦称外江小曲）以坐唱折子戏为主，音乐与本地汉剧相似，多为板腔性曲牌；天沔小曲曲牌与天沔民歌相通，板腔性曲牌西腔与荆州花鼓戏西腔相同。长期在武汉行艺的天沔、汉滩两派小曲互相借鉴，均用汉口方言演唱，后逐渐合流。19 世纪 20 年代是小曲在汉口演唱的鼎盛时期，天门岳口镇"八音公会"中的天沔小曲艺人川流不息来往于汉口、天门之间演唱。1985 年，小曲作为地方曲种参加全国首届曲艺会演时，将汉滩小曲、天沔小曲取名为湖北小曲。该曲种曲牌分为两类，即板腔性曲牌和小调曲牌。其传统演唱形式以坐唱为主，分单人拉唱、双人坐唱和多人坐唱三种，其中以双人坐唱为常见，后出现了站唱、弹唱和表演唱等多种形式。主要伴奏乐器为四胡，人多时采用"八音"（四胡、二胡、京二胡、琵琶、扬琴、月琴、三弦、檀板）伴奏。

（三）湖北大鼓

湖北大鼓源于打鼓京腔。20 世纪 20 年代评、鼓分流后，大鼓艺人逐渐以云板代替金属镰，将堂鼓改为扁形小鼓，使其音质柔和、便于携带，而形成独立的曲种。湖北大鼓有两个流派：一是以黄陂籍匡玉山为代表，用接近武汉方言的黄陂话行腔报字，以云板代替金属镰，称为南路子大鼓；二是以赵宝亭为代表，仍用金属镰，以孝感方言报字行腔，称为北路子大鼓。其后，南北两路合流，只是说白、行腔略有不同。20 世纪 30 年代，大鼓受评书冲击，有的大鼓艺人改说评书。武汉解放后，湖北大鼓成为本地主要曲种之一，艺人不断创新，陈谦闻、王鸣乐、张明智（图 9 - 23）等将原来缓慢的悲腔改成旋律激昂、节奏欢快的音调，创作了《怎不叫我乐开花》等一批新型鼓书。

（四）湖北渔鼓

唐宋时期，渔鼓的演唱仅为警世劝善之用，清末演变为民间曲艺形式。民国初年，天门、沔阳、潜江一带渔鼓艺人多在灾年来武汉行艺，由于方言的局限，渔鼓一直未能

图 9-23　年轻时张明智

（图片来源：荆楚网）

在汉流行。武汉解放前夕，洪湖籍周忠全、黄玉堂等携渔鼓伴唱的皮影戏班来汉献艺，他们用洪湖方言演唱，武汉人容易听懂，渔鼓才逐渐扎根武汉。渔鼓伴唱的皮影戏班，常用的杂花腔、汉韵平腔汉味较浓，其他如哭灵腔、还魂腔、道士腔，仍带有道曲的痕迹。其演唱有单人唱、双人对唱，有接腔无伴奏。武汉解放后，渔鼓离开皮影单独演唱，突破传统，出现有女演员参与的男女对唱，并把假声改为真声，配以民乐伴奏。1958 年渔鼓伴唱参加全国曲艺会演，始定名为湖北渔鼓。20 世纪 60 年代是渔鼓发展的兴旺时期，创作演出有《财经队长下汉口》《光荣海战》《老社长》《嘎公放鸭》等一批新曲目，保留演出 10 余年。

（五）湖北道情

湖北道情是武汉的新曲种，产生于 1955 年，由周维根据传统道情，加上洪湖打硪号子、渔鼓唱腔和当地妇女的哭腔糅合改进而成。演唱时，演唱者左手抱渔鼓，右手击鼓并辅以表演动作。道情常用曲牌为西韵，此外还有秋蝉曲、荷花调、凤尾腔等 10 余个曲牌。1963 年，武汉市说唱团邹远宏借鉴天沔民歌、荆州花鼓戏曲牌，又增加花腔、意想曲等新曲，并把怀抱渔鼓改用支架以利于表演，道情遂风行一时。

四、杂技

杂技，旧称百技。杂技是武汉最具魅力的民间艺术，现任中国杂技艺术家协会主席的夏菊花女士即出自武汉杂技团，武汉国际杂技节已成为世界杂技的"东方赛场"。

（一）武汉杂技的发展

中国杂技不仅以其悠久的历史和厚重的艺术底蕴，更以其高超的技艺、馥郁的民族色彩享誉国内外。武汉杂技根植于中国杂技的沃土，吮吸着楚文化的滋养，博采众长，几经砥砺，终以其"刚柔相济，恢宏艳丽"的楚风汉味特色而饮誉全国。

武汉杂技的发展是历史的必然。湖北是楚文化的发祥地，也素有杂技发展的传统。楚国"市南宜僚弄丸而两家之难解"（庄子《徐无鬼》）的故事，已是流传千古的佳话。在近现代，湖北天沔一带曾是杂技繁衍、活跃之乡，其特有的民间杂技艺术"三棒鼓"在海内外广泛流传。汉口袁公堤落成后，后湖地区成为民间杂技艺人聚集和摆地卖艺的场所。清道光年间叶调元《汉口竹枝词》有描述："近来耍戏更新鲜，教法能将畜类传。猴子狗熊玩棍棒，雀儿老鼠打秋千。"自 20 世纪 30 年代起，汉口民众乐园杂技厅内，几乎天天都有专场的杂技表演。

中华人民共和国成立初期，武汉创立专业杂技团体。60 多年来，武汉杂技团经过几代人的不懈努力，已发展成为中国杂技名团之一，艺术特色明显，技艺实力雄厚，在海内外享有盛名。

武汉杂技团继承中国传统杂技艺术，先后发展与创新了《顶碗》《跳板》《车技》《转碟》（图9-24）、《飞车顶竿》《椅子造型》《蹦床蹬人》《空中飞人》《古圈技》《驯熊猫》等一大批优秀杂技节目，为中国乃至世界杂技艺术的繁荣做出了突出贡献。武汉杂技团足迹遍及全国，还先后80余次赴五大洲140余个国家和地区演出，成为国际文化交流的"使者"。

图9-24 杂技《转碟》

武汉杂技团曾涌现出"顶碗皇后"夏菊花等一批享誉国际杂技赛场的杂技艺术家与著名杂技演员，许多优秀节目在国际大赛中获得金奖，在国内外占有重要一席。20世纪50年代末，夏菊花把顶碗与柔术相结合，创造出"顶碗脚面夹碗"的高难技巧，一举在莫斯科夺得金奖。近年来，年少的罗文洁又推出《舞碗》节目，将顶碗柔术发展到一个新的境界。

1991年落成的武汉杂技厅是国内第一座符合国际标准的大型杂技表演场馆，主厅内设观众坐席近3 000个，圆形主楼像一朵盛开的菊花。1992年，武汉举办了"首届武汉国际杂技艺术节"，至今已举办九届。每届杂技节都吸引了来自五大洲的杂技精英会聚江城，同台竞技，向人们展示杂技这一古老艺术奇葩的现代风采。武汉已成为在国际杂技界名声显赫的一大"东方赛场"。

（二）"顶碗皇后"——夏菊花

夏菊花（图9-25）出生于1937年是新中国第一代杂技表演艺术家，素有"顶碗皇后""杂技女皇"之誉。李先念同志曾对夏菊花说："你这个杂技女皇，名字叫得这么怪，夏天哪里有菊花呢？"

其实，夏菊花出生在秋风送爽的九月。她本姓徐，1937年出生在安徽省潜山县双峰柳林街的一个贫困农民家庭里。5岁时，父母为生活所迫，将她送给了马戏班的夏群做女儿，她从此改姓夏。中华人民共和国成立前，夏菊花作为夏家马戏团里一个表演耍杂的小艺人，饱尝艰辛，1951年，随夏家班进入汉口民众乐园演出。夏菊花以娴熟的技艺、稳健的台风、端庄秀丽的扮相、娇巧灵活的身段，受到了武汉观众的好评。

她对艺术精益求精，不断创新，首演"顶碗单手顶""脚面夹碗""双层双飞燕拐子顶顶碗""单飞燕拐子顶脚面夹碗""倒立型柔顶"等高难技巧，突破了顶技历来固定于

221

头部的传统，扩大了人体多部位的表演功能。专家们公认这一系列技术动作通常是由 8～12 岁演员，经过 5 年时间才能练成。而她只用了一年左右的时间，在 20 岁时学成，令人难以置信。1965 年在法国的演出轰动巴黎，从而被誉为"最美的中国艺术""顶碗皇后"。

1981 年 10 月，中国杂技艺术家协会在北京成立。鉴于夏菊花在海内外的声誉与威望，大家一致推选她为杂协主席。当时 44 岁的夏菊花成了全国文联所属 8 个协会中最年轻的主席，也是唯一的女主席。多年来，她始终致力于中国杂技艺术的发展并努力促进与世界杂技艺术的交流。1983 年她率领我国杂技参赛小组参加第六届巴黎"世界明日"杂技节和第九届蒙特卡洛国际马戏节的比赛，并夺得唯一金奖。还多次率领我国杂技艺术代表团前往世界众多国家考察和交流，增进友谊。因而，夏菊花又有"杂技外交家"之称。

图 9－25　"顶碗皇后"夏菊花

第三节　武汉民俗

武汉，得江湖滋润、引五方杂居，自古物华天宝、民风芜杂、习俗多元，一派楚风汉味景象。

一、民间风情

武汉一地民风淳朴，又颇趋前卫、洒脱，并无多少拘泥压抑。过早、宵夜、玩水、街头竹床露宿，怎么活自在，武汉人就怎么活，图的是洒脱，讲的是滋味。

（一）过早与宵夜

"过早"一词最早出现在清代道光年间叶调元的《汉口竹枝词》中，是武汉人用早餐的俗称。当年的"江湖码头"客来客往，行色匆匆，特定的社会氛围使武汉人养成了户外"过早"的习惯。随着现代生活节奏的加快，加之三镇鼎立的特殊地理分布，无论是上班族还是上学族，都习惯在沿途找一家熟悉的摊点"过早"，既快捷方便，又经济实惠。武汉三镇的小吃店遍及大街小巷，品种丰富，兼具南北风味，既有油条、豆浆、热干面、豆皮、面窝、烧梅、汤包，也有牛肉线粉、炸酱面、山西刀削面、兰州拉面、豆丝、锅贴饺、汤圆。大多生意兴隆，食客盈门。有说武汉经营早点的达 10 多万之众。其中，武昌户部巷（图 9－26）的早点一条街，各类小吃应有尽有，各具特色。

图 9 – 26　武昌户部巷里攒动的人头

经过一天的忙碌，武汉人多习惯于晚间，尤其是夏秋酷暑季节，在街头广场、公园纳凉，或谈天说地，或参与街舞。玩够了，肚子饿了，便有了"宵夜"的习俗。最具特色的"宵夜"处所是汉口的吉庆街、精武路、堤角，武昌的首义园等。这些地方既非清静的茶馆，亦非高档的餐厅，人们尽可以自由自在地围坐桌前，边喝啤酒，边吃麻辣虾球、精武鸭脖……间有卖花的、画像的、拉琴卖唱的穿梭桌间。许多来汉出差、旅游的外地客人，也纷纷加入"过早""宵夜"的行列，从中品味老百姓的生活乐趣。

（二）煨汤待客

许多地方卖猪肉，都是连骨头带肉一起卖，买肉的人不愿要骨头，找熟人买，尽量少搭点骨头。武汉人买肉不一样，喜欢要骨头，特别是排骨，争相购买。排骨供应少时，人们早早起床去耐心排队等候，或者找熟人，想方设法买排骨。因为武汉人讲究煨排骨汤（图 9 – 27）待客。如果贵客来了没有排骨汤，那是很失礼的，好像降低了待客的规格，对客人不够热诚、大方。客人也会觉得没有受到盛情的招待。

图 9 – 27　排骨藕汤

地道的武汉人煨汤待客，并不只是把排骨汤当作席上的一道菜，而是在吃饭之前，先给客人盛一大碗，让客人吃肉喝汤。客人酒足饭饱之后，热情的主人还要劝客人再喝一碗汤。外地人开玩笑说：武汉人"奸"得很，客人来了，光用汤也把你灌饱了。多来个把客人，只消往沙吊子（煨汤的器具）里添瓢水就行了。

（三）玩水与竹床阵

所谓玩水即游泳洇水。武汉拥江抱湖，四处都是天然的游泳场，故大多数人都习水性，有的甚至从小就是在水里泡大的。武汉民间自古就流行洇水活动，现代游泳运动更是普及，横渡长江已成为一大传统。毛泽东生前多次畅游武汉长江，使这一民间传统在武汉人心中更是根深蒂固。目前其已演变成为一个国际性的抢渡长江游泳活动，吸引了许多国内外的游泳健将一显身手。

竹床阵（图9-28）则是武汉特有的习俗。武汉是中国有名的三大"火炉城"之一，夏季气温高达40℃左右。酷热难耐的夏夜长达两个月左右，便形成了武汉特有的民俗——"竹床阵"。每年的七八月间，酷热把武汉市民从家中"赶"出来，大家不得不到街道两旁摆竹床露宿。密密麻麻的竹床一个挨一个，老者、儿童、青年、少妇乃至姑娘都躺在竹床上，度过一个又一个夜晚。北方人或外地人看见少妇、姑娘身着短裤、裙子睡在街头上，大为不解，既诧异又新奇，然而武汉人却乐此不疲，习以为常。随着空调的普及，竹床阵渐渐淡出了人们的视线。

图9-28　汉口里的"老武汉"竹床阵（图片来源：中国文明网·武汉）

（四）归元寺数罗汉

武汉地区还流行一种占卜方式——"数罗汉"，凡到汉阳归元寺敬香的善男信女都要到罗汉堂"数罗汉"（图9-29）。许多青年人则把"数罗汉"作为一种游戏乐趣。归元寺罗汉堂内五百金身罗汉千姿百态，具有浓厚的生活气息与淳朴的人情味，是一幅人间生活画卷。所谓数罗汉，即从自身年龄这一号罗汉数起，如当年20岁即从第二十号罗汉数起，依次顺数到第二十个罗汉（40号罗汉）止；还有一种数法，即随便选一尊罗汉数起，数到当年年龄那一号止，其大小年龄，均依次类推。两种数法，均要数到自己序数的那一尊罗汉，对照罗汉神态来应验心事。当数到面貌带笑者，以为必有好运，喜上眉梢；当数到面貌哀愁或盛怒者，便认为不吉利，心存不快。当然，这些纯属巧合，不必当真。欲以此来卜知自己或亲友的命运，实乃笑话。这种活动虽盛行，但信者不多，如今已成为一种游戏。早年，每届农历正月初善男信女赴罗汉堂拜佛，有如潮涌，所烧檀香，烟尘如雾，让人无法张目，但游客仍源源而入，罗汉堂被挤得水泄不通，这些人多半是为数罗汉问卜而来。如今，前来归元寺罗汉堂参观的游客如织，往往以不同身份、不同年龄、不同兴趣在这里指指点点，品评自己数着的罗汉。喜怒哀乐，各自心领，并讲述着各自采集的神话故事，谈到动情处，往往引起一阵欢笑，实乃一桩乐事。

图 9 - 29　归元寺 500 罗汉

二、民间工艺

汉锣、汉绣、黄陂泥塑是海内外闻名的民间手工艺术品。

（一）汉锣

汉锣泛指武汉地区生产的铜响器，已有 300 余年的历史。具有浓厚地方风格的汉锣，其内涵和外延扩展到了锣、钹、钗、钟诸种铜响器，与苏锣、秦锣、京锣并称为我国"四大名锣"。

承载着丰厚历史积淀的汉锣，沐浴着巫风楚雨，逐渐形成了独特的制作工艺，自有一套熔炼、制片、成型、淬火、校音、车刮、定音工序，运用"旋转锻打，横向走锤"的技法，锻出的锣片圆、平、正、上劲，锤迹排列有序，分布均匀，呈鱼鳞状；套出的钹，顶正头圆，大小一致。打击场景极富色彩性和节奏性，汉锣是楚地民间"插秧锣鼓"等民俗活动的必备乐器之一。

汉锣以品种齐全、发音洪亮、圆润集中、起手灵活、吃槌省力、能定调门而驰名中外。它适应性极强，既能配合中国武戏文唱，也能为西方的交响乐和爵士乐配音，行销亚洲、欧洲、美洲及大洋洲 20 多个国家和地区。其中，虎音锣、抄锣、广钹成为誉满国内外的名牌产品。

早在乾隆年间，汉口长堤街就有制铜作坊。随着铜响器的兴旺，长堤街出现了一条"打铜街"。到19世纪末，武汉锣匠多达300余人。1909年，学徒出身的高青庵创办的"高洪太锣厂"（今武汉锣厂），是武汉著名的老字号。"高洪太"选料上乘，制作考究，其制锣工序多达37道，能根据演员的嗓音定出恰当的音调。当时，国内许多戏班名角，都派乐师来厂定音购买。当年汉口有民谚云："买药要买叶开泰，买伞要买苏恒泰，买锣要买高洪太。"

如果你有幸欣赏美国波士顿交响乐团的音乐会，那么你将能听到"高洪太"铜锣的声音。铜锣已成为西洋交响乐团唯一必备的中国民族乐器。在国外，用"高洪太"铜锣的，不只是波士顿交响乐团，德国柏林交响乐团等世界著名乐团的演出用锣都出自"高洪太"。

"高洪太"铜锣，以音质纯正、发音洪亮、起手灵活、槌抄省力而驰名中外。1979年应柏林交响乐团之请特制的大抄锣，直径为135厘米，被誉为"世界铜锣之王"。1985年又制作两面直径为142厘米的大抄锣，每面重达60多千克，是当今世界上最大的抄锣。其中一面东渡日本，与世界上最大的鼓相匹配，另一面留厂供人们参观。这几面大抄锣发音如春雷滚动，气势磅礴，尾音悠长而浑厚，能最好地烘托出乐曲雄浑的音响效果。一些外国的著名乐团都以能得到这种大抄锣而感到荣幸。另有"虎音锣"能发"拱""水"两种音响，锣音时而如猛虎长啸，时而如溪泉淙淙。目前，武汉锣厂共生产锣、钹、镲、铃、钟、板、铙七大类133种规格的60余种铜响器，可满足国内外市场的需要。

（二）汉绣

汉绣是武汉的传统工艺品，主要流行于荆州、武汉、洪湖一带。汉绣作品曾多次在京展出，还参加了巴黎、华沙等国际展览，深受好评。

汉绣（图9-30），以楚绣为基础，融汇南北诸家绣法之长，糅合出富有鲜明地方特色的新绣法。它的用针有别于"四大名绣"（苏绣、蜀绣、湘绣、广绣），它采用一套铺、平、织、间、压、缆、掺、盘、套、垫、扣的针法，以"平金夹绣"为主要表现形式，分层破色，层次分明，对比强烈。追求充实丰满、富丽堂皇的热闹气氛。绣品可以枝上生花，花上生叶，叶上还可生出枝，充分体现了"花无正果，热闹为先"的美学思想，呈现出浑厚、富丽的色彩。

从春秋中期到战国，楚国的刺绣品已远销西域，可见其刺绣业之发达。南方的楚国丝织业足以代表当时中国丝织品工艺技术的最高水平。楚文化氛围下民间戏曲的发达、巫风巫术的盛行又为刺绣走向民间提供了生长的沃土。

汉绣的鼎盛期是清末民初。咸丰年间，汉口设有织绣局，集中各地绣工绣制官服及各种饰品。清末，在武昌的营坊口、塘角、白沙洲、积玉桥及汉口的黄陂街、大夹街一带，开有许多绣铺，汉口还有一条绣花街。当时的汉绣产品主要分三大类：一是生活用品类，有绣衣、绣枕、门帘、帐沿、绣鞋、头巾、围裙、荷包等，多用于闺阁陪嫁。其中，汉口的绣花戏衣颇具名气。二是装饰品类，有壁挂、中堂、屏风、彩帐、堂彩、龙衣、狮皮、戏装、道具等。三是敬神赛会的礼仪用品，包括神袍、袈裟、彩幡等。

图 9 – 30　汉绣《楚风》获 2015 中国（凯里）银饰刺绣博览会金奖

　　抗战时期，日军侵占武汉，汉口绣花街被烧毁，汉绣日趋凋零，技艺几近失传。中华人民共和国成立以后，汉绣重放光华。20 世纪 80 年代，汉绣产品已由原来的民用小绣品和少量古典戏剧绣服发展到帐帘、披风、被面、枕套、服装、大幅、中堂、条屏、折页、摇件和屏风等 10 多个品种。

（三）黄陂泥塑

　　黄陂泥塑的知名度很高，汉阳归元寺的五百罗汉与木兰山的神像都是它的经典代表作。黄陂区泥塑工艺厂制作的《七品芝麻官》《八仙过海》《金童玉女》及《莉娜小姐》等，形象生动，妙趣横生，逗人喜爱。黄陂泥塑产品不仅畅销国内，而且远销英国、法国、意大利、新加坡等国家和地区。黄陂区泡桐店镇是著名的泥塑之乡，农民泥塑异彩纷呈，造型丰富多样，富有泥土气息，既有严肃端庄的人物，又有滑稽诙谐的变型漫塑；从木兰将军到红楼仕女，从中国的神话人物哪吒到西方的著名艺术大师卓别林等，都被塑造得栩栩如生。老艺人戴和清曾为来访的外宾当场塑像，在国外被传为佳话。泡桐的泥塑曾到美国俄亥俄州展出，受到当地人们的欢迎。

227

三、风味小吃

　　地处"九省通衢"，历来五方杂居，使武汉的风味小吃口味各异，品种繁多，各具特色。这些丰富多彩的小吃，也是爱在户外"过早"的武汉人喜爱的早点。

（一）热干面

　　武汉的热干面（图 9 – 31）与山西刀削面、两广伊府面、四川担担面、北京炸酱面合称"五大名面"，是最具武汉特色的小吃，是武汉人爽快而味重、干脆而利落性格的典型体现。热干面面条纤细，根根有筋力，色泽黄而油润，滋味鲜美，拌以香油、芝麻酱、五香酱菜、小葱等配料，更具特色。

　　和很多中外美食的来历相同，热干面的出现也是一个美丽的意外。20 世纪 30 年代初，汉口长堤街有一个名叫李包的小摊贩，他以卖凉粉和汤面为生。有一天，他将没卖完的面条煮到七成熟时便捞起，晾在案板上，不小心将油壶里的麻油泼在了面条上。他灵机一动，干脆再倒一些麻油在面条里，拌匀后在案板上摊晾，第二天早上，他就将这种拌了麻油的熟面条放入沸水中烫几下，然后放入碗中，加上卖凉粉用的芝麻酱、葱花、酱萝卜丁等佐料，面条顿时散发出独特的香味，诱人食欲。人们争相前往，吃得津津有味，一时间便门庭若市。有人问他卖的什么面，他便随口说道"热干面"。此后他便专卖热干面，并向求教者传授手艺。

热干面是武汉人"过早"的首选小吃，几乎有摊点的地方就有热干面。蔡林记的热干面晶洁爽口、味道鲜美，享有武汉名小吃的美誉。

（二）豆皮

豆皮（图9-32）原是湖北农村的食品，顾名思义是用豆面做皮，包裹糯米及各类佐料而成。传到武汉后，不但很受当地食客欢迎，还体现出武汉"兼容并包"的文化特色。武昌王府口"杨洪发豆皮馆"开业于清同治年间，是武汉最早的豆皮馆，出售的豆皮具有油重、外脆、内软特色，人称"杨豆皮"。

有"豆皮大王"之称的汉口老通城餐馆，原名通城饮食店，是1929年汉阳人曾厚诚在大智路口开办的。后重金聘用制作豆皮手艺出众的名厨高金安，以高师傅最拿手的"三鲜豆皮"为突破口，作为该店特色，并在三楼高悬"豆皮大王"霓虹灯，招揽顾客，果然大奏奇效，生意十分红火。三鲜豆皮是以"杨豆皮"为主要源流博采众长而制成的，它以豆、米浆和鸡蛋做皮，以糯米为馅，再辅以肉丁、海米、豆腐干等"包容"其中，或包入肉丁、豆干丁、玉兰片，故称为三鲜豆皮，形成独特风味，流行半个多世纪而不衰。

图9-31 蔡林记的热干面　　　　　　　图9-32 老通城的豆皮

20世纪50年代，老通城还在惠济路口分设一个支店，1958年4月3日和9月12日，毛泽东先后两次来支店品尝三鲜豆皮，留下了"国营要更好地为人民服务"的教导，成为老通城店史上最光辉的一页。

（三）面窝

面窝（图9-33）是汉口较早的美味小吃，已有百余年历史。相传大约在清光绪年间，汉正街接驾嘴（今集家嘴）有一个叫昌智仁的摊贩，靠打烧饼谋生计，但生意冷清。后来他想方设法翻新花样，试着将大米碾碎来代替面粉做饼子。但大米做的烧饼并不可口，他就灵机一动用油炸，并请铁匠打制一个窝形铁勺，将用大米和豆子磨成的浆倒入铁勺中油炸，再撒上芝麻，结果非常成功，炸成中间有个小窝的饼子，便取名面窝。面窝色泽金黄，外酥、内软、中间脆，十分可口，成为武汉人爱吃的大众化食品。有人说，面窝还体现出武汉人精明灵活的一面。

（四）汤包

小笼汤包原系下江风味的小吃食品，清末溯至江城。四季美汤包（图9-34）制作工序严格：第一步熬皮汤，做皮冻；第二步做肉馅；第三步制包；第四步是"一口气"火候，这些工序都要一丝不差。用料选上等，肉皮要绝对新鲜的，肉馅选一指膘的精肉；蟹黄汤包则选阳澄湖大闸蟹。如此食鲜物美，自然备受市民宠爱。

图9-33　面窝

图9-34　四季美汤包

（五）水饺

水饺，全国各地都有，只有称谓不同而已。有的地方叫抄手，有的地方叫馄饨，有的地方叫包面，武汉人则叫它水饺。武汉谈炎记水饺（图9-35）以汤鲜、馅多、原料纯真、煮法考究、造型优美取胜。该店的水饺，食之爽心润腹，余香满口。

（六）豆丝

豆丝是武汉乡间的特产，其制作工艺是：用绿豆与籼米按四六开或三七开的比例分别备料、浸泡，然后混合磨浆，在锅里摊成薄片，搁凉后再卷成筒切丝。老谦记枯炒牛肉豆丝（图9-36），选用新鲜豆丝、牛里脊肉、香菇，玉兰片及其他调味品为主要原料，精心煎炒，油炸好的豆丝，色泽黄亮，味道鲜美，香脆可口。

图9-35　谈炎记水饺

图9-36　老谦记枯炒牛肉豆丝

（七）糊汤粉

坐落于汉口花楼街的田恒店糊汤粉，历史悠久，风味独特。糊汤粉（图9－37）是与油条相配的小吃品种，凡卖糊汤粉者必卖油条。制作米粉时，选用籼稻米磨浆、制粉，再加上水搓坨煮焖，挤压煮制成型；然后用活鲜小鲫鱼或鳝鱼熬煮成汤汁，再加水调入生米粉制成糊汤粉，放入各种调味品，装碗后撒上葱花、胡椒，配以油条佐食。糊汤粉洁白素雅，鱼香汁浓，营养丰富，别有风味。

（八）烧梅

顺香居重油烧梅（图9－38）已有半个世纪的历史，其特点是油重而不腻人，形如银菊，味道鲜美。烧梅的制作方法是将肥膘猪肉、馒头、橘饼、花生米、冰糖、葡萄干等弄成小丁后略炒，再用桂花、红绿丝、白糖调合成馅。面粉加水适量调好后，擀成荷叶形薄片，放入馅心，加少许麻油，或炸或烤或蒸，入口香软柔糯。

图9－37　糊汤粉

图9－38　顺香居重油烧梅

四、方言俗语

荆楚文化在我国灿若星河的汉文化史上占有重要一页。作为民间文化而存在的民间方言也莫不如此。武汉虽地处华中，享有"九省通衢"之称，其方言融进了不少南北口语，但是武汉的民间方言仍独具浓厚的荆楚风味。

（一）方言由来

武汉方言是一种极富地方色彩的语言，它漂在长江里，系在码头上，拌在热干面中，混在叫骂声里，并且随着武汉的发展而发扬光大。

武汉地处古楚都郢（在今江陵境内）、鄀（在今宜城境内）、鄢（在今宜城境内）之东，上古为楚语。后经过动乱迁徙，方言中融进了北方语。至近代，以"汉腔"为标志的汉口话形成于明成化年间（15世纪下半叶）汉口镇崛起之后，起初以汉阳话为基础，融入了来自周边各地移民的语言成分，具有自己的特色，与武昌话、汉阳话互有差异。清末民初（20世纪初叶），三镇方言开始交融。至20世纪40年代末，三镇合为一市，原来方言内部的差异开始缩小，逐渐融成统一的武汉话。

（二）方言特色

1. 语音

武汉话属于汉语北方话（官话）之一的西南话。武汉话和普通话的差别并不是很大，很多字的发音大致都是相同的，但是腔调不同，武汉人讲的是"汉腔"。说到语言腔调，应该追溯到人类产生语言的蛮荒时代，不同的地理气候环境，不同的生产交流方式，会形成不同的语音特点。北方寒冷多风沙，说话时口型不宜太大，因此语音中多卷舌，鼻音重；四川多山，山上山下喊话，要着力提高语言尾音，更有山体回声，悠扬委婉；江南气候宜人，说话时可以细声慢语，不会有语言障碍。武汉当年是湖区，多数人必定靠湖而生，采莲挖藕、摸鱼捞虾，男人划着木筏下湖，女人烤熟了一只野鸭，会对着湖面喊叫，"回来奇楼（吃肉）……"率直响亮。所以在汉腔里，形成了三大方言特色。

一是没有卷舌音。和北方大量的卷舌音相比，武汉语音中几乎找不到 zh、ch、sh、r 这些卷舌音。即便是武汉的近邻荆门等地区，卷舌音都相当厚重。没有卷舌音的结果使得语音过于裸露，少了一些修饰。

二是有五个声调，却没有轻声。如"污、物、武、吴、误"这五个字的字音，武汉话区分得非常清楚；但在北方话里，"物、误"分不开。音阶多可以使得音色丰富，可是没有轻声调，又使得语音硬而少柔。

三是前鼻音和后鼻音分不清。武汉话里，"陈""程"不分、"身""生"不分、"真""争"不分。

正是这些地方特色使得武汉话音调铿锵有力、诙谐幽默、生动形象，充分显示出武汉人豁达乐观、豪爽奔放的性情。

2. 语法

武汉方言的语法结构与普通话差异不大，但也有自己的特点。武汉话的句末语气词与普通话基本一致，但也有因地方语调不同而产生的特殊助词。如在句末加"啖"，使用范围极广，配合不同语气语调可以完成多种功能。

例句：

你来啖，就等你一个了。（陈述）

一大清早的把人都喊起来了，到底要搞么板眼啖？（疑问）

今天实在忙不过来，你留下来，帮帮忙啖！（祈使）

还有"咋"（读"咋"音），为武汉人说话常用。如请某人去一下办公室，他如有事需等一下，他便会应答"莫忙咋，我一下就来"；问某人报上登了什么消息，他若忘了，会说"让我想下子咋"。

武汉话中有几种句式也在日常生活中扮演着极其重要的地位，比较具有代表性的有"几……额"。例句：

几步路还非要打个的士，你儿要不得额。

你没有看到今天的新娘子，几漂亮额。

在这种句式中，"几"字一般要拖长加重，强调程度之深，表示感情之强烈，既可以用于赞叹，也可以用于表达不满。

因为有了这样一些字或句式，武汉话便显示出它既硬硬朗朗又拿腔拿调的风格，这种风格也展现出武汉方言的地方风味。

（三）常用方言

1. 称谓用语

父亲叫老头，母亲叫老娘，哥哥叫拐子，外婆叫家家，外甥叫外外，妻弟叫舅辫子，岳父叫老亲爷，岳母叫老亲娘。男人叫男将，女人叫女将。刚出生的婴儿称为"毛毛"，孩子称为"伢"，青少年男孩统称为"儿子伢"，女孩则称为"姑娘伢"。人力三轮车夫叫麻木，挑夫叫扁担。尊称长辈叫您家，结过婚的女人统统叫作"嫂子"，等等。

2. 生活用语

条子指身材；模子指脸蛋；胯子指腿；灵醒、称透指整洁好看；拉指脏；条举指扫帚；浮子指毛巾；水货指冒牌；灶妈子指蟑螂；尖板眼指稀奇古怪；菜指差劲、没用、打败；呼、刷、挎均为打人的意思；蛮扎实指很厉害；苕吃哈胀指猛吃东西；翻撬（翻洋）指不服气、对着干；蛮屁指小气；抖狠指想吵架、打架；么板眼指怎么回事；岔巴子指多嘴多舌、多管闲事；腰子围拉指隐蔽之处；起篓子指发财好运；苕货指头脑死板；弯管子指蹩脚、欠正宗；裹筋（结根）指纠缠不清、理不顺；板命指瞎闹、吃力不讨好；翘辫子指人断气而亡；搜荷包指掏口袋；装佯指假装不知；洋派指外行；恶奢地指狠狠地或重重地；铆起指一个劲儿地、努力地干某事；阴倒指悄悄地；阴倒搞也叫戳拐，指背后告刁状，也指说坏话、散布闲言碎语等；找歪指找岔子、找麻烦、找不自在；三不之指经常；才将指刚才；嘛倒搞即浑水摸鱼；诈倒裹指某人冒充某种身份或虚构某种事实，借以炫耀自己而达到某种目的；斗盒子指合在一起骗人。

3. 交往用语

么事即什么事；冇得即没有；你赫我即你吓我；心里冇得数即不知轻重；扎心即恶心；嘀哆即说话啰唆；晕即慢性子或不开窍；唰喇即果断麻利；不识黑即不知道厉害；谋务即故意；蛮扎得即乱嚷嚷；不中神即不行；掉底子即出丑；掉得大即丢人；糊鸡即糊涂蛋；鬼款（瞎款）即胡说八道；下地即结束；出挺即出洋相；讲胃口指大方、潇洒；闹眼子指不是真心真意为别人做某事；撮虾子指干本职工作以外的事赚点小钱；洗了睡指休息，也指没有什么作为了；毛痊即说话不算数；搭白算数指说话算话；喝马了即喝醉了；谴远点即离我远一点；过点细即细心一点，也常用来吓唬冤家对头小心为好；头大即形容遇到烦心事时的状态；带一脚即公共汽车尚未到站，欲提前下车，便让司机刹车停一下，也指搭便车；六角亭出来的，指人精神有点不正常；信了你的邪意即我算服了你了，表示惊讶和不理解；不服周（啄）指不服气、不甘心。

（四）方言示例

服了你的啄（有删改）

词曲：肖家胜　编曲：李先超　演唱：爽爽

拉……汉正街都里（里面）东西蛮多，
（走过的路过的不要错过。）
你钱包要看好，虽然小偷天天捉，
他的作案工具比手还长了一大措（一大截），
（跳楼价啊，瞎卖瞎卖名牌衬衣十块钱三件啊。）
我服了你的啄，你还觉得蛮得唆，
你以为是名牌，其实买的是水货。

江滩公园的风景好，里面的酒吧一个挨一个，
　　你不晓得是哪里来的新搞法，
　　他把洋酒都里兑了蛮多饮料喝。

我服了你的啄，你还觉得蛮得唆，
　　你荷包都里有了几个就到处瞎快活。

步行街上的门面都蛮火，逛的人不少其实买的人不多，
市场竞争好激烈啊，你看那个卖嗨碟的都把嗓子喊成了破锣。
　　（嗨碟啊，嗨碟啊，迪吧的嗨碟啊。
有破的烂的卖哦，有旧冰箱旧彩电，旧奔驰，旧坦克拿出来卖哦。
　　捉强偷哦……
　　重庆专业卤鸡蛋一块钱三个，味道好得很。
　　擦鞋啊，擦鞋啊。）

啦……
　　武汉市的文化氛围到处在传播，
　　大歌厅的文艺演出每晚都蛮多，
　　摇滚闹的昏天黑地拼命把酒喝。
　　（掌声呐喊声！……）

我服了你的啄，你还觉得蛮得唆。
　　你以为是艺术，其实你在瞎做作。

车子一发着，司机开始把急着，
　　油价真是难琢磨，眨个眼涨几角。
　　乘客他们说这说那牢骚话蛮多，
　　冒得办法我也要赚钱，我也要生活。
（258今天跑得么样啊……租子都冒搞到哦……莫闹眼子哦。）

我服了你的啄，你还觉得蛮得唆。
　　一天到黑四处奔波还怕被警察捉。

归元寺里求财神的烧香有拜佛，
　　劝你平时多烧香你不要临时抱佛脚。
　　抽签、看相看的是你的麻脑壳（钱），
　　千万不要上当受骗冒得后悔药。
（菩萨保佑！菩萨保佑！保佑我买彩票中500万；
　　打麻将我红中杠、赖子杠下下杠上开。

233

麻将馍、麻将馍，哎……吃了我的麻将馍抓紧时间好凑角，
吃了我的麻将馍豪华七对过锹搓，快来买呀……）

我服了你的啄，你还觉得蛮得唆，
啦……
朋友，你家们得不得唆？

参考文献

[1] 皮明庥，陈钧，李怀军，等．简明武汉史 [M]．武汉：武汉出版社，2005．

[2] 湖北省文物考古研究所．盘龙城：1963—1994 年发掘报告 [M]．北京：文物出版社，2001．

[3] 皮明庥．近代武汉城市史 [M]．北京：中国社会科学出版社，1993．

[4] 皮明庥，郑自来．武汉史话 [M]．北京：社会科学文献出版社，2011．

[5] 皮明庥．武汉通史 [M]．武汉：武汉出版社，2006．

[6] 陈秋芳．大武汉之梦：关于一座城市的历史、现状与远景 [M]．武汉：武汉出版社，2006．

[7] 肖志华，严昌洪．武汉掌故 [M]．武汉：武汉出版社，2000．

[8] 王玉德．武汉码头文化的历史源流与发展演变 [J]．世纪行，2011 (5)：43 - 45．

[9] 陈绪万，尚永亮．汉魏六朝乐府观止 [M]．西安：陕西人民教育出版社，1998．

[10] 中国社会科学院文学研究所中国文学史编写组．中国文学史 [M]．北京：人民文学出版社，1979．

[11] 徐渭．四声猿·雌木兰替父从军 [M]．上海：上海古籍出版社，1984．

[12] 涂文学．文化汉口 [M]．武汉：武汉出版社，2006．

[13] 涂文学．武汉史话丛书 [M]．武汉：武汉出版社，2004．

[14] 杨蒲林．城市发展轨迹——武汉城市史专论集 [M]．天津：天津社会科学出版社，1990．

[15] 龚书铎，朱汉国．中国社会通史 [M]．太原：山西教育出版社，1996．

[16] 彭建新．凝固的记忆：武汉老街巷 [M]．武汉：武汉出版社，2008．

[17] 罗福惠．湖北通史·明清卷 [M]．武汉：华中师范大学出版社，1999．

[18] 皮明庥，吴勇．汉口五百年 [M]．武汉：湖北教育出版社，1999．

[19] 汉口租界志编委会．汉口租界志 [M]．武汉：武汉出版社，2003．

[20] 武汉地方志编纂委员会．武汉市志·工业志 [M]．武汉：武汉大学出版社，1999．

[21] 武汉地方志编纂委员会．武汉市志·商业志 [M]．武汉：武汉大学出版社，1999．

[22] 武汉地方志办公室．改革开放 30 年鉴：1978—2008 [M]．武汉：武汉出版社，2008．

[23] 武汉市地方志办公室．2011 年鉴 [M]．武汉：武汉年鉴社，2010．

[24] 李珠，皮明庥．武汉教育史 [M]．武汉：武汉出版社，1999．

[25] 皮明庥，欧阳植梁．武汉史稿 [M]．北京：中国文史出版社，1992．

[26] 武汉地方志编纂委员会．武汉市志·教育志 [M]．武汉：武汉大学出版社，1991．

[27] 武汉地方志编纂委员会．武汉市志·科学志 [M]．武汉：武汉大学出版

社，1991.

[28] 武汉地方志办公室．武汉市志：简明读本［M］．武汉：武汉出版社，2010.

[29] 谭仁杰．武汉教育发展报告［M］．武汉：武汉大学出版社，2005.

[30] 李森林．江黄学府：问津书院［M］．香港：香港天马图书有限公司，2002.

[31] 童绥宝．张之洞与武汉教育近代化［M］．武汉：华中师范大学，2006.

[32] 陈谷嘉，邓洪波．中国书院制度研究［M］．杭州：浙江教育出版社，1997.

[33] 武汉市政协文史学习委员会．品读武汉科教名人［M］．武汉：武汉出版社，2012.

[34] 武汉市政协文史学习委员会．品读武汉文化名人［M］．武汉：武汉出版社，2010.

[35] 张昌尔．文化湖北［M］．武汉：湖北人民出版社，2004.

[36] 张笃勤，但瑞华，邵和平．武昌首义文库：第4卷　武昌首义与地域文化［M］．武汉：武汉出版社，2011.

[37] 范文澜，蔡美彪．中国通史［M］．北京：人民出版社，1994.

[38] 皮明麻，张侠．高山流水知音江城：伯牙与钟子期的史事·传说［M］．武汉：武汉出版社，2007.

[39] 张正明．楚文化史［M］．上海：上海人民出版社，1996.

[40] 顾亦兵．风雅武汉［M］．北京：中国财政经济出版社，2005.

[41] 周积明．湖北文化史（上、下）［M］．武汉：湖北教育出版社，2006.

[42] 姚伟钧，刘朴兵．武汉食话［M］．武汉：武汉出版社，2008.

[43] 李强，闻东山．重视武汉江水文化［EB/OL］．（2012－05－12）［2022－05－25］．http://news.163.com/12/0512/03/8199LBPV00014AED.html.

后 记

龟蛇锁大江，武汉立潮头；看云间黄鹤振翅，观江上百舸争流。切身感悟这座城市厚重的历史文化，由衷赞赏这座城市的壮美景致，长期以来，我们就有编写一本介绍武汉历史文化通俗读本的愿望。2012年年初，国家开放大学副校长，时任中央广播电视大学（现国家开放大学）出版社社长刘臣教授告知，该社正在组编全国地域文化系列教材，且《齐鲁文化概论》《岭南文化》等数部已经完稿。身为武汉人，一种不甘人后的冲动，让我们鼓起勇气，开始相关的编撰工作。

历经两年，我们终于编成今天这样一个稿子，掩卷沉思，方觉自名"文化概论"，其实颇有不符。我们深知，"概论"这样浩大的学术工程，并非才疏学浅的我们所能把握，故在书稿即将付梓之际，我们更加惴惴不安。好在能够聊以心安的是，我们编辑本书的初衷原本就是给读者提供一本普适的、通俗的、大众的教材，只希望为广大受众了解武汉、感知武汉、融入武汉略尽绵薄之力，若能如愿，我们就倍感欣慰了。

本书由武汉软件工程职业学院、武汉开放大学（原武汉广播电视大学）组织编写。马蜂教授、邓红梅副教授担任本书主编，参与编写、统筹、统稿。初撰具体分工如下：邓红梅副教授编写第一章、徐革文副教授编写第二章、涂明星副教授编写第三章、李萍副教授编写第四章、马蜂教授编写第五章、王燕讲师编写第六章、文峥嵘副教授编写第七章、胡焕安高级讲师编写第八章、邹莉副教授编写第九章。全书由胡良琼教授、李萍副教授担任主审。

本书编撰过程中，博采众长，吸收和借鉴了大量武汉文化的研究成果。湖北大学历史文化学院刘真武先生、付登舟先生，武汉市社科院董实忠先生等一批专家学者，对本书的编撰提出了许多宝贵的意见，在此一并表示衷心感谢。

趁再版之际，我们着手对本书进行了修订，除部分章节文字内容的修订外，全书还增加了大量的图片。全书由马蜂教授、邓红梅副教授统稿。修订具体分工如下：邓红梅副教授修订第一、第三、第五、第八章，李萍副教授修订第四章，徐革文副教授修订第二、第六章，文峥嵘副教授修订第七章，邹莉副教授修订第九章。

由于水平有限，挂一漏万，舛误难免，恳请专家和读者批评指正。

编 者
2021年9月于武汉